LÓGICA DE PROGRAMAÇÃO E ESTRUTURAS DE DADOS

3ª edição

LÓGICA DE PROGRAMAÇÃO E ESTRUTURAS DE DADOS

3ª edição

| Sandra Puga e Gerson Rissetti |

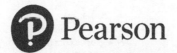 

©2017 by Pearson Education do Brasil Ltda.

Todos os direitos reservados. Nenhuma parte desta publicação poderá ser reproduzida ou transmitida de qualquer modo ou por qualquer outro meio, eletrônico ou mecânico, incluindo fotocópia, gravação ou qualquer outro tipo de sistema de armazenamento e transmissão de informação, sem prévia autorização, por escrito, da Pearson Education do Brasil.

DIRETORA DE PRODUTOS Gabriela Diuana
SUPERVISORA DE PRODUÇÃO EDITORIAL Silvana Afonso
COORDENADOR DE PRODUÇÃO EDITORIAL Vinícius Souza
EDITOR DE TEXTO Luiz Salla
EDITORA ASSISTENTE Karina Ono
PREPARAÇÃO Regiane Monteiro
REVISÃO DE TEXTO Sérgio Nascimento
CAPA Natália Gaio
DIAGRAMAÇÃO Casa de Ideias

Dados Internacionais de Catalogação na Publicação (CIP)
(Câmara Brasileira do Livro, SP, Brasil)

Puga, Sandra
  Lógica de programação e estruturas de dados, com aplicações em Java / Sandra Puga, Gerson Rissetti. -- 3. ed. -- São Paulo : Pearson Education do Brasil, 2016.

  Bibliografia
  ISBN: 978-85-430-1914-7

  1. Dados - Estruturas (Ciência da computação) 2. Java (Linguagem de programação para computador) 3. Lógica I. Rissetti, Gerson. II. Título.

16-06690   CDD-005.1

Índice para catálogo sistemático:
1. Lógica estruturada : Computadores :
Processamento de dados 005.1

Printed in Brazil by Reproset RPSZ 219268

Direitos exclusivos cedidos à
Pearson Education do Brasil Ltda.,
uma empresa do grupo Pearson Education
Avenida Francisco Matarazzo, 1400
Torre Milano – 7o andar
CEP: 05033-070 -São Paulo-SP-Brasil
Telefone 19 3743-2155
pearsonuniversidades@pearson.com

Distribuição
Grupo A Educação
www.grupoa.com.br
Fone: 0800 703 3444

Aos meus filhos Lucas e Pedro.
Acredito que o amor é capaz de transformar as pessoas.
Acredito que a educação e o trabalho podem transformar a vida das pessoas.
Juntos, amor, educação e trabalho são capazes de produzir grandes transformações.
Mas, para mim, nada se compara à transformação de ser mãe.

SANDRA PUGA

Agradeço a meus pais, que, com ética, dedicação e perseverança,
souberam guiar-me na escolha do melhor caminho.

GERSON RISSETTI

Sumário

Apresentação XI

Prefácio XIII

Capítulo 1 Introdução à lógica 1
   1.1 Introdução à lógica 1
   1.2 O uso do raciocínio lógico no dia a dia 2
   1.3 O uso da lógica aplicada à informática 3
   1.4 Exercícios para fixação 5
   1.5 Exercícios complementares 6

Capítulo 2 Introdução aos algoritmos 8
   2.1 Definição de algoritmo 8
   2.2 Uso dos algoritmos 9
   2.3 Tipos de algoritmos 10
   2.4 Exercícios para fixação 16
   2.5 Exercícios complementares 17

Capítulo 3 Conceitos básicos sobre algoritmos 18
   3.1 Definição de dados 18
   3.2 Tipos de dados 19
   3.3 Variáveis 22
   3.4 Constantes 23
   3.5 Operadores 23
   3.6 Exercícios para fixação 29
   3.7 Exercícios complementares 30

Capítulo 4 Construção de algoritmos: estruturas de seleção 32
   4.1 Ciclo de processamento de dados 32
   4.2 Estrutura sequencial 35
   4.3 Estruturas de seleção ou decisão 40
   4.4 Exercícios para fixação 55
   4.5 Exercícios complementares 56

Capítulo 5 Construção de algoritmos: estruturas de repetição 59
   5.1 Princípio de uma estrutura de repetição 59
   5.2 Estrutura de repetição com teste no início: `Enquanto` 60
   5.3 Estrutura de repetição com teste no fim: `Repita` 64

VIII Lógica de programação e estruturas de dados

5.4	Estrutura de repetição com variável de controle: `Para`	67
5.5	Exercícios para fixação	70
5.6	Exercícios complementares	71

Capítulo 6 Estruturas estáticas de dados **73**

6.1	Estruturas estáticas de dados	73
6.2	Estruturas indexadas, denominadas vetor ou *array*	74
6.3	Conceito de matrizes	90
6.4	Exercícios para fixação	98
6.5	Exercícios complementares	99

Capítulo 7 Procedimentos e funções **101**

7.1	Técnica da modularização	101
7.2	Procedimentos	102
7.3	Funções	108
7.4	Escopo de variáveis	111
7.5	Parâmetros	112
7.6	Passagem de parâmetros	115
7.7	Exercícios para fixação	116
7.8	Exercícios complementares	116

Capítulo 8 Acesso a arquivos e à base de dados **118**

8.1	Persistência de dados	118
8.2	Arquivo-texto	119
8.3	Tipos de arquivo quanto às formas de acesso	120
8.4	Operações de manipulação de arquivos sequenciais	121
8.5	Representação da manipulação de arquivos de acesso aleatório	138
8.6	Acesso à base de dados	148
8.7	Operações de manipulação em bases de dados	150
8.8	Exercícios para fixação	162
8.9	Exercícios complementares	162

Capítulo 9 Recursividade **163**

9.1	Introdução à recursividade	163
9.2	Recursividade de cauda	165
9.3	Riscos da recursividade	166
9.4	Exercícios para fixação	171
9.5	Exercícios complementares	171

Sumário IX

Capítulo 10 Busca e ordenação 172
- **10.1** Introdução à ordenação 172
- **10.2** O método Bolha 172
- **10.3** Estratégia "dividir para conquistar" 176
- **10.4** Exercícios para fixação 184
- **10.5** Exercícios complementares 184

Capítulo 11 Estruturas do tipo pilhas e filas 185
- **11.1** Métodos de implementação de pilhas e filas 185
- **11.2** Estrutura do tipo pilha 186
- **11.3** Estrutura do tipo fila 194
- **11.4** Exercícios para fixação 204
- **11.5** Exercícios complementares 205

Capítulo 12 Estruturas dinâmicas de dados 207
- **12.1** Listas 207
- **12.2** Listas encadeadas 207
- **12.3** Tipos de listas encadeadas 209
- **12.4** Operações em listas de encadeamento simples 211
- **12.5** Operações em listas de encadeamento duplo 223
- **12.6** Exercícios para fixação 236
- **12.7** Exercícios complementares 237

Capítulo 13 Estruturas do tipo árvore 238
- **13.1** Introdução às árvores 238
- **13.2** Representação de uma árvore 239
- **13.3** Árvores hierárquicas: características 241
- **13.4** Árvores binárias 242
- **13.5** Percurso em árvores binárias 253
- **13.6** Exercícios para fixação 258
- **13.7** Exercícios complementares 259

Apêndice A Conceitos de programação 260

Bibliografia 273

Sobre os autores 274

Apresentação

As inovações tecnológicas possibilitam o crescimento das organizações, aproximando pessoas e empresas, promovendo a difusão da informação e do conhecimento e conectando os diversos tipos de mercado, tanto financeiros quanto produtivos, no intuito de proporcionar uma transformação que agilize processos e serviços, estimulando a economia. A globalização, que em sua premissa básica estabelece a necessidade de aperfeiçoar os processos produtivos e gerenciais, e, consequentemente, a busca por vantagens competitivas, provoca a mudança de diversos paradigmas sociais e econômicos em escala mundial.

Todo esse aparato exige, inevitavelmente, investimentos em sistemas de informação, favorecendo a tomada de decisão ágil e adequada, pois a informação constitui o mais importante ativo empresarial, fator que pode determinar a sobrevivência ou a descontinuidade das atividades de uma organização, possibilitando inclusive o acompanhamento das diversas unidades espalhadas pelo mundo em tempo real.

Compete ao gestor buscar uma forma de alcançar a excelência em suas ações, utilizando-se de raciocínio lógico, capacidade e habilidade que permitam aos indivíduos elaborar argumentos válidos e convincentes, difundindo informações e conectando os diversos tipos de mercados.

Com uma linguagem simples e objetiva, que aproxima o autor do leitor, este livro procura tornar a lógica de programação prática, colaborando para a compreensão e intelecção do conteúdo, que se mostra atualizado, o que implica um aprendizado gradativo e didático. Além disso, fornece fundamentos teóricos para que, no final do estudo, o leitor possa ter conhecimento suficiente para desenvolver programas eficientes com a linguagem de programação mais adequada.

Professor José Flávio Messias
Doutor em Relações Internacionais pela PUC-SP
Avaliador do MEC/INEP e do Conselho Estadual de Educação de São Paulo

Prefácio

Este livro é destinado aos interessados em programação de computadores, especialmente a estudantes da área de computação e tecnologias da informação, e foi concebido com o propósito de oferecer, em uma única obra, assuntos essenciais que contribuem para a formação de um bom programador.

A terceira edição revista e reestruturada do livro *Lógica de programação e estruturas de dados* dá continuidade ao trabalho proposto inicialmente de promover o estudo e o aprendizado da lógica de programação e aliar teoria e prática em cada capítulo, explicando e exemplificando o conteúdo estudado por meio de soluções comentadas.

A linguagem de programação Java para implementação dos algoritmos foi escolhida em virtude da crescente demanda de profissionais especialistas nesta linguagem, e também pela necessidade de uma bibliografia que mostrasse, objetiva e especificamente, o uso das técnicas de programação e estruturas de dados em Java.

Java é fundamentalmente orientada a objetos e vem sendo cada vez mais utilizada em cursos introdutórios de técnicas de programação. Portanto, nosso objetivo é dar a oportunidade de conhecer e empregar, de forma simples e eficiente, uma linguagem de programação reconhecida no mercado.

Os conceitos abordados são facilmente associados às questões do cotidiano. Os exemplos são escritos em pseudocódigo, o que possibilita sua implementação em outra linguagem de programação além do Java. Não utilizamos também uma ferramenta específica para a edição do código, deixando tal escolha a critério do leitor.

Tendo sempre em mente a utilização desta obra por leitores da área, algumas reformulações fizeram-se necessárias para a inclusão de temas e assuntos importantes, que não constavam em edições anteriores, bem como a reorganização de assuntos abordados, tudo destacado objetivamente nos parágrafos a seguir.

Alguns capítulos foram acrescentados, como o 11, o 12 e o 13, que mostram, respectivamente, as estruturas estáticas de dados (pilhas e filas); as estruturas dinâmicas de dados (listas); e as estruturas hierárquicas (árvores), além do Apêndice A, que trata dos conceitos de linguagem e de programação, tendo sido este o Capítulo 3 da edição anterior.

As estruturas de controle de fluxo de execução, anteriormente trabalhadas em um único capítulo, passam agora a ser tratadas nos capítulos 4 e 5, que abordam, respectivamente, estruturas de seleção e de repetição, aumentando a abrangência em cada um dos assuntos citados. O Capítulo 8, que tratava exclusivamente de acesso a arquivos, foi devidamente ampliado, e aborda também o acesso à base de dados.

O Capítulo 9, novo nesta edição, trata de recursividade, uma técnica de programação bastante útil na construção de algoritmos pela simplicidade e facilidade de compreensão. O Capítulo 10, já existente, mas ampliado, trabalha a abordagem de algoritmos de ordenação, com a inclusão dos métodos Quicksort e Mergesort.

Nós, autores, esperamos que, com este livro, haja melhor possibilidade de estudo e aprendizagem de programas, com a utilização de uma abordagem totalmente prática e de uma didática pensada em conceitos apresentados de forma adequada à necessidade do aluno, desenvolvendo habilidades e competências associadas à familiaridade com as instruções das linguagens de programação desde o começo do aprendizado.

Quem escreve um livro demonstra uma dívida de gratidão com um grande número de pessoas, seja pela assistência dada à pesquisa, seja pelos ideais em comum, pela edição, revisão e publicação textual. Desta forma, esperamos ter realizado um bom trabalho na intenção de propiciar uma boa leitura, o conhecimento e o entendimento do tema.

Os autores

AGRADECIMENTOS

Existem muitas pessoas a quem somos gratos e que permitiram que esta nova edição do livro se tornasse uma realidade. Agradecemos à Editora Pearson pela parceria que perdura há 12 anos, com início na aceitação de nosso projeto, permanecendo, a cada nova edição, com a revisão do conteúdo trabalhado.

Particularmente, cumprimentamos os editores, diagramadores e toda a equipe envolvida no projeto da 3ª edição desta obra.

Os autores

SALA VIRTUAL

Na Sala Virtual deste livro (sv.pearson.com.br), professores e estudantes podem acessar os seguintes materiais adicionais a qualquer momento:

Para professores*

- Apresentações em PowerPoint.
- Manual de soluções.

Para estudantes

- Exercícios resolvidos.
- Apêndice B – Um pouco sobre o Java.
- Estudo de caso para aplicações.

*Esse material é de uso exclusivo para professores e está protegido por senha. Para ter acesso a ele, os professores que adotam o livro devem entrar em contato com seu representante Pearson ou enviar e-mail para professoraluno.atendimento@pearson.com.

Introdução à lógica 1

Temas do capítulo

- ▶ Introdução à lógica
- ▶ O uso do raciocínio lógico no dia a dia
- ▶ O uso da lógica aplicada à informática

Objetivos de aprendizagem

Entender o conceito de lógica como ciência; observar o uso da lógica de maneira, muitas vezes, espontânea, nas tarefas do dia a dia; usar o raciocínio lógico para a tomada de decisões e para a resolução de problemas.

1.1 INTRODUÇÃO À LÓGICA

O filósofo Aristóteles (384 a 322 a.C.) é considerado o criador da **lógica**, estabelecendo-a, na Grécia Antiga, como uma disciplina denominada Razão. A essência da ciência da lógica era a teoria do silogismo, conclusão por inferência a partir de proposições.

A palavra *lógica* é originária do grego *logos*, que significa "linguagem racional". De acordo com o *Dicionário Houaiss da Língua Portuguesa* (2012), lógica é "a parte da filosofia que trata das formas do pensamento em geral (dedução, indução, hipótese, inferência etc.) e das operações intelectuais que visam à determinação do que é verdadeiro ou não". Na rubrica associada à informática, o dicionário define lógica como "organização e planejamento das instruções, assertivas etc. em um algoritmo, a fim de viabilizar a implementação de um programa".

O aprendizado da lógica possibilita, portanto, a organização do raciocínio, a compreensão de conceitos, a verificação formal de programas e o melhor entendimento do conteúdo de tópicos mais avançados.

Alguns autores dividem o estudo da lógica em **indutiva** e **dedutiva**. Ambas se baseiam em argumentos, um conjunto de enunciados composto por premissas e conclusão. No raciocínio lógico *indutivo*, a verdade das premissas não basta para assegurar a verdade da conclusão, porém, no *dedutivo*, premissas verdadeiras resultam em uma conclusão também verdadeira.

Nos argumentos apresentados a seguir, temos em **p** e **q** as premissas e em **r** a conclusão:

p: Sandra é mais velha do que Ricardo.

q: Ricardo é mais velho do que Pedro.

r: Logo, Sandra é mais velha do que Pedro.

As premissas ou proposições são, normalmente, designadas pelas letras minúsculas **p**, **q**, **r**, **s** etc., chamadas de *letras proposicionais*.

Na lógica indutiva, a partir das premissas, chega-se a uma resposta por meio de uma analogia, pela comparação com algo conhecido; porém, este tipo de raciocínio não garante que premissas verdadeiras resultem em uma conclusão igualmente verdadeira. É necessário conhecer os fatos ou as situações para que se possa fazer a comparação. Vejamos um exemplo:

p: Ontem, não havia nuvens no céu e não choveu.
q: Hoje, não há nuvens no céu.
r: Portanto, hoje não vai chover.

Na argumentação indutiva, os casos singulares são elevados ao universal. No exemplo, o fato de que "Ontem, não havia nuvens no céu e não choveu" (premissa **p**) comparado a "Hoje, não há nuvens no céu" (premissa **q**) conduziu a uma conclusão induzida: "Portanto, hoje não vai chover".

Já na lógica dedutiva, a conclusão é obtida como consequência das premissas, por meio da análise das situações ou afirmações. Trabalha-se com a forma das sentenças, sem que haja necessidade do conhecimento prévio de situações ou fatos, isto é, a conclusão é obtida em decorrência das premissas. Por exemplo:

p: Joana é uma mulher.
q: As mulheres são seres humanos.
r: Logo, Joana é um ser humano.

De modo geral, podemos dizer que a dedução consiste no seguinte:

p: A é verdade de B.
q: B é verdade de C.
r: Logo, A é verdade de C.

A lógica dedutiva, nossa área de interesse neste texto, em função de sua aplicabilidade nos algoritmos, pode ser subdividida em: *clássica*, da qual o Cálculo Proposicional ou o Cálculo de Predicados faz parte; *complementar*, que estende o domínio de aplicação das clássicas; e *não clássica*, que difere de maneira significativa dos padrões, como a lógica *fuzzy*, utilizada em sistemas especialistas e de inteligência artificial.

A lógica denominada *fuzzy*, ou difusa, admite valores lógicos intermediários entre o falso e o verdadeiro da lógica clássica.
Para saber mais sobre lógica, consulte: JEFFREY, Richard C. et al. *Computabilidade e lógica*. São Paulo: Unesp, 2013.

1.2 O USO DO RACIOCÍNIO LÓGICO NO DIA A DIA

Desde os tempos primitivos, o ser humano utiliza-se do raciocínio lógico para a realização de suas atividades, conforme pode ser comprovado pelo fato de ter estabelecido sequências adequadas para a realização de suas tarefas com sucesso. Podemos citar alguns exemplos relacionados às suas atividades do dia a dia:

- Uma pessoa adulta, desde que acorda, normalmente estabelece um ordenamento de atividades, como tomar banho, tomar o café, vestir-se, deslocar-se para o trabalho e executar suas tarefas profissionais e pessoais.
- Uma criança, desde pequena, aprende que, para chupar uma bala, é preciso tirá-la da embalagem, adotando uma estratégia para isso, muitas vezes, bem particular.
- As empresas, visando à eficácia de suas atividades, estabelecem a sequência adequada para cada uma das tarefas, quer seja a prestação de um serviço, o atendimento ao cliente ou o processo de produção de um bem. A Pesquisa Operacional, por exemplo, usa modelos matemáticos, estatísticos e algoritmos para a análise de sistemas, com o objetivo de melhorar sua eficiência.

1.3 O USO DA LÓGICA APLICADA À INFORMÁTICA

A lógica é aplicada em diversos campos do conhecimento, tais como exatas, engenharias, biológicas, humanas, linguística, entre outros. Na informática e na computação, é empregada em áreas que vão da construção de circuitos elétricos, que constituem o hardware dos dispositivos eletrônicos, ao software que permite seu funcionamento e uso.

Por exemplo, na construção de um circuito integrado para o teclado (hardware), trabalha-se com o conceito de portas lógicas para a verificação da passagem, ou não, de pulsos elétricos de um componente a outro, a fim de que seja estabelecida uma comunicação entre eles.

Já no desenvolvimento de software, é por meio do raciocínio lógico que o programador cria algoritmos que podem ser transformados em programas de computador, capazes de solucionar problemas cada vez mais complexos. É justamente este assunto que estudaremos neste livro.

Porta lógica: componente básico de um circuito que opera sobre sinais elétricos de entrada, para produzir uma saída. Baseia-se na lógica de Boole (George Boole, 1815–1864), derivada da lógica aristotélica.
Algoritmo: sequência de passos ordenados para a realização de uma tarefa.
Programa: conjunto de instruções legíveis para o computador e capazes de realizar tarefas.
Para saber mais sobre lógica de Boole, consulte: DAGHLIAN, Jacob. *Lógica e álgebra de Boole*. 4. ed. São Paulo: Atlas, 1995.

Quando pensamos, muitas vezes efetuamos certas operações sobre proposições, chamadas de *operações lógicas*. Estas obedecem a regras de um cálculo, denominado "cálculo proposicional", semelhante ao da aritmética sobre números. Para nos auxiliar na resolução dos problemas de construção de algoritmos aplicados à informática, faremos uso deste tipo de cálculo, que faz parte da lógica clássica (dedutiva). Assim, por exemplo:

4   Lógica de programação e estruturas de dados

p: Gerson é cientista.

q: Todo cientista é estudioso.

r: Logo, Gerson é estudioso.

Substituindo as palavras "Gerson" e "estudioso" por "A" e "B", temos:

p: A é cientista.

q: Todo cientista é B.

r: Logo A é B.

As novas proposições, após a substituição das palavras pelas letras — que chamaremos de *variáveis* —,[1] promovem a generalização do problema, possibilitando que elas possam assumir outros valores. Estas variáveis, por sua vez, farão parte das premissas ou proposições.

O raciocínio lógico nos leva a um resultado que pode ser *verdadeiro* ou *falso*. Na construção de algoritmos, para a solução de problemas computacionais, trabalha-se com este tipo de raciocínio.

> O valor lógico de uma proposição deve ser V (verdadeiro) ou F (falso), nunca assumindo as duas opções ao mesmo tempo.

Consideremos o seguinte problema:

Dados dois números inteiros quaisquer, deseja-se saber qual é o maior.

Inicialmente, analisa-se o problema, a fim de averiguar qual é a melhor maneira de resolução. Então, monta-se a sequência de proposições para que a questão seja verificada. Para descobrir a solução, pode-se partir de problemas similares, já resolvidos e, por analogia, aplicar o mesmo método ao problema atual, ou podem-se estudar formas de resolvê-lo, dependendo da complexidade, com especialistas no assunto.

Uma das técnicas para a solução deste tipo de problema é a indução matemática, que consiste em derivar uma lei geral a partir de ocorrências particulares. Podemos, então, considerar dois números para análise, como 7 e 19.

> O valor lógico de uma proposição **p** indica-se por **V(p)**, assim, exprime-se que **p** é verdadeiro, escrevendo: **V(p) = V**.

p: 7 é maior que 19?

q: Se V(p) = V, então 7 é o maior.

r: Se V(p) = F, então 19 é o maior.

---

1   Para saber mais sobre variáveis, consulte o Capítulo 3.

Para a generalização de nosso problema, os números utilizados em nossas proposições podem ser substituídos e representados pelas variáveis A e B. Substituiremos o número 7 pela letra A e no lugar de 19 utilizaremos B.

p: A é maior que B?
q: Se V(p) = V, então A é o maior.
r: Se V(p) = F, então B é o maior.

Observação: não está sendo considerada a possibilidade de os valores de A e B serem iguais, por se tratar apenas de um exemplo para a construção do raciocínio, não sendo levada em conta a complexidade do problema em questão para o caso de uma implementação.

1.4 EXERCÍCIOS PARA FIXAÇÃO

1. Dadas as premissas a seguir, identifique a alternativa que apresenta a conclusão correta:

    I) **p:** Cavalos são animais. **q:** Animais possuem patas. **r:** Logo:
    a) Cavalos possuem patas.
    b) Todos os animais são cavalos.
    c) Os cavalos possuem quatro patas.
    d) Patas são exclusivas dos cavalos.

    II) **p:** Retângulos são figuras que têm ângulos. **q:** Temos uma figura sem nenhum ângulo. **r:** Logo:
    a) Essa figura pode ser um círculo.
    b) Não é possível tirar conclusões.
    c) Essa figura não é um retângulo.
    d) Retângulos são assimétricos.

    III) **p:** Se o verde é forte, o vermelho é suave. **q:** Se o amarelo é suave, o azul é médio. **r:** Mas ou o verde é forte ou o amarelo é suave. **s:** Forte, suave e médio são as únicas tonalidades possíveis. **t:** Logo:
    a) O azul é médio.
    b) O vermelho é suave *ou* o azul é médio.
    c) O amarelo e o vermelho são suaves.
    d) Apenas o vermelho é suave.

2. Explique qual é a importância da lógica para a informática.

3. Descreva, pelo menos, duas atividades relacionadas ao seu dia a dia nas quais o uso da lógica é bem perceptível.

4. O que diferencia argumentos dedutivos de indutivos? Exemplifique cada um deles.

5. Resolva o desafio da Torre de Hanói (Figura 1.1).

    Apresente uma forma de mover todos os discos do pino A para o C, movimentando-os, individualmente, de um pino para o outro, sendo que, em nenhum momento, um disco maior fique sobre o menor, mantendo a mesma ordem, sem desperdiçar movimentos.

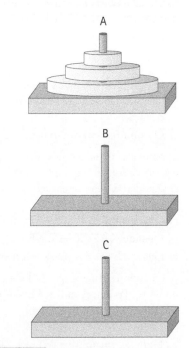

Figura 1.1 Torre de Hanói.

6 Lógica de programação e estruturas de dados

6. Um pastor deve levar suas três ovelhas e seus dois lobos para o pasto, que fica ao sul da região. Ele deve levar, também, a provisão de alimentos para as ovelhas, que consiste em dois maços de feno. No entanto, no meio do caminho, existe um grande rio repleto de piranhas. O pastor tem apenas um pequeno barco à sua disposição, que lhe permite levar dois "passageiros" de cada vez. Considere, como passageiros, as ovelhas, os maços de feno e os lobos e analise que, se as ovelhas ficarem em menor número do que os lobos, serão comidas e que, se o feno ficar com as ovelhas, sem um lobo por perto, estas comerão o feno. Assim, ajude o pastor a atravessar o rio e preservar suas posses.

7. Identifique o próximo número, representado por n, na sequência: 12, 13, 15, 18, 22, 27, 33, n.

8. Determine o valor lógico (V ou F) de cada uma das seguintes proposições.

( ) 0,3333... é uma dízima periódica composta.

( ) O número 23 é primo.

( ) As diagonais de um paralelogramo são iguais.

( ) Bogotá é a capital da Bolívia.

( ) O número XLIII em algarismo romano representa o número 43 em arábico.

1.5 EXERCÍCIOS COMPLEMENTARES

1. Dadas as premissas a seguir, verifique qual sentença representa a conclusão correta:

I) **p**: Você está dirigindo seu carro. **q**: Se brecar repentinamente, um caminhão baterá na traseira. **r**: Se não brecar imediatamente, você atropelará uma criança que está atravessando a estrada. **s**: Logo:
a) As crianças devem afastar-se das estradas.
b) O caminhão baterá na traseira de seu carro ou você atropelará a criança.
c) O caminhão vai muito depressa.

II) **p**: Somente quando B é X, K é Z. **q**: E é X ou Z, somente quando K não é Z. **r**: Duas letras não podem ser uma só. **s**: Logo:
a) Quando B é X, E não é X nem Z.
b) Quando K é Z, X ou Z é E.
c) Quando B não é X, E não é X nem Z.

III) **p**: Quando B é maior que A, J é menor que A. **q**: Porém, A nunca é maior que B e jamais é igual a B. **r**: Logo:
a) J nunca é menor que B.
b) J nunca é menor que A.
c) J nunca é maior que B.

IV) **p**: Todas as plantas verdes têm clorofila. **q**: Algumas coisas que têm clorofila são comestíveis. **r**: Logo:
a) A alface é comestível.
b) Algumas plantas verdes são comestíveis.
c) A alface tem clorofila.

2. As amigas de Maria organizaram um chá de panela para comemorar seu casamento, que estava próximo. O chá de panela consiste em uma brincadeira que é feita com a noiva, na qual ela deve adivinhar o presente contido em cada embrulho que ganha e, se ela errar, recebe castigos. Como é de costume, no dia do evento cada amiga comparece à reunião com um presente, devidamente embrulhado, e a tarefa da noiva é descobrir o que cada uma levou. De acordo com as informações a seguir, preencha a tabela identificando o nome da amiga e de seu respectivo presente:

▶ Maria adivinhou os presentes de Janete e Sandra.

▶ Maria não adivinhou que o embrulho de um dos presentes continha uma garrafa térmica, e, por isso teve que vestir uma fantasia de coelha.

Capítulo 1 | Introdução à lógica   **7**

- Márcia pediu que Maria declamasse um poema.
- Renata, como castigo, obrigou-a a vestir-se de palhaço.
- Maria conseguir acertar que nos embrulhos estavam a frigideira e a jarra para suco.
- O faqueiro não foi presente de Izabel.
- Por ter errado o conteúdo de um embrulho que seria uma bandeja, Maria foi designada, pelo grupo, a dar vinte cambalhotas.
- No embrulho de Sandra, estava escrito "frágil", e isso facilitou muito a descoberta.

AMIGA	PRESENTE

3. Oito carros de equipes diferentes estão alinhados, lado a lado, na linha de largada, para uma corrida. De acordo com as pistas a seguir, descubra a posição dos carros para a largada e a cor de cada um. (Observação: a cor utilizada não é a cor original das equipes).

- O carro branco está à esquerda do Williams.
- O carro da equipe Ferrari está entre os carros vermelho e branco.
- O McLaren é o segundo carro à esquerda do Ferrari e o primeiro à direita do carro azul.
- O Sauber não tem carro a sua direita e está logo depois do carro preto.
- O carro preto está entre o Sauber e o carro amarelo.
- O Mercedes não tem carro algum a sua esquerda e está à esquerda do carro verde.
- À direita do carro verde está o Renault.

- O Williams é o segundo carro à direita do carro prata e o segundo à esquerda do carro laranja.
- O Haas é o segundo carro à esquerda do MRT.

4. Considere a seguinte sequência infinita de números: 3, 12, 27, n, 75, 108, ...

O número que preenche adequadamente a quarta posição (n) desta sequência é:
a) 42.
b) 36.
c) 48.
d) 40.
e) 44.

5. Determine o valor lógico (V ou F) de cada uma das seguintes proposições.

(   ) $(3 + 5)^2 = 3^2 + 5^2$.

(   ) -7 é menor que -1.

(   ) O produto de dois números ímpares é um número ímpar.

(   ) 2/5 de 40 = 16.

(   ) Não é verdade que 12 é um número ímpar.

6. Qual é o próximo número da sequência: 1, 1, 2, 3, 5, 8, 13, n, ...?

7. Considerando três variáveis (A, B e C), tais que A = 8, B = 12 e C = 3, assinale a opção que apresenta uma expressão cujo valor lógico é verdadeiro.
a) $(A + B) > 30$.
b) $B < (C + A)$.
c) $2B \geq (A \times C)$.
d) $-C + A = -11$.
e) $B \leq A + 2$.

8. Leia a afirmação abaixo e classifique-a como verdadeira ou falsa:

O processo de inferência do tipo indutivo, utilizado em ciências experimentais, parte do particular para o geral, isto é, da observação de casos particulares chega-se a uma conclusão que os transcende.

Introdução aos algoritmos

2

Temas do capítulo

▶ Definição de algoritmo
▶ Uso dos algoritmos
▶ Tipos de algoritmos

Objetivos de aprendizagem

Verificar as aplicações dos algoritmos para a resolução de diferentes problemas, bem como especificar sua importância em problemas computacionais; abordar os conceitos de entrada, processamento e saída, sob o ponto de vista computacional; entender os tipos de algoritmos a serem utilizados neste livro (pseudocódigo e fluxograma).

2.1 DEFINIÇÃO DE ALGORITMO

A ideia de **algoritmo** é muito antiga e foi amplamente discutida entre matemáticos e filósofos, dentre os quais podemos destacar Gottfried Wilhelm von Leibniz (1646–1716), que vislumbrava, no século XVII, máquinas universais de calcular e estranhas linguagens simbólicas para representar ideias complexas por meio de sinais convencionais.

A matemática clássica é, em grande parte, o estudo de determinados algoritmos que são manipulados por meio de regras práticas, como uma receita, um guia. Isso acontece na álgebra elementar, que substitui os números por letras e define um conjunto de símbolos. Exemplificando, o produto de (a + b) e (a + b) é obtido da seguinte forma:

1) a é multiplicado por a.
2) a é multiplicado por b duas vezes.
3) b é multiplicado por b.
4) Os resultados obtidos são somados.

Como resultado, obteríamos a seguinte expressão: $a^2 + 2ab + b^2$. Uma máquina poderia ser programada para executar os passos, anteriormente descritos, de forma rápida e eficiente.

Assim, podemos dizer que um *algoritmo* é uma sequência lógica e finita de instruções, que devem ser seguidas para a resolução de um problema ou a execução de uma tarefa.

2.2 USO DOS ALGORITMOS

Os algoritmos são amplamente utilizados em disciplinas ligadas à área de ciências exatas, tais como matemática, física, química, computação, entre outras. Eles também têm diversas aplicações em outras áreas e atividades, ainda que não sejam conhecidos por esse nome.

No dia a dia, as pessoas utilizam algoritmos de maneira intuitiva, sem que haja necessidade de planejar previamente a sequência de passos para a resolução das tarefas cotidianas. Dentre os inúmeros exemplos existentes, podemos citar:

1. Quando uma dona de casa prepara um bolo, segue uma receita, que nada mais é do que um algoritmo, sendo que cada instrução é um passo a ser seguido para que o bolo fique pronto. Observemos alguns destes passos:

   1) Utilizar uma batedeira programada com a velocidade média ou alta.
   2) Separar as claras de quatro ovos e colocá-las em uma tigela de tamanho médio.
   3) Reservar as gemas que serão utilizadas em seguida.
   4) Bater as quatro claras até ficarem consistentes ("claras em neve").
   5) Adicionar duas xícaras de açúcar.
   6) Bater o açúcar com as claras em neve até obter uma mistura homogênea.
   7) Adicionar duas xícaras de farinha de trigo, quatro gemas, uma colher de fermento e duas colheres de chocolate.
   8) Bater por três minutos.
   9) Untar uma assadeira com margarina e, em seguida, polvilhar a assadeira com farinha de trigo.
   10) Colocar o conteúdo da tigela (massa do bolo) na assadeira.
   11) Levar ao forno para assar durante vinte minutos em temperatura média.

12. Um motorista que necessita efetuar a troca de um pneu furado segue uma rotina para realizar esta tarefa:

    1) Verificar qual dos pneus está furado.
    2) Retirar o macaco e o estepe do porta-malas.
    3) Posicionar o macaco para levantar o carro.
    4) Pegar o estepe.
    5) Afrouxar os parafusos.
    6) Levantar o carro.
    7) Retirar os parafusos.
    8) Substituir o pneu furado.
    9) Recolocar os parafusos.
    10) Abaixar o carro.
    11) Dar o aperto final nos parafusos.
    12) Guardar o macaco e o pneu furado.

10 Lógica de programação e estruturas de dados

13.Um matemático, que queira resolver uma equação qualquer, utiliza passos predetermi-
nados que possam conduzi-lo ao resultado. O cálculo do delta (Δ), por exemplo, utilizado na obtenção das raízes de uma equação de $2^{\underline{o}}$ grau, pode ser obtido pela resolução da
expressão $\Delta = b^2 - 4ac$, de acordo com os passos:

1) Identificar o valor de b.
2) Elevar b à segunda potência.
3) Identificar o valor de a.
4) Identificar o valor de c.
5) Multiplicar 4 por a e por c.
6) Subtrair do valor obtido no segundo passo o resultado da quinta etapa.

Inúmeros outros exemplos poderiam ser apresentados aqui, porém, nosso objetivo é
tratar dos algoritmos aplicados à solução dos problemas computacionais, aqueles imple-
mentados na programação de computadores.

Os algoritmos são amplamente utilizados na área da ciência da computação, desde
a definição das instruções realizadas pelo hardware — processadores e demais dispositivos —, passando pelas operações executadas pelo sistema operacional, pelo gerenciamento dos computadores, até a documentação das operações necessárias à elaboração
de soluções voltadas à construção de interfaces entre software e hardware, programas e
demais aplicativos.

2.3 TIPOS DE ALGORITMOS

Existem diversos tipos de algoritmos utilizados na computação e o que difere um
tipo do outro é a maneira de representar as instruções para realização de uma tarefa.
Entre os principais tipos de algoritmos, podemos citar: descrição narrativa, diagrama
Nassi-Shneiderman, pseudocódigo e fluxograma. Os dois primeiros serão brevemente
apresentados a seguir, enquanto o pseudocódigo e o fluxograma serão abordados com
maior profundidade, já que são utilizados no desenvolvimento dos exemplos ao longo
deste livro.

2.3.1 DESCRIÇÃO NARRATIVA

A **descrição narrativa** utiliza linguagem natural para especificar os passos da realização
das tarefas. Pela pouca formalidade e por dar margem a interpretações ambíguas, dificil-
mente é utilizada na representação de algoritmos.

Capítulo 2 | Introdução aos algoritmos   11

EXEMPLO 2.1

O algoritmo recebe como entrada dois valores, verifica qual deles é o maior, ou se são iguais, e apresenta o resultado.

Descrição narrativa:

```
1. Ler valores para a e b
2. Verificar se a é maior do que b
3. Se a for maior do que b
4. Mostre "O maior valor é a"
5. Se a for menor do que b
6. Mostre "O maior valor é b"
7. Se os valores de a e b forem iguais
8. Mostre "Os valores de a e b são iguais"
9. Fim.
```

2.3.2 DIAGRAMA NASSI-SHNEIDERMAN

O **diagrama de Nassi-Shneiderman** ou **diagrama N-S**, também conhecido como **diagrama de Chapin**, apresenta a solução do problema por meio de um diagrama de quadros com uma visão hierárquica e estruturada.

EXEMPLO 2.2

A solução em diagrama de Nassi-Shneiderman para o algoritmo do Exemplo 2.1 pode ser vista na Figura 2.1.

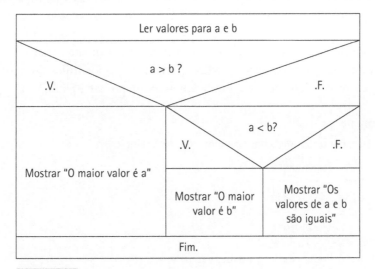

Figura 2.1 Diagrama de Nassi-Shneiderman.

Para saber mais sobre o diagrama de Nassi-Shneiderman, consulte: NASSI, I.; SHNEIDERMAN, B. Flowchart techniques for structured programming. *ACM Sigplan Notices*, Nova York, v. 8, artigo 8, p. 12–26, ago. 1973.

2.3.3 PSEUDOCÓDIGO

A palavra *pseudocódigo* significa "falso código". Este nome se deve à proximidade que existe entre um algoritmo escrito em pseudocódigo e a maneira pela qual um programa é representado em uma linguagem de programação.

O **pseudocódigo** utiliza linguagem estruturada e se assemelha, na forma, a um programa escrito na linguagem de programação Pascal. Também é denominado por alguns autores como **português estruturado**, embora existam pequenas diferenças em sua estrutura e simbologia. Sua vantagem, em relação à descrição narrativa, é que um conjunto de palavras-chave reservadas (isto é, palavras que são utilizadas nos algoritmos para representar ações específicas) é definido, de modo que possibilita maior formalismo e clareza, além de facilitar a tradução para linguagens de programação.

A linguagem de programação Pascal foi criada para ser uma ferramenta educacional, no início da década de 1970, pelo professor Niklaus Wirth, do ETH Zürich (Instituto Federal de Tecnologia), em Zurique. Wirth baseou-se em algumas linguagens de programação estruturadas existentes, como ALGOL e PL/I — Programming Language I. O nome foi uma homenagem ao matemático e físico Blaise Pascal.

O pseudocódigo é uma forma de representação de algoritmos que utiliza uma linguagem flexível entre a linguagem natural e a linguagem de programação. É empregado para organizar o raciocínio lógico a ser seguido para a resolução de um problema, para definir os passos da execução de uma tarefa e para documentar rotinas de um sistema.

A estrutura básica de um pseudocódigo compreende a identificação, a declaração de variáveis e o corpo do algoritmo, conforme apresenta-se no Exemplo 2.3.

EXEMPLO 2.3

Solução em pseudocódigo para o algoritmo do Exemplo 2.1.

```
1.    Algoritmo exemplo2.3
2.    Var
3.       a, b: inteiro
4.    Início
5.       Ler (a, b)
6.       Se (a>b) então
7.          Mostrar ("O maior valor é a", a)
8.       Senão
9.          Se (a<b) então
10.            Mostrar ("O maior valor é b", b)
11.         Senão
12.            Mostrar ("Os valores de a e b são iguais")
13.         Fim-Se
```

```
14.     Fim-Se
15.     Fim.
```

Observação: a numeração das linhas não faz parte da solução; esse recurso foi utilizado para facilitar as explicações.

Identificação do algoritmo

Todo algoritmo representado por um pseudocódigo deve, primeiramente, ser identificado, como aparece na linha 1 do Exemplo 2.3. Para isso, existem algumas recomendações em relação à designação de nomes:

- Não utilizar espaços entre as letras. Por exemplo: para um cadastro de clientes, o correto seria cad_cli ou cadcliente. O caractere "sublinha" ou "*underline*", representado por "_", pode ser utilizado para substituir o espaço entre as letras.
- Não iniciar o nome com números. Por exemplo: não usar 1algoritmo; o correto seria algoritmo1.
- Não utilizar palavras reservadas. Por exemplo: Se é uma palavra que representa uma condição ou teste lógico, Var é utilizada para especificar a declaração de variáveis.
- Não utilizar caracteres especiais, como acentos, símbolos (? / : @ # etc.), ç, entre outros.
- Não utilizar nomes iguais para representar variáveis diferentes.
- Ser sucinto e utilizar nomes coerentes com a finalidade.

Declaração de variáveis

Na linha 2 do Exemplo 2.3, a palavra reservada Var indica a área para declaração das variáveis e, na linha 3, as variáveis a e b são declaradas. Todas as variáveis que serão utilizadas na resolução do problema devem ser previamente declaradas, isto é, todas as informações necessárias à resolução do problema devem ser representadas por meio de variáveis as quais devem ser associadas a um tipo de dado; neste caso, o tipo de dado é inteiro. A declaração de variáveis será tratada com mais detalhes no Capítulo 3.

Corpo do algoritmo

Ainda com relação ao Exemplo 2.3, nas linhas 4 e 15, encontramos as palavras reservadas Início e Fim, respectivamente. Estas delimitam o espaço definido para escrever todos os passos necessários para solucionar o problema, conforme a seguir:

- a entrada de valores para as variáveis;
- as operações de atribuição, lógicas e aritméticas;
- a abertura e o fechamento de arquivos;
- os laços de repetição;
- a exibição dos resultados, entre outros.

Na linha 5, a instrução Ler (a, b) indica a entrada dos dados que ficarão, temporariamente, armazenados nas variáveis a e b.

Os laços de decisão, estruturas do pseudocódigo, são iniciados com a palavra reservada Se e finalizados com Fim-Se (linhas 13 e 14). Nas linhas 6 e 9, são realizados testes lógicos para verificação da condição estabelecida no problema, isto é, para verificar qual variável possui o maior valor ou se são iguais. A instrução Mostrar( ), na linha 12, é utilizada para apresentar mensagem com o resultado das operações realizadas.

2.3.4 FLUXOGRAMA

O **fluxograma** é um tipo de algoritmo que se utiliza de símbolos gráficos para representar ações ou instruções a serem seguidas. Assim como o pseudocódigo e outros algoritmos, ele é empregado para organizar o raciocínio lógico a ser seguido para a resolução de um problema, ou para definir os passos da execução de uma tarefa. É, também, chamado por alguns autores de **diagrama de blocos**.

> O fluxograma, por utilizar figuras para representação das ações, é considerado um algoritmo universal. Sua simbologia está documentada na norma: ISO 5807:1985 — *Information processing — Documentation symbols and conventions for data, program and system flowcharts, program network charts and system resources charts*.

Simbologia

Cada instrução ou ação a ser executada deve ser representada por meio de um símbolo gráfico, conforme segue:

Terminal
Representa o início e o final do fluxograma.

Processamento
Representa a execução de operações ou ações, como cálculos aritméticos, atribuição de valores a variáveis, abertura e fechamento de arquivo, entre outras.

Teclado
Representa a entrada de dados para as variáveis por meio do teclado.

Vídeo
Representa a saída de informações (dados ou mensagens) por meio do monitor de vídeo ou outro dispositivo visual de saída de dados.

Decisão
Representa uma ação lógica que resultará na escolha de um conjunto de instruções, isto é, se o teste lógico apresentar o resultado "verdadeiro", realizará uma determinada sequência e, se o teste lógico apresentar o resultado "falso", realizará outra.

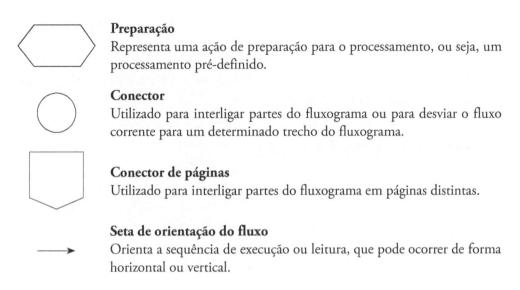

Preparação
Representa uma ação de preparação para o processamento, ou seja, um processamento pré-definido.

Conector
Utilizado para interligar partes do fluxograma ou para desviar o fluxo corrente para um determinado trecho do fluxograma.

Conector de páginas
Utilizado para interligar partes do fluxograma em páginas distintas.

Seta de orientação do fluxo
Orienta a sequência de execução ou leitura, que pode ocorrer de forma horizontal ou vertical.

O fluxograma pode ser desenvolvido seguindo a posição horizontal, vertical ou misturando-se os dois sentidos, conforme o exemplo da Figura 2.2; o importante é que apresente clareza e legibilidade.

EXEMPLO 2.4
Solução em fluxograma para o algoritmo do Exemplo 2.1.

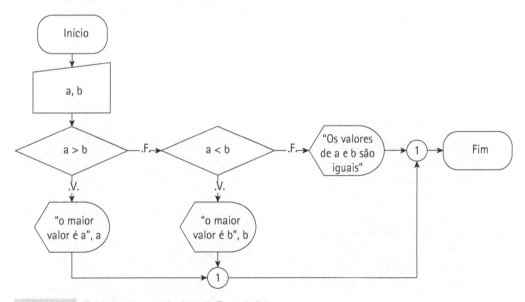

Figura 2.2 Fluxograma para o algoritmo do Exemplo 2.1.

Observe na Figura 2.2 que o símbolo ① permite a conexão entre pontos do fluxograma, isto é, faz o desvio do fluxo de programação para um ponto predeterminado. Assim como no pseudocódigo, as condições são avaliadas e existe uma operação para o resultado verdadeiro (.V.) e outra para o resultado falso (.F.). Após a apresentação das mensagens, o fluxo deve seguir para o final da execução.

2.4 EXERCÍCIOS PARA FIXAÇÃO

1. Qual é a principal função de um algoritmo?
2. Pesquise uma aplicação para os algoritmos, diferente das citadas, explicando sua finalidade.
3. Escolha uma das formas de representação de algoritmos e explique suas características.
4. Comparando-se o fluxograma ao pseudocódigo, pode-se perceber que, no fluxograma, as variáveis não precisam ser declaradas, entretanto, existe uma similaridade na sequência de resolução das tarefas em ambos.

    Observe qual é a similaridade e comente-a.
5. Um cliente deseja fazer a consulta do saldo de sua conta corrente no computador pela internet. Suponha que o computador já esteja ligado e conectado à internet. A seguir estão os passos que poderiam ser utilizados, porém, foram colocados fora de ordem. Organize-os na ordem correta.
    a) Inserir a senha.
    b) Clicar no botão "OK" de acesso.
    c) Selecionar a opção de saldo.
    d) Encerrar a sessão.
    e) Abrir o navegador.
    f) Preencher dados (números de agência e conta).
    g) Confirmar ou digitar o nome do usuário.
    h) Fechar o navegador.
    i) Digitar o endereço do site do banco.
6. De maneira semelhante ao exercício anterior, escreva a sequência de passos para que um robô seja capaz de trocar uma lâmpada queimada que está localizada no centro de uma sala, considerando que há uma escada posicionada logo abaixo da lâmpada queimada e que o robô está em frente à escada.
7. Considerando a expressão 5 – 4 + 2 × 4, escreva a sequência de operações que devem ser realizadas para que o cálculo apresente o resultado correto. Observe a limitação de que apenas uma operação pode ser realizada de cada vez.
8. Supondo que você possua uma calculadora simples, reescreva o algoritmo do exercício 7, indicando as operações que devem ser realizadas por meio das teclas que precisam ser acionadas.
9. A Figura 2.3, chamada de grafo, apresenta círculos numerados, representando pontos a serem alcançados e setas com números, indicando o tempo necessário para ir de um ponto ao outro. Por exemplo, para ir de 2 até 5, o tempo necessário é 3.

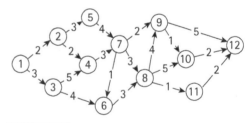

Figura 2.3 Grafo.

a) Indique o percurso que consome o menor tempo, partindo de 1 para chegar em 12.
b) Apresente um percurso que passe pelo menor número de pontos para, a partir do ponto 1, chegar ao 12.

2.5 EXERCÍCIOS COMPLEMENTARES

1. Escreva a sequência de passos para que uma pessoa abra um arquivo de texto armazenado em um *pen drive*.

2. Escreva os passos necessários para uma pessoa efetuar um saque de R$ 100,00 em um caixa eletrônico.

3. Quem nunca tentou encontrar o caminho correto em jogos de labirinto? Dependendo da complexidade do desenho, isso pode tomar um tempo considerável, a não ser que exista um roteiro a ser seguido.

   Tente elaborar um roteiro do caminho a ser seguido no labirinto da Figura 2.4, a partir da seta.

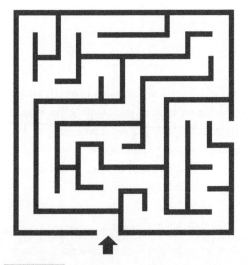

Figura 2.4 Labirinto.

4. Retome o exercício complementar 2, considerando a possibilidade de o cliente não possuir saldo suficiente, podendo sacar apenas R$ 50,00.

5. Defina a sequência de instruções para que uma pessoa efetue uma compra em um site da internet, fazendo o pagamento por meio de cartão de crédito.

6. Uma multiplicação nada mais é do que um certo número de somas sucessivas de um dado número. Por exemplo, para multiplicar 34 por 5, basta somar o número 34 com ele mesmo 5 vezes. Desta forma, escreva um procedimento de multiplicação para um número X por um dado número Y.

7. Escreva um procedimento para a realização de uma operação matemática de divisão. Por questão de simplificação, considere apenas a divisão de um número inteiro por outro, de forma que o resultado também deve ser um número inteiro.

8. No início deste capítulo demos um exemplo de rotina para a troca de um pneu furado. Procure reescrever a rotina, levando em conta que, somente após ter levantado o carro e retirado os parafusos, o motorista verifica que o estepe também está furado.

9. Tente indicar o caminho no labirinto da Figura 2.5, agora usando a marcação feita para as linhas e colunas. Por exemplo: E1, A1, A4 etc.

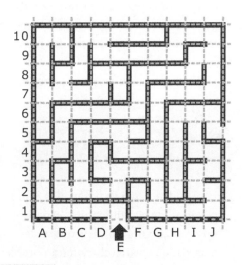

Figura 2.5 Labirinto com grade.

10. Escreva a sequência de passos necessários para o cálculo da seguinte expressão: $\frac{1}{2}$ dividido por $\frac{1}{4}$.

3 Conceitos básicos sobre algoritmos

Temas do capítulo
- Definição de dados
- Tipos de dados
- Variáveis
- Constantes
- Operadores

Objetivos de aprendizagem

Conhecer os tipos de dados básicos e seus desdobramentos, na linguagem de programação Java; compreender o conceito, a aplicação e a identificação de variáveis e constantes; utilizar operadores de atribuição, aritméticos, relacionais e lógicos, tanto na notação algorítmica quanto na linguagem de programação Java; dominar a construção de expressões de atribuição, aritméticas e lógicas; perceber a ordem de precedência matemática utilizada na resolução de problemas; reconhecer a tabela-verdade, como recurso que facilita o entendimento do uso dos operadores lógicos.

3.1 DEFINIÇÃO DE DADOS

De acordo com Setzer (2015), dado é uma "sequência de símbolos quantificados ou quantificáveis", e o estudo dos algoritmos tem como base os dados, pois, para que ocorra a resolução de um problema, faz-se necessária a escolha da representação da realidade, geralmente definida em termos de dados e suas representações.

Os dados são valores fornecidos pelo usuário do programa, podendo ser obtidos a partir do processamento, arquivos, bancos de dados ou outros programas.

Para saber mais, consulte: SETZER, Valdemar W. *Dado, informação, conhecimento e competência*. Departamento de Ciência da Computação, Universidade de São Paulo, 2015. Disponível em: <https://www.ime.usp.br/~vwsetzer/dado-info.html>. Acesso em: 14 mar. 2016.

Os dados são armazenados temporariamente em variáveis, para que sejam processados, de acordo com as especificações do algoritmo. Para garantir a integridade do resultado obtido, devem ser classificados de acordo com o tipo do valor a ser armazenado na variável, evitando problemas ocasionados pelo fornecimento de valores inadequados à operação realizada.

Vamos supor que o algoritmo deva especificar os passos para efetuar a soma de dois números quaisquer, fornecidos pelo usuário. Então, as variáveis definidas para receber estes dados devem ser do tipo numérico, compatível com a operação que será realizada.

Aprenda sobre variáveis mais adiante na Seção 3.3.

3.2 TIPOS DE DADOS

Os tipos de dados costumam ser definidos a partir dos tipos primitivos criados em função das características dos computadores. Como os dados manipulados pelos computadores durante a execução dos programas são armazenados na memória, esses tipos seguem as características de formato e estrutura definidas para essa memória. Assim, são organizados em bits e bytes e suas combinações.

Por exemplo, para representar um número inteiro, poderiam ser usados 2 bytes ou 16 bits. Isto resultaria em 2^{16} combinações possíveis para a representação de números, ou 65.536 possibilidades, considerando os estados possíveis que um bit pode assumir: 0 ou 1. Lembre-se de que os números poderiam assumir valores negativos e positivos; nesta faixa, teríamos representações que iriam de –32.768 a 32.767.

Byte: conjunto de 8 bits que pode representar um caractere (letras, números ou símbolos especiais).
Bit: a menor unidade de informação reconhecida pelo computador; pode representar os estados 0 (desligado) ou 1 (ligado).

Definir o tipo de dado mais adequado para ser armazenado em uma variável é importante para garantir a resolução do problema. Ao desenvolver um algoritmo, é necessário que se tenha conhecimento prévio do tipo de informação (dado) que será utilizado para resolver o problema proposto. A partir daí, escolhe-se o tipo de dado adequado para a variável que representará esse valor.

3.2.1 TIPOS PRIMITIVOS

Tipos primitivos de dados são grupos de valores indivisíveis, como os tipos `literal`, `inteiro`, `real` e `lógico`, utilizados na construção de algoritmos, cujos equivalentes, em Java são `char`, `int`, `float` e `boolean`. Uma variável do tipo `boolean`, por exemplo, pode assumir o valor "verdadeiro" ou o valor "falso" e nenhum outro.

Já na elaboração de programas, estes tipos de dados podem se desdobrar, com o objetivo de se adequarem melhor ao propósito de cada linguagem e à resolução prática dos problemas.

A Tabela 3.1 apresenta, de forma resumida, a definição dos quatro tipos de dados primitivos, bem como seus equivalentes, na linguagem de programação Java, indicando também sua capacidade de armazenamento.

Tabela 3.1 Tipos primitivos de dados.

Primitivos		Linguagem Java	
Tipo	Descrição	Tipo	Capacidade de armazenamento
literal (texto ou caractere)	Representa uma sequência de um ou mais caracteres (letras, números e símbolos); contudo, números são armazenados como um caractere, não podendo ser utilizados para cálculos.	char	16 bits — caracteres Unicode.
inteiro	Representa números inteiros positivos ou negativos.	byte	8 bits (de $-2^7 = -128$ a $2^7 - 1 = 127$)
		short	16 bits (de $-2^{15} = -32.768$ a $2^{15} - 1 = 32.767$)
		int	32 bits (de $-2^{31} = 2.147.483.648$ a $2^{31} - 1 = 2.147.483.647$)
		long	64 bits (de $-2^{63} = -9.223.372.036.854.775.808$ a $2^{63} - 1 = 9.223.372.036.854.775.807$)
real	Representa números decimais positivos ou negativos. Também são chamados de *ponto flutuante*.	float	32 bits (de $1.40239846e - 45$ a $3.40282347e + 38$)
		double	64 bits (de $4.94065645841246544e - 324$ a $1.79769313486623157e + 308$)
lógico (booleano)	Representa apenas dois estados, verdadeiro (1) ou falso (0).	boolean	8 bits (assume dois valores: true ou false)

A notação científica ou exponencial é utilizada no meio científico e pelos computadores para representar números de maior grandeza. Exemplo: o número $0.4582e^{-6}$ equivale a $0,4582 \times 10^{-6} = 0,0000004582$.

Em Java, String é o tipo equivalente ao literal e trata-se de uma classe definida na linguagem, não um tipo primitivo.

Na linguagem de programação Java, alguns tipos de dados têm as seguintes particularidades:
- O tipo *long* deve ser identificado com a letra "l" para não ser "compactado" pela linguagem em um tipo inteiro. A compactação ocorre como uma maneira de reduzir o uso de memória.

- Por outro lado, a linguagem Java tenta utilizar o máximo de precisão possível. Dessa forma, se um elemento do tipo *float* (7 casas decimais após a vírgula) não for identificado com a letra "f", será considerado do tipo *double* (15 casas decimais após a vírgula), o que pode gerar vários erros de compilação e execução.

Estas são características da linguagem Java, não devendo ser estendidas a outras linguagens de programação.

Vejamos, a seguir, exemplos da declaração e atribuição de valores às variáveis, considerando o que foi mencionado.

```
int n = 4;
long numero = 4561;
float pi = 3.14f;
double tamanho = 3.873457486513793;
```

A linha `int n = 4` mostra como é uma declaração de uma variável em Java: consiste na definição de um tipo (`int`), de um nome para a variável (n), do símbolo de atribuição (=) e do valor que n irá assumir (4).

3.2.2 TIPOS CONSTRUÍDOS

Nos algoritmos, assim como nas linguagens de programação, existe a possibilidade de criarmos outros tipos de dados, chamados *tipos construídos*, obtidos pela combinação de alguns tipos, inclusive os primitivos. O tipo construído mais comum consiste na declaração de um conjunto de campos que compõe um registro. Por exemplo:

```
Algoritmo Exemplo_Registro
Var
  Tipo reg_paciente = registro
    nome: literal
    idade: inteiro
    peso: real
  fim_registro

  paciente: reg_paciente
...
```

No `Exemplo_Registro`, o tipo `reg_paciente` foi construído com um conjunto de campos (variáveis) de diversos tipos de dados primitivos. Após a construção, é possível declarar variáveis que utilizem este tipo e, em nosso exemplo, criamos a variável `paciente`.

Em Java, um registro corresponde a uma classe geralmente composta por vários campos (atributos).

3.3 VARIÁVEIS

Uma *variável* pode ser entendida como uma posição de armazenamento que contém dados que podem ser modificados durante a execução do programa, podendo assumir qualquer um dos valores de um conjunto de valores.

Nos algoritmos, as variáveis são utilizadas para representar valores desconhecidos, porém necessários para a resolução de um problema, podendo ser alterados, de acordo com a situação. Por isso, dizemos que as variáveis armazenam dados temporariamente.

Quando um algoritmo é transcrito para uma determinada linguagem de programação, as variáveis também terão a função de armazenar dados temporariamente na memória RAM do computador. Estes dados serão utilizados, durante o processamento, para a resolução do problema em questão.

RAM (Random Access Memory): memória temporária para armazenamento dos programas que estão sendo executados no computador.

3.3.1 IDENTIFICAÇÃO DAS VARIÁVEIS PARA OS ALGORITMOS

Toda variável deve ser identificada, isto é, deve receber um nome ou identificador. O nome de uma variável deve ser único e estar de acordo com algumas regras:

- Não utilizar espaços entre as letras. Por exemplo, em vez de nome do cliente, o correto seria `nome_do_cliente` ou `nomecliente`. O caractere "sublinha" ou "underline", representado por "_", pode ser utilizado para substituir o espaço entre as letras.

- Não iniciar o nome da variável com algarismos (números). Por exemplo: não usar `2valor`; o correto seria `valor2`.

- Não utilizar palavras reservadas, isto é, palavras que são utilizadas nos algoritmos para representar ações específicas. Por exemplo:
  `Se:` palavra que representa uma condição ou teste lógico;
  `Var:` palavra que representa a área de declaração de variáveis.

- Não utilizar caracteres especiais, como acentos, símbolos (?/:@# etc.), ç, entre outros.

- Ser conciso e utilizar nomes coerentes.

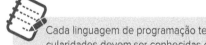

Cada linguagem de programação tem sua particularidade para a declaração de variáveis. Essas particularidades devem ser conhecidas e observadas, quando da atribuição dos nomes.

3.3.2 IDENTIFICADORES DE VARIÁVEIS PARA A LINGUAGEM JAVA

Em Java, os nomes para as variáveis são *case-sensitive*, isto é, nomes com letras maiúsculas, são diferenciados de nomes com letras minúsculas. Por exemplo: `NomeCliente` é diferente de `nomecliente` e também de `nomeCliente`.

- Nomes devem começar com uma letra, um caractere "sublinha" ou "underline" (_) ou o símbolo cifrão ($). Os caracteres subsequentes podem também ser algarismos.
- Não utilizar caracteres especiais, como acentos, símbolos (?/:@# etc.), ç, entre outros, exceto os citados, anteriormente.
- As letras podem ser maiúsculas ou minúsculas.
- Não podem ser utilizadas palavras reservadas, como if, final, float, for, int etc.

3.4 CONSTANTES

Constantes são valores que não sofrem alterações ao longo do desenvolvimento do algoritmo ou da execução do programa. Por exemplo, na expressão a seguir, o valor 3.1415 é atribuído à constante pi e permanecerá fixo, até o final da execução.

```
pi ← 3.1415
perimetro ← 2 * pi * raio
```

Em Java, uma constante é uma variável declarada com o modificador final. Por exemplo:

```
final float pi = 3.1415f;
```

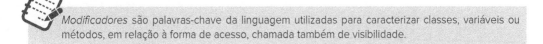

Modificadores são palavras-chave da linguagem utilizadas para caracterizar classes, variáveis ou métodos, em relação à forma de acesso, chamada também de visibilidade.

As constantes devem ser declaradas como variáveis, cujo valor atribuído permanecerá inalterado ao longo do programa. Por isso, são também chamadas de *variáveis somente de leitura*.

3.5 OPERADORES

Os operadores são utilizados para representar expressões de cálculo, comparação, condição e atribuição. Temos os seguintes tipos de operadores: de atribuição, aritméticos, relacionais e lógicos.

3.5.1 OPERADORES DE ATRIBUIÇÃO

Os operadores de atribuição são utilizados para expressar o armazenamento de um valor, em uma variável. Este valor pode ser predefinido (variante ou não) ou ser o resultado de um processamento. Na notação algorítmica, o operador de atribuição pode ser representado por uma seta ← ou pelo sinal ":=". No nosso caso, adotaremos o primeiro, de acordo com o exemplo:

```
nome ← "Fulano de tal"
resultado ← a + 5
valor ← 3.5
```

24 Lógica de programação e estruturas de dados

Em Java, utiliza-se o sinal de igual "=", conforme exemplo.

```
nome = "Fulano de tal";
resultado = a + 5;
valor = 3.5;
```

3.5.2 OPERADORES ARITMÉTICOS

Os operadores aritméticos (Tabela 3.2) são utilizados para a realização dos diversos cálculos matemáticos.

Tabela 3.2 Operadores aritméticos.

Operador	Representação algorítmica	Notação para Java	Descrição para Java
Adição	+	+	Adiciona dois números ou variáveis: a + b.
Subtração	-	-	Subtrai dois números ou variáveis: a - b.
Multiplicação	*	*	Multiplica dois números ou variáveis: a * b.
Divisão	/	/	Divide dois números ou variáveis: a / b.
Módulo	mod	%	Retorna o resto da divisão de dois números ou variáveis: a % b.
Incremento	i = i + 1	++	Adiciona 1 ao valor da variável: a++. Exemplo: na expressão b = a++, atribui o valor de a em b e depois incrementa a; Na expressão b = ++a, atribui o valor de a em b após o incremento.
Decremento	i = i - 1	--	Subtrai 1 do valor da variável: a--. Exemplo: na expressão b = a--, atribui o valor de a em b e depois decrementa a; Na expressão b = --a, atribui o valor de a em b após o decremento.
Adição e atribuição	i = i + x	+=	Adiciona e atribui o valor à variável: a += 3.
Subtração e atribuição	i = i - x	-=	Subtrai e atribui o valor à variável: a -= 3.
Multiplicação e atribuição	i = i * x	*=	Multiplica e atribui o valor à variável: a *= 3.
Divisão e atribuição	i = i / x	/=	Divide e atribui o valor à variável: a /= 3.
Módulo e atribuição	i = i mod x	%=	Calcula o resto da divisão e atribui à variável: a %= 3.

Nem todos os operadores aritméticos utilizados na realização de cálculos podem ser diretamente representados por símbolos computacionais. Alguns deles são representados por funções matemáticas, como no caso da exponenciação e da radiciação. Em Java, essas operações e algumas outras são realizadas utilizando métodos da classe java.math. Alguns destes métodos são mostrados no Apêndice B, *Um pouco sobre o Java*, disponível on-line na Sala Virtual.

Funções matemáticas são programas especiais, existentes nas bibliotecas das linguagens de programação, executando cálculos mais complexos, não suportados pelos operadores matemáticos básicos.

3.5.3 OPERADORES RELACIONAIS

Os operadores relacionais (Tabela 3.3) são utilizados para estabelecer uma relação de comparação entre valores ou expressões. O resultado desta comparação é sempre um valor lógico (booleano) verdadeiro ou falso.

Tabela 3.3 Operadores relacionais.

Operador	Representação algorítmica	Notação para Java	Descrição para Java
Maior que	>	>	a > b: se o valor de a for maior do que o de b, retorna verdadeiro, senão, falso.
Maior ou igual	>=	>=	a >= b: se o valor a de for maior ou igual ao de b, retorna verdadeiro, senão, falso.
Menor que	<	<	a < b: se o valor de a for menor que o de b, retorna verdadeiro, senão, falso.
Menor ou igual	<=	<=	a <= b: se o valor de a for menor ou igual ao de b, retorna verdadeiro, senão, falso.
Igual a	=	==	a == b: se o valor de a for igual ao de b, retorna verdadeiro, senão, falso.
Diferente de	<>	!=	a != b: se o valor de a for diferente de b, retorna verdadeiro, senão, falso.

3.5.4 OPERADORES LÓGICOS

Os operadores lógicos (Tabela 3.4) são utilizados para concatenar ou associar expressões que estabelecem uma relação de comparação entre valores. O resultado destas expressões é sempre um valor lógico, verdadeiro ou falso, uma vez que operam sobre valores booleanos.

Tabela 3.4 Operadores lógicos.

Operador	Representação algorítmica	Notação para Java	Descrição para Java
E	.e.	&&	a && b: realiza a operação lógica E entre a e b.
OU	.ou.	||	a || b: realiza a operação lógica OU entre a e b.
NÃO	.não.	!	! a: realiza a operação de negação em a.

26 Lógica de programação e estruturas de dados

Para a operação lógica E, podemos utilizar em Java, o operador &, que tem o mesmo objetivo, porém faz a operação bit a bit. O operador && é mais eficiente, pois já determina o resultado, avaliando o primeiro operando. Por exemplo, em a && b, se a tem valor falso, não há necessidade de avaliar o segundo operando, visto que o resultado será falso. O mesmo ocorre com o operador OU, que pode utilizar o símbolo | (uma barra vertical). Por este motivo, os operadores && e || são chamados de *short-circuit*.

A linguagem de programação Java possui outros operadores lógicos que não serão tratados, por estarem fora do escopo deste livro.

As possíveis combinações de valores lógicos e os resultados da aplicação dos operadores da Tabela 3.4 podem ser verificados na Tabela 3.5.

Tabela 3.5 Tabela-verdade para os operadores lógicos.

a	B	a .e. b (a && b)	a .ou. b (a | | b)	.não.a (!a)
falso	falso	falso	falso	verdadeiro
falso	verdadeiro	falso	verdadeiro	verdadeiro
verdadeiro	falso	falso	verdadeiro	falso
verdadeiro	verdadeiro	verdadeiro	verdadeiro	falso

Observando a Tabela 3.5, notamos que, para o operador .e., o resultado será verdadeiro somente se ambas as variáveis associadas assumirem o resultado verdadeiro. Por outro lado, para o operador .ou., o resultado será verdadeiro, se, pelo menos, uma das expressões associadas assumir o resultado verdadeiro.

Na Tabela-verdade é expresso o conjunto de possibilidades existentes para a combinação de variáveis ou expressões e operadores lógicos. Um exemplo de combinação entre operadores é a expressão a >= 5 .e. b <> 10 (a >= 5 && b != 10), onde a e b são as variáveis, >= e <> são os operadores relacionais e .e. o operador lógico.

Na Tabela 3.6, as expressões a >= 5 e b <> 10 podem assumir quatro combinações possíveis de valores lógicos. Quando a variável a possui um valor maior ou igual a 5, a expressão resulta em verdadeiro (.v.), caso contrário, será falsa (.f.). Para b <> 10, qualquer valor que a variável b assuma, diferente de 10, resultará em verdadeiro.

Tabela 3.6 Tabela-verdade para a expressão.

a >= 5	b <> 10	a >= 5 .e. b <> 10
.f.	.f.	.f.
.f.	.v.	.f.
.v.	.f.	.f.
.v.	.v.	.v.

Submetendo estas expressões ao operador lógico `.e.` (`&&`), obtêm-se valores diferentes, dependendo do resultado que cada uma das expressões assumir individualmente. Assim, considerando a primeira linha de resultados possíveis, onde a `>=` 5 é falso e B `<>` 10 também é, obtemos o resultado final `falso` para a expressão.

3.5.5 PRECEDÊNCIA DOS OPERADORES

Quando, em um algoritmo ou programa, uma expressão envolve mais de um operador, a ordem de avaliação segue a precedência dos operadores e, no caso das operações aritméticas, deve ser avaliada sempre a ordem da esquerda para a direita, quando calculam-se:

1º) os fatoriais;
2º) as funções, as potências e as raízes quadradas;
3º) as multiplicações e divisões;
4º) as adições e subtrações.

Exemplo: `K ← A + B * √16 — 10mod3`   considere: B ← 5 e A ← 2

Substituindo as variáveis pelos valores que lhe foram atribuídos, temos:

```
K ← 2 + 5 * √16 — 10mod3
```

1º) As expressões √16 e 10mod3 têm a mesma precedência, portanto, seguimos a ordem das expressões, considerando-as da esquerda para a direita. Então, calcula-se √16, obtendo-se o valor 4, e, em seguida, 10mod3, resultando no valor 1. Reconstruindo-a com os valores obtidos, temos:

```
K ← 2 + 5 * 4 — 1
```

2º) Calculando-se 5 * 4 = 20, temos:

```
K ←  2 + 20 — 1
```

3º) Todas as operações resultantes têm a mesma precedência, e, desta maneira, seguimos calculando da esquerda para a direita:

```
K ←  2 + 20 — 1
K ← 22 — 1
K ← 21
```

Para impor a realização de uma operação ou de um conjunto de operações, em uma ordem diferente do padrão de precedência, podemos utilizar os parênteses ou colchetes. Dessa forma, a expressão anterior poderia ser escrita:

```
K ← (A + B) * √16 — 10mod3
```
          considere: B ← 5 e A ← 2

Substituindo as variáveis pelos valores que lhe foram atribuídos, temos:

```
K ← (2 + 5) * √16 — 10mod3
```

1º) Calculando-se a expressão entre parênteses (2 + 5), temos o resultado:

```
K ← 7 * √16 — 10mod3
```

2º) As expressões √16 e 10mod3 têm a mesma precedência, portanto, seguimos a ordem das expressões. Considerando-as da esquerda para a direita, calcula-se √16, obtém-se o valor 4 e, em seguida, 10mod3 e obtém-se o valor 1. Reconstruindo-a com os valores obtidos, temos:

```
K ← 7 * 4 — 1
```

3º) Calculando 7 * 4, obtém-se 28, de modo que:

```
K ← 28 — 1
K ← 27
```

 Lembre-se de usar parênteses para isolar as operações que devem ser realizadas primeiro!

Apesar dos exemplos de precedência, com o uso de operadores aritméticos, devemos ter em mente que ela também se aplica a operações relacionais e lógicas. Logo, após a execução das operações aritméticas, devem ser realizadas as relacionais e, em seguida, as operações lógicas. A Tabela 3.7 apresenta os operadores e a sua ordem de precedência, e o Apêndice B mostra os operadores e a respectiva precedência para a linguagem Java.

Para exemplificar a precedência dos operadores relacionais e lógicos, vejamos o exemplo a seguir:

```
A ← B + 2 > 5 .ou. C <> 4 .e. D = 0          considerando: B ← 5; C ← 3; D ← 1
```

Substituindo as variáveis pelos valores que lhe foram atribuídos:

```
A ← 5 + 2 > 5 .ou. 3 <> 4 .e. 1 = 0
```

1º) Calculamos a expressão aritmética 5 + 2:

```
A ← 7 > 5 .ou. 3 <> 4 .e. 1 = 0
```

2º) Avaliamos as operações relacionais: 7 > 5 resulta .f.; 3 <> 4 resulta .v. e 1 = 0 resulta .f. Refazendo a expressão com os resultados:

```
A ← .f. .ou. .v. .e. .f.
```

3º) Por último, avaliamos as operações lógicas. **Lembre-se:** o operador .e. tem prioridade sobre o operador .ou., desta forma, avaliaremos primeiro a expressão .v. e .f., cujo resultado é .f. Reescrevendo a expressão, temos:

```
A ← .f. .ou. .f.
A ← .f.
```

A Tabela 3.7 apresenta a precedência dos operadores para a representação algorítmica, considerando que a ordem deve ser observada de cima para baixo. Em expressões nas quais existam operadores da mesma linha da tabela em uma sequência, devem ser resolvidos da esquerda para a direita, como em 2 + 20 — 1.

Capítulo 3 | Conceitos básicos sobre algoritmos   29

Tabela 3.7 Precedência de operadores na representação algorítmica.

Operador	Função realizada
( ), [ ]	Parênteses e colchetes são usados para agrupar expressões, determinando a precedência, a exemplo das expressões aritméticas.
^ ou **, √	Operador aritmético de potenciação e raiz quadrada.
*, /, mod	Operadores aritméticos de multiplicação, divisão e módulo.
+, –	Operadores aritméticos de adição e subtração.
=, >, <, >=, <=, <>	Operadores relacionais.
.não.	Operador lógico de negação.
.e.	Operador lógico e.
.ou.	Operador lógico ou.
←	Operador de atribuição.

3.6 EXERCÍCIOS PARA FIXAÇÃO

1. Dadas as expressões, identificar o resultado verdadeiro ou falso que cada uma delas retornaria, considerando os valores: A ← 2; B ← 7.

Exemplo: A = 2   .e.   B = 5

.v.   .e.   .f.

.f.

Resposta: falso (para A=2, o resultado é verdadeiro; para B=5, o resultado é falso. Como o operador é .e., o resultado final é falso).

Considerando os mesmos valores atribuídos para as variáveis A e B, avalie as expressões a seguir:

a) A = 3 .e. B = 7.

b) A < 3 .ou. B <> 7.

c) A <= 2 .e. B = 7.

d) .não. A = 2 .e. B = 7.

e) A < 5 .e. B > 2 .ou. B <> 7.

2. Verifique se as variáveis abaixo possuem nomes corretos, e, no caso de estarem os nomes errados, justifique.

a) n#1.   b) tempo.   c) n_1.

d) $din.   e) n 1.   f) K2K.

g) n1.   h) U F.   i) 2nome.

j) dep.   k) nome2.   l) val#r.

3. Sabe-se que o uso incorreto da precedência de operadores ocasiona erros. Pensando nisto, avalie as expressões a seguir, determinando:

a) A ordem em que as operações deverão ser executadas.

b) O resultado das operações.

Considere os seguintes valores para as variáveis: A ← 8; B ← 5; C ← – 4; D ← 2.

a) Delta ← B2 – 4 * A * C.

b) J ← "Hoje" <> "HOJE".

c) Media ← (A + B + C + D) / 4.

d) Media ← A + B + C + D / 4.

e) Resultado ← A mod D / 5.

f) Resultado ← (A mod D) / 5.

g) X ← (A + B) – 10 * C.

h) X ← A + B – 10 * C.

i) Y ← A > 8 .e. B + C > D.

j) Y ← A > 3 * 2 .ou. B + C <> D.

4. Leia o exemplo a seguir para resolver o exercício.

Exemplo: Uma pessoa foi ao mercado e comprou 3,5 kg de um determinado produto, sabendo-se que o preço do quilo é R$ 3,00. Entendendo que esta pessoa poderia comprar outros produtos semelhantes, como escrever uma expressão para calcular o valor total de cada produto comprado?

30 Lógica de programação e estruturas de dados

Para a solução, podemos considerar as seguintes variáveis:

▶ A quantidade, representada por `quant`.

▶ O preço por `preco`.

▶ O preço total por produto como `total`.

Assim, teremos as variáveis: `quant`, `preco` e `total`, cujo tipo de dado é real.

Resposta: As variáveis poderiam ser declaradas como segue:

```
Var
    quant, preco, total: real
    total ← preco * quant
```

Tendo como base o exemplo do mercado, identifique quais variáveis ou constantes serão necessárias para representar os valores, seus tipos e a expressão para resolver os itens a seguir.

a) Calcular a área de um retângulo.

b) Calcular a área de um círculo.

c) Realizar o cálculo do delta para encontrar as raízes de uma equação de 2º grau. Este valor é obtido pela subtração de b elevado ao quadrado, pelo resultado da multiplicação de 4 por a e por c.

d) Calcular o tempo necessário para que a luz percorra uma distância qualquer em quilômetros, sabendo que sua velocidade é de 299.792 Km/s. Considerar que estamos tratando da propagação da luz no vácuo.

5. Construa a Tabela-verdade para a expressão X ← Y + 2 < J .ou. D > 5 .e. K <> 3.

6. Quando devemos utilizar os operadores relacionais?

7. Ao escrever uma expressão aritmética, devemos considerar a precedência dos operadores. Explique o que é precedência e como podemos impor uma ordem diferente daquela definida em função do operador.

8. Qual é a função dos operadores lógicos?

9. Assinale se as afirmações a seguir são verdadeiras (V) ou falsas (F):

( ) Em uma expressão que utiliza operadores aritméticos, lógicos e relacionais, são realizadas, primeiro, as comparações.

( ) Ao avaliar uma expressão que faz uso do operador lógico .e., o resultado será verdadeiro apenas quando todas as expressões envolvidas resultarem verdadeiro.

( ) Nos algoritmos, as variáveis são utilizadas para representar valores.

( ) Como regra, os nomes de variáveis devem iniciar com um número.

10. Explique por que, ao declararmos uma variável, faz-se necessária a especificação do tipo de dado que ela armazenará.

3.7 EXERCÍCIOS COMPLEMENTARES

1. Considere a seguinte atribuição de valores para as variáveis:
A ← 3, B ← 4 e C ← 8
Avalie as expressões a seguir indicando o resultado final: verdadeiro ou falso.

a) A > 3 .e. C = 8.

b) A <> 2 .ou. B <= 5.

c) A = 3 .ou. B >= 2 .e. C = 8.

d) A = 3 .e. .não. B <= 4 .e. C = 8.

e) A <> 8 .ou. B = 4 .e. C > 2.

f) B > A .e. C <> A.

g) A > B .ou. B < 5.

h) A <> B .e. B = C.

i) C > 2 .ou. A < B.

j) A > B .ou. B > A .e. C <> B.

Capítulo 3 | Conceitos básicos sobre algoritmos

2. Complete a Tabela-verdade a seguir.

b >= 5	a - 1 <> 10	.não.(b >= 5) .e. a - 1 <> 10

3. Construa a Tabela-verdade para as expressões:
a) A >= 3 .ou. B = 5.
b) A <> 9 .e. B <= 6.
c) .não. A = 2 .ou. B >= 1.
d) A > 3 .e. B <> 5 .ou. C < 8.

4. Dada a declaração de variáveis a seguir:

```
Var
   A, B, C: inteiro
   X, Y, Z: real
   Nome, Rua: literal
   L1: lógico
```

E atribuindo-se a estas variáveis os seguintes valores:

A ← 1, B ← 2, C ← 3, X ← 2.5, Y ← 10.0, Z ← −1.0

Nome ← "Pedro", Rua ← "Girassol", L1 ← .v.

Determine o resultado das expressões a seguir:
a) Nome = Rua.
b) X > Y .e. C <= B.
c) (C − 3 * A) < (X + 2 * Z).
d) ((Y / 2) = X) .ou. ((B * 2) >= (A + C)).
e) .não. L1.
f) .não. (C = B) .e. X + Y <= 20 .ou. L1 <> .v.

5. A velocidade média de um veículo é dada pela expressão Vm = Δs/Δt, onde:

Δs: variação de espaço (ponto de chegada − ponto de partida) em quilômetros;

Δs: intervalo de tempo (tempo final − tempo inicial) em horas.

Responda:

a) Quais são as variáveis e seus respectivos tipos de dados necessários para calcular a velocidade média de um veículo, em um dado percurso?

b) Escreva uma expressão válida, na forma algorítmica, para resolver a questão.

6. O Índice de Massa Corporal (IMC) é uma fórmula utilizada para verificar se um adulto está acima do peso, obeso ou abaixo do peso ideal considerado saudável. A fórmula utilizada para calcular o IMC é dada pela expressão: $IMC = peso / (altura)^2$.

a) Quais são as variáveis, com seus respectivos tipos de dados necessários, para que possamos calcular o IMC de uma pessoa?

b) Escreva uma expressão válida, na representação algorítmica, para resolver a questão.

7. O salário mínimo é reajustado anualmente e, para isso, o governo determina o percentual de reajuste.

a) Quais são as variáveis, com seus respectivos tipos de dados necessários, para que possamos calcular o valor do salário reajustado?

b) Escreva a expressão para calcular o valor deste novo salário.

8. Conceitue variáveis e constantes.

9. Explique em que se diferenciam e se assemelham os tipos primitivos dos construídos.

10. Observe a expressão a seguir e sua resolução.

Você considera o resultado correto? Justifique sua resposta.

$$4 − 3 + 1 = 4 − 4 = 0$$

Construção de algoritmos: estruturas de seleção

Temas do capítulo
- Ciclo de processamento de dados
- Estrutura sequencial
- Estruturas de seleção ou decisão

Objetivos de aprendizagem

Abordar algoritmos para a solução de problemas computacionais; aprender técnicas para a entrada e a saída de dados; compreender as estruturas para o controle do fluxo de execução, denominadas *seleção*, representadas em pseudocódigo, fluxograma e na linguagem de programação Java.

4.1 CICLO DE PROCESSAMENTO DE DADOS

No Capítulo 2, abordamos as origens e as aplicações dos algoritmos para a resolução de diferentes problemas, bem como seus tipos e formas de representação. Assim, percebemos que são ferramentas importantes, principalmente quando envolvem a computação, merecendo ser estudados pelos interessados em linguagens de programação.

Como vimos no capítulo anterior, algoritmo pode ser definido como um procedimento lógico, com regras bem definidas, aplicado a um conjunto de valores de entrada, produzindo um resultado como saída. É, portanto, uma sequência de passos computacionais que transforma a entrada em saída, conforme vemos na Figura 4.1.

Figura 4.1 Ciclo de processamento de dados.

É importante ressaltar a sequência de fatos que fundamentam a lógica computacional: a **entrada** de dados que, após seu **processamento**, geram a **saída**. Em outras palavras, os dados processados sofrem transformações e, então, uma saída é produzida, representando a solução de um problema.

EXEMPLO 4.1

Aplicando a representação utilizada para o ciclo de processamento de dados (Figura 4.1) para ler dois valores, calcular a soma entre eles e apresentar o resultado, temos:

Figura 4.2 Representação do ciclo de processamento de dados para o Exemplo 4.1.

Na Figura 4.2, utilizamos: a instrução Ler (a, b), equivalente à fase de **entrada** do ciclo de processamento de dados; resultado ← a + b, que corresponde ao **processamento**; e Mostrar (resultado), para simbolizar a **saída**. A seguir, essas três etapas são tratadas em detalhes.

4.1.1 ENTRADA DE DADOS

A *entrada* elementar de dados é feita por meio do teclado (dispositivo padrão) e é representada da seguinte maneira em pseudocódigo:

    Ler (variavel)

Considerando o Exemplo 4.1 (que pede para ler dois valores, calcular a soma entre eles e apresentar o resultado), temos:

    Ler (a, b)

Para uma variável inteira, por exemplo, este comando procura uma sequência de caracteres que representem os dígitos de um inteiro, eventualmente precedidos por um sinal positivo (+) ou negativo (–).

Neste caso, são descartados eventuais caracteres brancos (espaços), e, a partir do primeiro caractere não branco, a rotina de leitura assume que encontrou uma cadeia de caracteres que está de acordo com a sintaxe dos inteiros. Se isto não acontece, ocorre um erro fatal e a execução do programa é interrompida. Se, por outro lado, a rotina encontra um caractere que atenda à sintaxe de um inteiro, continua a leitura de caracteres, até que encontre algo diferente, como um caractere branco, por exemplo. Não apenas os caracteres brancos são descartados; isso ocorre também com caracteres de formatação de texto, como os de tabulação, mudança de linha e de "retorno de carro" (*carriage return* ou retorno de linha)[1].

Durante o processo, a sequência de caracteres que satisfaz a sintaxe de um inteiro é convertida em um valor binário, que é armazenado na memória do computador, na posição reservada para a variável inteira.

Ao digitarmos dados no teclado, estes são normalmente visualizados na tela do computador, exibidos em campos ou espaços reservados de uma interface do tipo texto ou em

---

[1] *Carriage Return* (CR) é o termo associado à função da máquina de escrever que gira o cilindro do papel e retorna à posição inicial relativa à próxima linha.

caixas de texto de uma tela gráfica. Enquanto não se pressiona uma tecla de mudança de campo (ENTER para uma interface de texto ou TAB para as gráficas), o processo de leitura não é executado, ficando suspenso, aguardando a ação do usuário. Uma vez pressionada uma das teclas de mudança de campo, a execução do programa é retomada, seguindo sua sequência normal.

No caso da linguagem de programação Java, todos os caracteres lidos por meio do teclado são reconhecidos como caracteres UNICODE. Como a linguagem é rigorosa, quanto aos dados que manipula, para ler uma variável de um tipo qualquer, deve-se utilizar um processo denominado *coerção*, que nada mais é do que forçar a produção de um valor com o tipo desejado.

UNICODE é uma padronização mundial da representação de caracteres das linguagens, por meio da associação de cada um deles a um identificador, administrada pelo The Unicode Standard Consortium.

4.1.2 PROCESSAMENTO DE DADOS

A fase de *processamento* do ciclo de processamento de dados representa a execução das operações para a manipulação dos dados, de acordo com os requisitos para resolução do problema. Podem fazer parte do processamento: operações de atribuição, aritméticas, lógicas ou relacionais.

No Exemplo 4.1, o processamento é a soma dos valores armazenados nas variáveis a e b e a atribuição à variável resultado, conforme destacamos a seguir:

```
resultado ← a + b
```

4.1.3 SAÍDA DE DADOS

Um computador e toda a sua programação não seriam de nenhuma utilidade se o programa não mostrasse o resultado das operações. O dispositivo padrão de *saída* de dados é a tela do computador, e a instrução, em pseudocódigo, para gerar esta saída é representada por:

```
Mostrar (variável)
```

Considerando o Exemplo 4.1, temos, como saída, a apresentação do valor armazenado na variável resultado:

```
Mostrar ("O resultado da soma é", resultado)
```

Neste caso, incluímos uma mensagem de texto para complementar a informação, colocada entre aspas, que é exibida antes da apresentação do valor. A maioria das linguagens de programação possui recursos que permitem uma formatação básica da saída de tela, com comandos que escrevem na mesma linha, "saltam" para a linha seguinte ou apresentam os resultados em caixas de diálogo.

4.2 ESTRUTURA SEQUENCIAL

A *estrutura sequencial* é aquela em que as instruções do algoritmo são realizadas sequencialmente, uma após a outra, sem que ocorram desvios no fluxo de instruções. Vejamos alguns exemplos em pseudocódigo, fluxograma e Java:

EXEMPLO 4.2
O primeiro programa que se aprende a fazer, em qualquer linguagem, é um aplicativo que mostra na tela a frase: "Alô Mundo!", não sendo necessário o uso de variáveis.

Pseudocódigo:

```
1. Algoritmo Primeiro
2. Início
3.    Mostrar ("Alô Mundo!")
4. Fim.
```

Na linha 1, o algoritmo é identificado. As linhas 2 e 4 representam o início e o fim do algoritmo e a linha 3 é a ação que o algoritmo tem que realizar.

Fluxograma:

Figura 4.3 Fluxograma para mostrar "Alô Mundo!" na tela.

Para escrevermos o programa em Java, temos duas opções para apresentar a saída dos dados ao usuário: a mensagem de saída é exibida, via linha de comando, no *prompt* de uma janela do tipo texto; ou a mensagem de saída é mostrada em uma caixa de diálogo no modo gráfico.

Java (saída via linha de comando):

```
1. public class Primeiro{
2.    public static void main(String[] args){
3.       System.out.println("Alô Mundo!");
4.    }
5. }
```

A linha 1, public class Primeiro, indica o nome do programa que, em Java, é tratado como uma classe. A linha 2, public static void main(String[] args), indica o bloco principal (main) de instruções que serão executadas sequencialmente, e todo aplicativo escrito em Java deve possuir um bloco indicado desta maneira. `System.out.println("Alô Mundo!")` é a instrução para a exibição da frase na saída padrão do sistema, e as chaves { e } indicam início e fim de bloco, respectivamente.

> A linguagem Java é sensível a maiúsculas e minúsculas. Isso quer dizer que as palavras reservadas devem ser escritas exatamente como são definidas! `class` em vez de `Class`, `public` em vez de `PUBLIC`, por exemplo.

Java (saída via interface gráfica — caixa de diálogo):

```
1. import javax.swing.JOptionPane;
2. public class Primeiro{
3.    public static void main(String[] args){
4.       JOptionPane.showMessageDialog(null, "Alô Mundo!");
5.    }
6. }
```

Para que possamos utilizar as caixas de diálogo disponibilizadas pelo pacote de interfaces gráficas Swing, devemos indicar isto ao compilador, por meio da instrução `import` que realiza essa tarefa. O nome do pacote utilizado é `javax.swing` e a classe `JOptionPane` deste pacote disponibiliza os recursos de interfaces gráficas. A linha 2 `public class Primeiro` indica o nome do programa e, no caso do Java, todos os programas são classes, como no exemplo de saída via linha de comando.

A linha 3, `public static void main(String[] args)`, indica o bloco de instruções executadas, sequencialmente, quando o programa for requisitado pelo usuário; todo aplicativo escrito em Java deve possuir um bloco indicado desta maneira.

Na linha 4, `JOptionPane` é a classe que disponibiliza as caixas de diálogo e `ShowMessageDialog` é o método da classe `JOptionPane`, utilizado para exibir as mensagens ao usuário. Já `(null, "Alô Mundo!")` são os parâmetros passados para o método, sendo que `null` indica que a caixa de diálogo aparecerá centralizada no vídeo, sem vínculo com outra tela, e `"Alô Mundo!"` é a mensagem que aparecerá na caixa de texto, conforme a Figura 4.4.

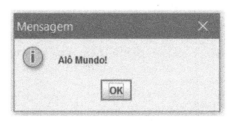

Figura 4.4 Caixa de mensagem.

> Para saber mais sobre os recursos da linguagem de programação Java, consulte: DEITEL, Paul; DEITEL, Harvey. *Java*: como programar. 10. ed. São Paulo: Pearson, 2016.

EXEMPLO 4.3

O programa apresenta uma mensagem perguntando qual é o nome do usuário e o escreve na tela.

Pseudocódigo:

```
1. Algoritmo Exemplo4_3
2. Var
3.    nome: literal
4. Início
5.    Mostrar ("Qual o seu nome?")
6.    Ler (nome)
7.    Mostrar ("Seu nome é: ", nome)
8. Fim.
```

Neste exercício, é necessário o uso de uma variável para o armazenamento do nome do usuário e sua declaração é feita na linha 3. As linhas 5, 6 e 7 possuem as operações necessárias para a realização da tarefa, e na linha 5 está sendo exibida a mensagem "Qual o seu nome?", que deve estar entre aspas. A linha 6 indica que deve ser lido (fornecido) um valor para a variável nome e na linha 7 é exibida a mensagem "Seu nome é: ", com o valor da variável. Observe que a variável nome está separada por uma vírgula, que faz o encadeamento da mensagem (entre aspas) com o valor da variável no resultado exibido no vídeo.

Fluxograma:

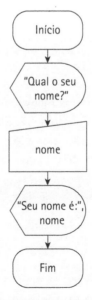

Figura 4.5 Fluxograma para exibir o nome do usuário.

Java:

```
1. import javax.swing.JOptionPane;
2. public class Exemplo4_3{
3.    public static void main(String[] args){
4.       String nome;
5.       nome = JOptionPane.showInputDialog("Qual o seu Nome?");
6.       JOptionPane.showMessageDialog(null, "Seu nome é: " + nome);
7.    }
8. }
```

As linhas 1, 2 e 3 são similares ao Exemplo 4.2, onde estão as declarações de importação da classe e do método principal. A linha 4, por sua vez, declara a variável nome, de acordo com o tipo alfanumérico, representado no Java pela classe `String`. A variável recebe um valor fornecido por meio de uma caixa de diálogo e, para isso, utiliza a classe `JOptionPane` e o método `showInputDialog`, que disponibiliza caixas de diálogo para a entrada de dados, fornecidos pelo usuário, por meio do teclado. Na caixa, podemos colocar uma mensagem de orientação, conforme a linha 5, exibida na caixa de texto da Figura 4.6.

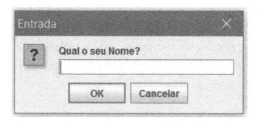

Figura 4.6 Caixa de entrada de dados com mensagem de orientação.

 Não vamos nos aprofundar nas características da caixa de entrada de dados. Para alterar as suas configurações, consulte: DEITEL, Paul; DEITEL, Harvey. *Java*: como programar. 10. ed. São Paulo: Pearson, 2016.

Ao final, apresentamos ao usuário uma mensagem, por meio de uma caixa de diálogo, similar ao procedimento realizado no Exemplo 4.2. Ela é o resultado da operação de concatenação entre um texto pré-definido `"Seu nome é: "` e a variável nome (o operador para concatenação é o sinal +). O resultado obtido pode ser visualizado na Figura 4.7.

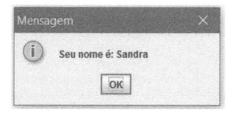

Figura 4.7 Caixa de saída de dados com resultado da operação.

EXEMPLO 4.4

O programa a seguir realiza a soma de dois números inteiros, dados pelo usuário.

Pseudocódigo:

```
1.    Algoritmo Exemplo4_4
2.    Var
3.       valor1, valor2, soma : inteiro
4.    Início
5.       Mostrar ("Qual o primeiro valor?")
6.       Ler (valor1)
7.       Mostrar ("Qual o segundo valor?")
8.       Ler (valor2)
9.       soma ← valor1 + valor2
10.      Mostrar ("Resultado: ", soma)
11.   Fim.
```

Neste exemplo, além da exibição de mensagens e entrada de dados, ocorre também um processamento determinado pela operação aritmética de adição entre as variáveis valor1 e valor2 e pela atribuição do resultado à variável soma (linha 9).

Fluxograma:

Figura 4.8 Fluxograma da soma de dois números inteiros, dados pelo usuário.

Java:

```
1. import javax.swing.JOptionPane;
2. public class Exemplo4_4{
3.    public static void main (String[] args){
4.       int valor1, valor2, soma;
5.       valor1 = Integer.parseInt(JOptionPane.showInputDialog
6.          ("Qual o primeiro valor?"));
7.       valor2 = Integer.parseInt(JOptionPane.showInputDialog
8.          ("Qual o segundo valor?"));
9.       soma = valor1 + valor2;
10.      JOptionPane.showMessageDialog(null, "Resultado: " +  soma);
11.   }
12.}
```

Repare que as linhas 1, 2 e 3 são semelhantes às do programa anterior — características da linguagem —, não afetando a lógica do problema.

Na linha 4 declaramos três variáveis do tipo inteiro: `valor1` e `valor2` são utilizadas para armazenar os valores fornecidos pelo usuário e soma para armazenar o resultado do cálculo. Já nas linhas de 5 a 8 são atribuídos os valores fornecidos por meio de caixas de diálogo. Observe que estamos utilizando a expressão `Integer.parseInt(JOptionPane.showInputDialog ("Qual o primeiro valor?"))` e isto é necessário, pois os valores fornecidos por meio das caixas de diálogo, por padrão, são do tipo `String`. Desta maneira, para armazenarmos na variável declarada, fazemos a conversão do tipo de dado; neste caso, de `String` para `int` (alfanumérico para inteiro). Esta operação é realizada pelo método `parseInt` da classe `Integer` e o valor passado para a conversão está sendo obtido pelo método `showInputDialog`.

Observe que estamos utilizando métodos aninhados, isto é, um método Java sendo utilizado dentro de outro. Faremos isto muitas vezes!

4.3 ESTRUTURAS DE SELEÇÃO OU DECISÃO

As *estruturas de seleção ou decisão* são utilizadas quando existe a necessidade de verificar condições para determinar quais instruções serão, ou não, executadas. Os testes de seleção também podem ser utilizados para verificar opções de escolha. A seguir, são apresentados exemplos para os dois casos.

Suponha que uma pessoa esteja em um jogo de computador:

1) Para que o jogador passe de uma fase (etapa) para a seguinte, é necessário verificar se ele atingiu a pontuação exigida. Assim, existe uma condição para a realização de uma sequência de instruções, de modo a liberar o acesso à próxima fase do jogo.
2) Ao final do jogo, uma pergunta é feita: "Deseja continuar jogando?". O jogador poderá escolher entre as respostas **sim** ou **não**.

As estruturas de seleção podem ser do tipo simples, composto ou encadeado.

4.3.1 ESTRUTURAS DE SELEÇÃO SIMPLES

As *estruturas de seleção simples* são utilizadas para verificar se dada condição é considerada verdadeira, e, se for, um conjunto de instruções é executado; senão, o fluxo de execução do algoritmo seguirá após o fim do bloco de seleção.

Toda condição pode ser encarada como uma pergunta, que pode ter a resposta verdadeiro (.v.) ou falso (.f.).

Pseudocódigo:

```
Se (condição) então    [início do bloco de seleção]
    conjunto de instruções
Fim-Se                 [fim do bloco de seleção]
```

Fluxograma:

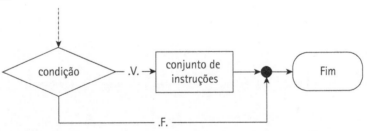

Figura 4.9 Fluxograma de uma estrutura de seleção simples.

Java:

```
if (condição){
    <conjunto de instruções>;
}
```

Na programação em Java, o conjunto de instruções deve ser delimitado por chaves, porém, caso haja apenas uma instrução, o uso das chaves é opcional.

EXEMPLO 4.5

Verificar se um número fornecido pelo usuário é ímpar. Caso seja, exibir a mensagem: "O número é ímpar".

Pseudocódigo:

```
1.    Algoritmo Exemplo4_5
2.    Var
3.       numero: inteiro
4.    Início
5.       Mostrar ("Número: ")
6.       Ler (numero)
7.       Se (numero mod 2 = 1) Então
8.          Mostrar ("O número é ímpar.")
9.       Fim-Se
10.   Fim.
```

Na linha 7 deste algoritmo, é feita a avaliação da condição que, sendo verdadeira, exibe a mensagem "O número é ímpar.". Caso contrário, não exibe nada, caracterizando, portanto, a estrutura de seleção simples. A expressão (numero mod 2 = 1) é utilizada para verificar se o número fornecido pelo usuário é ímpar. O operador mod devolve o resto de uma divisão por inteiros, e, desta maneira, o número fornecido pelo usuário será dividido por 2, sendo que o resto da divisão será comparado ao valor 1.

Por exemplo, supondo que o usuário digite o valor 9, a operação realizada será:

9 mod 2 = 1   Divide-se 9 por 2, o resultado da divisão é 4 e o resto é 1
1 = 1   Os valores são comparados e o resultado obtido é verdadeiro.

A simulação da realização de operações definidas em um algoritmo é chamada de *teste de mesa*. Esta técnica serve para validar o funcionamento do programa antes de sua implementação em uma linguagem de programação.

Fluxograma:

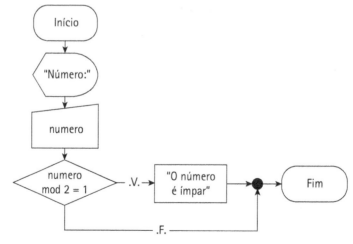

Figura 4.10 Fluxograma para verificar se um número fornecido pelo usuário é ímpar.

Java:

```
1.      import javax.swing.JOptionPane;
3.      public class Exemplo4_5{
4.         public static void main(String[] args){
5.            int numero;
6.            numero = Integer.parseInt(JOptionPane.showInputDialog
7.               ("Número: "));
8.            if (numero % 2 == 1){
9.               JOptionPane.showMessageDialog(null, "O número é ímpar.");
10.           }
11.        }
12.     }
```

Na linha 8, a expressão condicional avalia se o número é ímpar ao verificar se o resto da divisão deste número por 2 é igual a 1. Caso isto seja verdadeiro, então a mensagem escrita na linha 9 será mostrada na tela. Observe que % é o operador que determina o resto da divisão e == é o operador que compara o resultado dessa operação com 1.

Em Java, o operador = determina atribuição de valor e o operador == determina comparação de valores.

4.3.2 ESTRUTURAS DE SELEÇÃO COMPOSTAS

A *estrutura de seleção composta* prevê dois conjuntos de instruções para serem realizadas de acordo com a avaliação da condição: um conjunto de instruções que será executado quando a condição obtiver o resultado verdadeiro e um conjunto de instruções para resultado falso.

Pseudocódigo:

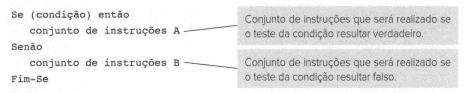

Fluxograma:

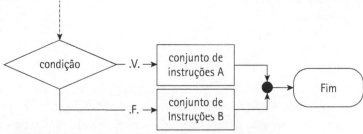

Figura 4.11 Fluxograma de uma estrutura de seleção composta.

44 Lógica de programação e estruturas de dados

Java:

```
if (condição)
   {
       <conjunto de instruções A>;
   }
else
   {
       <conjunto de instruções B>;
   }
```

Alguns autores utilizam o modelo a seguir para endentação das chaves que delimitam o conjunto de instruções. Neste capítulo, ocorre a utilização do modelo, proposto anteriormente com a finalidade de facilitar a visualização do conjunto de instruções, executado para uma situação (.v.) ou outra (.f.).

```
if (condição){
   <conjunto de instruções A>;
}else{
   <conjunto de instruções B>;
}
```

EXEMPLO 4.6

Uma empresa concedeu um bônus de 20% do valor do salário a todos os funcionários com tempo de trabalho na empresa igual ou superior a 5 anos e um bônus de 10% aos demais. Calcule e exiba o valor do bônus.

Para resolver o problema, é necessário conhecer o valor do salário e o tempo de serviço do funcionário. Assim, serão utilizadas as variáveis salario, para o salário do funcionário; tempo, para os anos de trabalho; e bonus, para armazenar o valor do bônus concedido.

Pseudocódigo:

```
1.     Algoritmo Exemplo4_6
2.     Var
3.        salario, bonus: real
4.        tempo: inteiro
5.     Início
6.        Ler (salario)
7.        Ler (tempo)
8.        Se (tempo >= 5) então
9.           bonus ← salario * 0.20
10.       Senão
11.          bonus ← salario * 0.10
12.       Fim-Se
13.       Mostrar ("O valor do bônus é", bonus)
14.    Fim.
```

Na linha 8, é realizado o teste para a verificação da condição que foi estabelecida no enunciado, e existe uma instrução para o resultado verdadeiro (linha 9) e outra para o falso (linha 11), tratando-se, portanto, de uma estrutura de seleção composta.

Fluxograma:

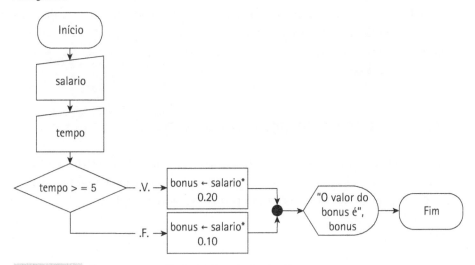

Figura 4.12 Fluxograma para cálculo de bônus dos funcionários.

Java:

```
1.  import javax.swing.JOptionPane;
2.  public class Exemplo4_6{
3.     public static void main (String[] args){
4.        float salario, bonus;
5.        int tempo;
6.        salario = Float.parseFloat(JOptionPane.showInputDialog
7.           ("Salário: "));
8.        tempo = Integer.parseInt(JOptionPane.showInputDialog
9.           ("Tempo na empresa: "));
10.       if (tempo >= 5)
11.       {
12.          bonus = salario * 0.20f;
13.       }
14.       else
15.       {
16.          bonus = salario * 0.10f;
17.       }
18.       JOptionPane.showMessageDialog
19.          (null, "O valor do bônus é R$: " + bonus);
20.    }
21.}
```

Nas linhas 4 e 5 são declaradas as variáveis necessárias para a resolução do problema e a implementação do programa. Observe que salario e bonus são variáveis do tipo real (no Java, float) e tempo, do tipo inteiro. Nas linhas 6 e 8, onde são feitas as entradas (leituras) dos valores, a conversão de tipo é realizada pelos métodos Float.parseFloat() e Integer.parseInt(), de modo que os dados lidos de uma caixa de entrada do tipo utilizado é, por padrão, texto ou String.

Na linha 10, a condição é avaliada e, se o resultado for verdadeiro, será executada a instrução da linha 12. Já se o resultado for falso, será executada a instrução da linha 16. Observe que, nestas linhas, a letra f no final dos valores (0.20f e 0.10f) foi acrescentada para informar ao compilador que se tratam de números do tipo float e que assim devem ser tratados, durante as operações.

4.3.3 ESTRUTURAS DE SELEÇÃO ENCADEADAS

Uma *estrutura de seleção encadeada* é formada pela combinação de estruturas de seleção simples ou compostas, uma dentro da outra, não havendo limite para o número de combinações, podendo, em alguns casos, gerar um código bastante complexo.

Pseudocódigo:

```
    Se (condição_1) então
        Se (condição_2) então                       Seleção composta encadeada
            conjunto de instruções A
        Senão
            conjunto de instruções B
        Fim-Se
    Senão
        conjunto de instruções C
    Fim-Se
```

No pseudocódigo apresentado, se a avaliação da condição_1 resultar verdadeiro, então será realizado o teste da condição_2, que, dependendo do resultado, pode executar o conjunto de instruções A ou B. Se, por outro lado, a condição_1 for falsa, então, será executado o conjunto de instruções C. É importante observar que somente um dos conjuntos de instruções (A, B ou C) será executado (veja a Figura 4.13).

Fluxograma:

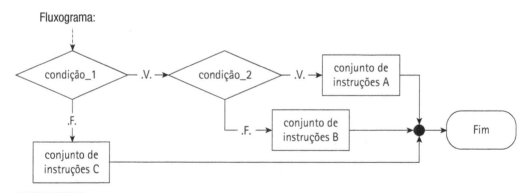

Figura 4.13 Fluxograma de uma estrutura de seleção encadeada.

Java:

```java
if (<condição_1>)
    {
```

```java
        if (<condição_2>                          Seleção composta encadeada
            {
            <conjunto de instruções A>
            }
            else
            {
            <conjunto de instruções B>
            }
```

```java
    }
    else
    {
    <conjunto de instruções C>
    }
```

Outras possibilidades de encadeamento podem ser utilizadas, dependendo do problema a ser resolvido. Teoricamente, são infinitas, contudo, não convém abusar dessas estruturas, pois existem alternativas como as estruturas de seleção de múltipla escolha, tratadas mais adiante neste capítulo.

EXEMPLO 4.7
Seleção encadeada.

```
Se (condição_1) então
```

```
        Se (condição_2) então                     Seleção simples encadeada
            conjunto de instruções A
        Fim-Se
```

```
    Senão
```

```
        Se (condição_3) então                     Seleção composta encadeada
            conjunto de instruções B
        Senão
            Se (condição_4) então                 Seleção simples encadeada
                conjunto de instruções C
```

```
        Fim-Se
    Fim-Se
Fim-Se
```

EXEMPLO 4.8
Faça um algoritmo que receba três valores representando os lados de um triângulo, fornecidos pelo usuário. Verifique se os valores formam um triângulo e classifique como:

a) Equilátero (três lados iguais).

b) Isósceles (dois lados iguais).

c) Escaleno (três lados diferentes).

Lembre-se de que, para formar um triângulo, nenhum dos lados pode ser igual a zero e um lado não pode ser maior do que a soma dos outros dois.

Pseudocódigo:

```
1.    Algoritmo Exemplo4_8
2.    Var
3.       A,B,C: inteiro
4.    Início
5.       Ler (A, B, C)
6.       Se (A <> 0) .e. (B <> 0) .e. (C <> 0) então
7.          Se (A + B > C) .e. (A + C > B) .e. (B + C > A) então
8.             Se (A <> B) .e. (A <> C) .e. (B <> C) então
9.                Mostrar ("É um triângulo escaleno")
10.            Senão
11.               Se (A = B) .ou. (B = C) então
12.                  Mostrar ("É um triângulo equilátero")
13.               Senão
14.                  Mostrar ("É um triângulo isóceles")
15.               Fim-Se
16.            Fim-Se
17.         Senão
18.            Mostrar ("Os valores não formam um triângulo")
19.         Fim-Se
20.      Senão
21.         Mostrar ("Os valores não formam um triângulo")
22.      Fim-Se
23.   Fim.
```

Fluxograma:

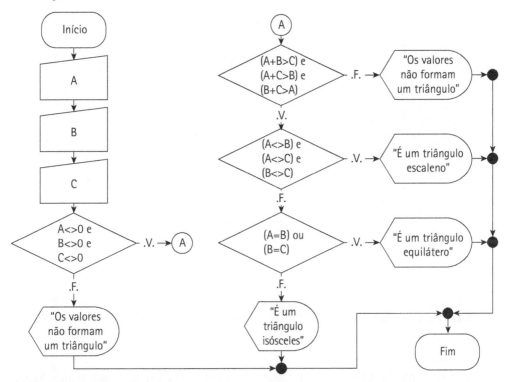

Figura 4.14 Fluxograma para verificar e classificar um triângulo.

Java:

```
1.  import javax.swing.JOptionPane;
2.  public class Exemplo4_8{
3.    public static void main (String[] args){
4.      int A, B, C;
5.      A = Integer.parseInt(JOptionPane.showInputDialog("Lado A "));
6.      B = Integer.parseInt(JOptionPane.showInputDialog("Lado B "));
7.      C = Integer.parseInt(JOptionPane.showInputDialog("Lado C "));
8.      if (A != 0 && B != 0 && C != 0)
9.        {
10.       if (A + B > C && A + C > B && B + C > A)
11.         {
12.         if (A != B && A != C && B != C)
13.           {
14.           JOptionPane.showMessageDialog(null, "Escaleno");
15.           }
16.         else
17.           {
18.           if (A == B && B == C)
19.             {
```

50 Lógica de programação e estruturas de dados

```
20.                    JOptionPane.showMessageDialog(null, "Equilátero");
21.                    }
22.                    else
23.                    {
24.                    JOptionPane.showMessageDialog(null, "Isósceles");
25.                    }
26.                }
27.            }
28.            else
29.            {
30.             JOptionPane.showMessageDialog(null, "Não forma um triângulo");
31.            }
32.        }
33.        else
34.        {
35.        JOptionPane.showMessageDialog(null, "Não forma um triângulo");
36.        }
37.    }
38.}
```

Na resolução do Exemplo 4.8 são feitos testes de condição encadeados, isto é, testes de condição do conjunto de instruções para uma resposta (ou para ambas), que contém outro teste de condição.

Na linha 6 do pseudocódigo e na linha 8 do programa em Java, ocorre um teste de condição para verificar se os valores fornecidos podem formar um triângulo. Assim, se esta primeira condição for atendida, isto é, se a resposta for verdadeira, outro teste será realizado nas linhas 7 do pseudocódigo e 10 do programa. Novamente, se esta condição for verdadeira, serão realizados os testes das linhas 8 e 11 do algoritmo e 12 e 18 do programa para classificar o triângulo de acordo com seu tipo.

4.3.4 ESTRUTURAS DE SELEÇÃO DE MÚLTIPLA ESCOLHA

Uma *estrutura de seleção de múltipla escolha*, também denominada *estrutura de seleção homogênea*, é uma estrutura de seleção que funciona como um conjunto de opções. Existem duas maneiras para representá-la: utilizando o encadeamento da instrução Se ou a instrução Escolha Caso, sendo esta última a mais indicada.

Estrutura com condicionais encadeadas em pseudocódigo:

```
1.    Se (condição_1) então
2.        conjunto de instruções A
3.    Senão
4.        Se (condição_2) então
5.            conjunto de instruções B
6.        Senão
7.            Se (condição3) então
```

```
8.              conjunto de instruções C
9.           Senão
10.             conjunto de instruções D
11.          Fim-Se
12.       Fim-Se
13.    Fim-Se
```

Observe que a estrutura de escolha, utilizando a instrução Se, segue as orientações de uma estrutura de seleção encadeada, estudada no tópico anterior.

> Nas estruturas de seleção, a condição deve ser, preferencialmente, uma comparação de igualdade, como **variável = valor**. Porém, as linguagens de programação permitem comparações utilizando-se outros tipos de relações.

Estrutura com seleção de múltipla escolha em pseudocódigo:

```
1.    Ler(variavel)
2.    Escolha variavel
3.       Caso valor_1:
4.          conjunto de instruções A
5.       Caso valor_2:
6.          conjunto de instruções B
7.       Caso valor_3:
8.          conjunto de instruções C
9.       Caso Contrário:
10.         conjunto de instruções D
11.   Fim-Escolha
```

Fluxograma:

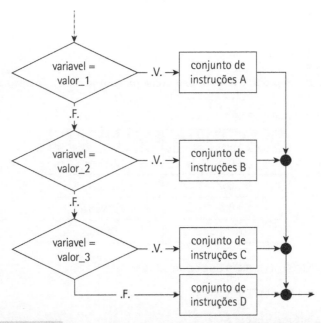

Figura 4.15 Fluxograma de uma estrutura com seleção de múltipla escolha.

Java:

```
1.    switch (variavel)
2.    {
3.       case valor_1:
4.          <conjunto de instruções A>;
5.          break;
6.       case valor_2:
7.          <conjunto de instruções B>;
8.          break;
9.       case valor_3:
10.         <conjunto de instruções C>;
11.         break;
12.      default:
13.         <conjunto de instruções D>;
14.   }
```

Na linha 1, o comando `switch` é responsável pelo início do conjunto de opções para escolha, delimitado pela primeira chave, aberta na linha 2 e fechada na linha 14. Cada opção é apresentada na sequência, com a instrução `case`, nas linhas 3, 6 e 9, seguida pelo valor que será comparado com o armazenado na variável informada (`variavel`). Quando uma comparação resulta verdadeiro, o conjunto de instruções associado é realizado, e este pode ter uma sequência de comandos delimitados por chaves. Observe que, para cada `case`, há um `break`, instrução responsável por provocar o encerramento do `switch`, desviando o fluxo do processamento para o final do laço de escolha (linha 14). Caso nenhuma comparação resulte verdadeiro, o conjunto de operações da opção `default` é executado.

A palavra reservada **break** é utilizada na linguagem Java para garantir que apenas a instrução selecionada seja executada. Sem este modificador de fluxo, todas as instruções a partir da seleção encontrada também seriam executadas.

EXEMPLO 4.9

Ler o código de um produto e exibir seu nome de acordo com a Tabela 4.1.

Tabela 4.1 Código e nome dos produtos.

Código do produto	Nome do produto
001	Caderno
002	Lápis
003	Borracha
Qualquer outro	Diversos

Pseudocódigo utilizando a instrução `Escolha Caso`:

```
1.    Algoritmo Exemplo4_9
2.    Var
3.       codigo: inteiro
4.    Início
```

```
5.      Ler (codigo)
6.      Escolha codigo
7.          Caso 001: Mostrar ("O produto é caderno")
8.          Caso 002: Mostrar ("O produto é lápis")
9.          Caso 003: Mostrar ("O produto é borracha")
10.         Caso contrário: Mostrar ("Diversos")
11.     Fim-Escolha
12. Fim.
```

Pseudocódigo utilizando a instrução Se:

```
1.  Algoritmo Exemplo4_9
2.  Var
3.      codigo: inteiro
4.  Início
5.      Ler (codigo)
6.      Se (codigo = 001) então
7.          Mostrar ("O produto é caderno")
8.      Senão
9.          Se (codigo = 002) então
10.             Mostrar ("O produto é lápis")
11.         Senão
12.             Se (codigo = 003) então
13.                 Mostrar ("O produto é borracha")
14.             Senão
15.                 Mostrar( "Diversos")
16.             Fim-Se
17.         Fim-Se
18.     Fim-Se
19. Fim.
```

Fluxograma:

Observação: a representação da resolução por meio do fluxograma é igual para as duas possibilidades, tanto utilizando a instrução Escolha Caso quanto a instrução Se.

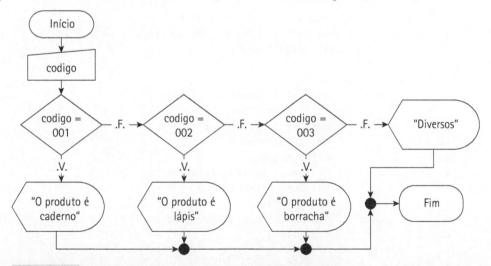

Figura 4.16 Fluxograma para ler o código de um produto e exibir seu nome.

54 Lógica de programação e estruturas de dados

Java utilizando escolha:

```
1.      import javax.swing.JOptionPane;
2.      public class Exemplo4_9 {
3.         public static void main(String[] args){
4.            String codigo;
5.            codigo = JOptionPane.showInputDialog("Digite o código");
6.            switch (codigo)
7.            {
8.            case "001": JOptionPane.showMessageDialog
9.            (null,"O Produto é Caderno");
10.           break;
11.           case "002": JOptionPane.showMessageDialog
12.           (null,"O Produto é Lápis");
13.           break;
14.           case "003": JOptionPane.showMessageDialog
15.           (null,"O Produto é Borracha");
16.           break;
17.           default: JOptionPane.showMessageDialog(null,"Diversos");
18.           }
19.        }
20.   }
```

EXEMPLO 4.10

Apresentar um menu com as ações a serem realizadas em um programa.

Pseudocódigo:

```
1.    Algoritmo Menu
2.    Var
3.       opcao: inteiro
4.    Início
5.       Mostrar ("Para cadastrar um cliente digite 1
6.              Para excluir um cliente digite 2
7.              Para alterar os dados de um cliente digite 3
8.              Para sair digite 4")
9.       Ler (opcao)
10.      Escolha opcao
11.        Caso 1:  Mostrar ("Cadastrar cliente")
12.                 Abrir(cadastrar)
13.        Caso 2:  Mostrar ("Excluir cliente")
14.                 Ler(nome_cliente)
15.                 Abrir(excluir)
16.        Caso 3:  Mostrar ("Alterar dados de cliente")
17.                 Ler(nome_cliente)
18.                 Abrir(alterar)
19.        Caso 4:  Mostrar ("Sair do programa")
20.                 Abrir(fim)
21.      Fim-Escolha
22.   Fim.
```

No Exemplo 4.10, quando a instrução Caso resulta verdadeiro, uma sequência de instruções é realizada. Observe nas linhas 11 e 12 que as instruções Mostrar ("Cadastrar cliente") e Abrir (cadastrar) serão realizadas, caso opcao seja igual a 1. A instrução Abrir(cadastrar) representa a chamada de outra parte do programa.

Observe que não temos neste exemplo a opção Caso Contrário; isto é possível e não ocasiona erro, mas não é uma boa prática. Seria adequado, em vez disso, incluir uma orientação ao usuário para o caso de ele ter digitado um valor não previsto anteriormente.

4.4 EXERCÍCIOS PARA FIXAÇÃO

Elabore o pseudocódigo, o fluxograma e o programa em Java para os enunciados a seguir:

1. Leia 4 valores, calcule a soma entre eles e apresente o resultado.
2. Leia 3 valores, calcule a média aritmética entre eles e apresente o resultado.
3. Uma loja de produtos eletrônicos com vendas regulares opta por contratar uma equipe para a organização de um sistema de gerenciamento de vendas. Seu desafio será elaborar um algoritmo que, a partir de dados fornecidos pelo usuário, calcule o valor da venda de um produto, exibindo uma saída em vídeo contendo o código do produto, o nome, a quantidade comprada, o valor unitário e o valor total.
4. Uma empresa concederá um reajuste salarial de 8,75% no próximo mês. Sua missão é elaborar um algoritmo que, a partir de dados inseridos pelo usuário, calcule o salário reajustado de um funcionário, exibindo, como resultado, seu nome, o valor de seu salário atual e o valor do salário reajustado.
5. As lojas de um *shopping center* estão concedendo 10% de desconto no preço de qualquer produto. Faça um algoritmo que, a partir do valor fornecido, calcule e exiba o preço atual e o preço com o desconto.
6. Verifique se um número fornecido pelo usuário é par ou ímpar. Para isto, apresente uma mensagem mostrando o número digitado e o resultado do teste.
7. Melhore o algoritmo do exercício anterior verificando se o número inserido pelo usuário é zero, par ou ímpar.
8. De acordo com um valor fornecido pelo usuário, verifique se ele é múltiplo de 3, ou múltiplo de 7. Apresente uma mensagem mostrando o número digitado e o resultado do teste.
9. Um aluno realizou três provas de uma determinada disciplina. Levando em consideração o critério apresentado a seguir, faça um programa que mostre se ele ficou para exame e, em caso positivo, que nota este aluno precisa obter, no exame, para passar de ano.
Média = (Prova1 + Prova2 + Prova3) / 3
A média deve ser maior ou igual a 7,0. Se não conseguir, a nova média deve ser:
Final = (Média + Exame) / 2
A média final, para aprovação, deve ser maior ou igual a 5,0.
10. Uma loja de departamentos está oferecendo diferentes formas de pagamento, conforme as opções listadas a seguir. Faça um algoritmo que leia o valor total de uma compra e calcule o valor do pagamento final de acordo com a opção escolhida. Se a escolha for por pagamento parcelado, calcule também o valor da parcela. Ao final, apresente o valor total e o valor das parcelas.
    a) Pagamento à vista — conceder desconto de 5%.
    b) Pagamento em 3 parcelas — o valor não sofre alteração.
    c) Pagamento em 5 parcelas — acréscimo de 2%.
    d) Pagamento em 10 parcelas — acréscimo de 8%.

56 Lógica de programação e estruturas de dados

4.5 EXERCÍCIOS COMPLEMENTARES

1. Calcule o tempo de duração de uma ocorrência, considerando a entrada do período inicial e final por meio de três valores inteiros positivos, que devem representar a hora, o minuto e o segundo desta ocorrência. O usuário deverá fornecer os dois períodos e escolher se quer o resultado em hora, minuto ou segundo.

2. O posto de atendimento médico e hospitalar de uma pequena cidade atende, em média, 138 pessoas por dia e vem, ao longo do tempo, observando que os casos de sobrepeso têm aumentado a cada ano. Sabe-se que o sobrepeso pode interferir de maneira negativa na saúde das pessoas. Por isso, o posto de atendimento determinou que o médico ou o enfermeiro calcule o peso ideal de todos os pacientes atendidos, devendo ser elaborado um programa que verifique se o paciente está acima de seu peso ideal, de acordo com a condição abaixo:

   Para homens: $(72,7 * altura) - 58$;

   Para mulheres: $(62,1 * altura) - 44.7$.

3. Uma empresa de tecnologia concederá o aumento salarial anual aos seus funcionários, que varia de acordo com o cargo e com o tempo de serviço na organização, conforme a Tabela 4.2. Faça um algoritmo que leia o salário, o cargo e a data de admissão de cada funcionário, calculando o novo salário. Avalie o tempo de serviço a partir da data atual e, se o cargo do funcionário não estiver na tabela, deverá, então, receber 7% de aumento. Você deve mostrar o salário antigo, o novo salário e a diferença.

Tabela 4.2 Cargos e tempo de serviço na organização.

Cargo	Tempo de serviço em anos	Percentual
Gerente	Maior ou igual a 5	10%
	Maior ou igual a 3 e menor do que 5	9%
	Menor do que 3	8%
Engenheiro	Maior ou igual a 5	11%
	Maior ou igual a 3 e menor do que 5	10%
	Menor do que 3	9%
Técnico	Maior ou igual a 5	12%
	Maior ou igual a 3 e menor do que 5	11%
	Menor do que 3	10%

4. Muitas empresas utilizam algoritmos para a validação do CPF (Cadastro de Pessoa Física). O número do CPF é composto por 11 dígitos, sendo que os dois últimos são os verificadores e a sua validação é feita por meio de cálculos, com base nos 9 primeiros dígitos. Sua tarefa será elaborar um algoritmo capaz de receber um CPF completo e verificar se está correto e, para isso, deverá checar os dígitos verificadores. As etapas desse cálculo são descritas a seguir, utilizando o CPF exemplo ABC.DEF.GHI-XY. Após a elaboração do algoritmo, faça o teste de mesa com os seguintes valores de CPF e verifique se são válidos: 123.456.789-09 e 456.321.556-98.

   Passo 1: multiplicar o dígito A por 10, o dígito B por 9, o dígito C por 8 e assim sucessivamente até o dígito 1, que deverá ser multiplicado por 2.

   Passo 2: calcular a soma entre todos os valores calculados no passo 1.

Passo 3: dividir o valor obtido no passo 2 por 11, esta divisão deve ser por inteiros (operador div ou /).

Passo 4: multiplicar o resultado obtido no passo 3 por 11.

Passo 5: subtrair da soma obtida no passo 2 o valor obtido no passo 4.

Passo 6: se o resultado obtido no passo 5 for igual a 1 ou a 0, então o dígito verificador X deverá ser 0, caso contrário o dígito verificador X receberá o resultado da operação realizada no passo 5.

Passo 7: para calcular o dígito verificador Y faremos os mesmos procedimentos realizados para o cálculo do X, repetindo os passos de 1 até 6. No passo 1 deve-se iniciar a multiplicação 1 por 11, desta maneira, teremos A * 11, B * 10, C * 9 ... I * 3.

Para resolver os exercícios 5, 6 e 7, observe o seguinte algoritmo:

```
Algoritmo TesteMesa
Var
   n1, total: inteiro
Início
   Mostrar ("Digite um valor inteiro")
   Ler (n1)
   Se (n1 > 10) então
      total ← 100
   Senão
      Se (n1 > 20) então
         total ← 200
      Senão
         Se (n1 = 18) então
            total ← 300
         Senão
            Se (n1 = 32) então
               total ← 400
            Senão
               total ← 500
            Fim-Se
         Fim-Se
      Fim-Se
   Fim-Se
   Mostrar ("O valor total é ", total)
Fim.
```

5. Faça o teste de mesa considerando as entradas de valores para n1: 32, 100 e 1389. Qual seria a mensagem apresentada em cada situação?

6. Em que situação a variável total receberá valor 500?

7. Escreva o programa em Java e valide as respostas atribuídas ao teste de mesa dos exercícios 6 e 7.

8. Dada a equação $\Delta = b^2 - 4ac$, receba os valores para cada variável, calcule o valor da equação e em seguida as raízes utilizando a fórmula $-b +-$ raiz(Δ) / (2^*a). Para isso, verifique o resultado obtido para o delta:

    a) Se for igual a zero, deve-se calcular apenas uma raiz.

    b) Se for maior do que zero, deve-se calcular as duas raízes.

    c) Se for menor do que zero, não é possível calcular nenhuma raiz.

9. Elabore um algoritmo que receba como entrada o nome de um funcionário e o seu salário bruto. Utilize a Tabela 4.3 para verificar a alíquota do IRPF e a parcela a deduzir, calculando o imposto de renda devido.

58 Lógica de programação e estruturas de dados

Tabela 4.3 Incidência mensal do IRPF.

Base de cálculo (R$)	Alíquota (%)	Parcela a deduzir do IRPF (R$)
Até 1.903,98	-	-
De 1.903,99 até 2.826,65	7,5	142,80
De 2.826,66 até 3.751,05	15	354,80
De 3.751,06 até 4.664,68	22,5	636,13
Acima de 4.664,68	27,5	869,36

10. Uma lanchonete oferece aos seus clientes a opção de comprar produtos individualmente ou em combos, com valores diferenciados de acordo com o tipo de acompanhamento. Com base nas tabelas 4.4 e 4.5, faça um algoritmo que recebe um pedido de um cliente e calcula o valor total do combo de sua compra.

Tabela 4.4 Valores dos lanches.

Lanche	Valor (R$)
Hambúrguer	6,80
Cheesebúrguer	7,50
Bauru	5,40
X-salada	8,50

Tabela 4.5 Valores dos acompanhamentos.

Bebida	Tamanho	Valor (R$)	Outros	Tamanho	Valor (R$)
Refrigerante	200 ml	2,30	Batatas fritas	Pequena	3,50
Refrigerante	500 ml	4,00	Batatas fritas	Média	4,50
Suco	200 ml	3,50	Batatas fritas	Grande	5,50
Suco	500 ml	6,00	Salada	Média	8,00

11. Desenvolva os algoritmos para cada uma das proposições a seguir:
   a) Obter 4 valores fornecidos pelo usuário e identificar qual deles é o maior.
   b) Ler 3 valores inteiros e positivos, apresentando-os em ordem crescente.
   c) Ler um valor fornecido pelo usuário, verificando se é ímpar e múltiplo de um outro número também fornecido pelo usuário.

12. Leia o nome de um aluno, o nome de uma disciplina e as notas representadas por n1, n2, n3 e n4, calcule a média aritmética entre essas notas (media_n). Em seguida, leia as notas correspondentes ao Provão (PR) e ao Estudo Dirigido (ED) da disciplina. Calcule a média ponderada de acordo com os seguintes critérios:
   a) A media_n corresponde a 20% da média final.
   b) O ED corresponde a 20% da média final.
   c) O PR corresponde a 60% da média final.

Verifique se o aluno foi aprovado ou reprovado. O aluno será considerado aprovado se obtiver média final maior ou igual a 6,0, caso contrário será considerado reprovado.

Apresente ao usuário o nome da disciplina, o nome do aluno, o valor das notas e a situação final.

Construção de algoritmos: estruturas de repetição

5

Temas do capítulo

▶ Princípio de uma estrutura de repetição
▶ Estrutura de repetição com teste no início: `Enquanto`
▶ Estrutura de repetição com teste no fim: `Repita`
▶ Estrutura de repetição com variável de controle: `Para`

Objetivos de aprendizagem

Estudar as estruturas de controle do fluxo de execução dos algoritmos, na forma de repetição ou laço; tratar a recursividade e sua aplicação; utilizar as técnicas para realizar ou executar diferentes ações repetidamente em função de uma condição, em pseudocódigo, fluxograma e na linguagem de programação Java.

5.1 PRINCÍPIO DE UMA ESTRUTURA DE REPETIÇÃO

O princípio de uma estrutura de repetição é a execução de um conjunto de ações uma vez, várias vezes ou nenhuma vez, dependendo de uma condição verdadeira ou falsa, resultado booleano da avaliação de uma expressão. Essa condição é chamada de *expressão de controle* ou *condição de parada* e está associada a um bloco de instruções.

Sua aplicação pode ser associada a determinadas situações nas quais temos que repetir o programa, ou parte dele, várias vezes, como acontece para o cálculo das médias das notas de um grupo de alunos. Reiniciar o programa para cada cálculo não é uma solução muito prática e, algumas vezes, inclusive inviável; nesses casos, é mais adequada a utilização de estruturas de repetição, também conhecidas como *laço* ou *loop*.

Estas estruturas nem sempre possuem recursos para fazer o controle do número de vezes em que o laço deverá ser executado, necessitando de uma variável de controle, preferencialmente do tipo inteiro, funcionando como um contador e garantindo que o número de repetições seja finito, conforme o trecho em pseudocódigo a seguir:

```
Var
    contador : inteiro
Início
    contador ← 0
...
    contador ← contador + 1
...
```

Na expressão contador ← contador + 1, temos a variável de controle contador, do tipo inteiro, incrementada em 1, toda vez que a instrução for executada. O incremento pode ser um número diferente de 1, dependendo da finalidade do algoritmo, e assumir, inclusive, um valor negativo, como em contador ← contador - 1, quando então dizemos tratar-se de um decremento. É importante lembrar que, na declaração de uma variável numérica, definimos seu nome, porém, seu valor é atribuído automaticamente como nulo; desse modo, para que possa ser utilizada em operações, a variável deve receber um valor, como realizado pela instrução contador ← 0.

Em Java, a expressão contador ← contador + 1 pode ser representada por contador++, para o incremento, e contador--, para o decremento, como mencionado no Capítulo 3.

Em algumas situações, precisamos fazer a somatória de valores para realizar outras operações, como o cálculo da média aritmética, quando algo similar ao contador pode ser utilizado. Para isso, podemos declarar uma variável de apoio, do tipo inteiro ou real, de acordo com os valores que serão acumulados.

```
Var
    acumulador: real
    valor: real
Início
    acumulador ← 0
       ...
    acumulador ← acumulador + valor
```

5.2 ESTRUTURA DE REPETIÇÃO COM TESTE NO INÍCIO: Enquanto

Na estrutura enquanto, a execução de uma ou mais instruções de um bloco, ou laço, depende de uma condição de controle verificada no início ou na entrada do laço. Enquanto o resultado da condição for verdadeiro, o bloco de instruções é executado, caso contrário, ocorre o desvio para a primeira linha após este bloco.

Laço ou *loop* é um bloco de instruções que será executado repetidas vezes e que está contido em uma estrutura de repetição.

Pseudocódigo:

```
Enquanto (<condição>) faça
    <conjunto de instruções>
Fim-Enquanto
```

Fluxograma:

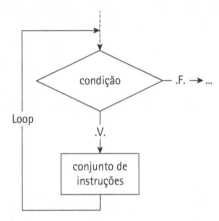

Figura 5.1 Fluxograma de um conjunto de instruções com estrutura de repetição no início.

Java:

```
while (<condição>)
    {
    <conjunto de instruções>
    }
```

Em Java, a estrutura de repetição while realiza o teste da condição, antes do conjunto de instruções, e se o resultado for verdadeiro, este conjunto de instruções, separado pelas chaves, é executado. Ao final deste bloco, uma nova verificação da condição é realizada e, se ainda for verdadeira, o conjunto de instruções volta a ser executado e, assim, sucessivamente, até que a condição seja falsa.

Como o teste da condição é sempre realizado *antes* da execução dos comandos controlados pela estrutura, caso, no início, o resultado da condição de controle seja falso, então as instruções contidas no laço não serão executadas uma vez sequer. Por exemplo, no fragmento de código a seguir, a instrução para exibição da saída na tela nunca será executada.

```
int a = 5, b = 10;
while (a > b)
    JOptionPane.showMessageDialog(null,"Isto nunca será exibido");
```

Quando a estrutura while incluir apenas uma instrução, o uso das chaves é opcional.

É importante observar que, para terminar a execução do comando while, dentro do bloco de instruções do laço deve existir uma operação que modifique o valor da variável de controle, de modo que, em algum momento, a condição resulte falsa. Se isto não acontecer, o processo de repetição ocorrerá indefinidamente e a execução do programa nunca terminará.

 EXEMPLO 5.1

Obter 20 números fornecidos pelo usuário, calcular e exibir a média.

Pseudocódigo

```
1.    Algoritmo Exemplo5_1
2.    Var
3.       soma, num, media: real
4.       cont: inteiro
5.    Início
6.       soma ← 0
7.       cont ← 0
8.       Enquanto (cont < 20) faça
9.          Ler (num)
10.         soma ← soma + num
11.         cont ← cont + 1
12.      Fim-Enquanto
13.      media ← soma / cont
14.      Mostrar ("Média = ", media)
15.   Fim.
```

A variável cont tem a função de contador, armazenando o número de vezes que as instruções dentro do laço são repetidas. A variável soma tem a função de acumular todos os valores da variável num, atribuídos por meio da leitura da entrada pelo teclado.

O trecho entre as linhas 8 e 12 é o conjunto de instruções que será repetido, enquanto a condição da linha 8 (cont < 20) resultar verdadeiro.

Toda variável que tem a função de contador ou acumulador deve ser inicializada.

Fluxograma:

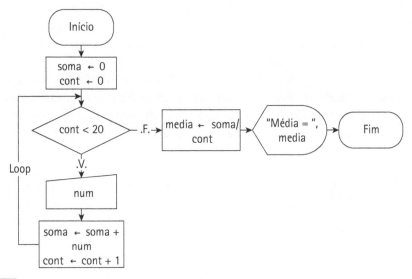

Figura 5.2 Fluxograma para calcular a média de 20 números.

O loop acontece sempre, porém a execução da leitura e das operações de soma e incremento do contador ocorre somente se a condição de controle for verdadeira.

Java:

```
1.      import javax.swing.JOptionPane;
2.      class Exemplo5_1{
3.         public static void main (String[] args){
4.            float num, media, soma;
5.            int cont;
6.            cont = 0;
7.            soma = 0f;
8.            while (cont < 20)
9.            {
10.              num = Float.parseFloat(JOptionPane.showInputDialog
11.                 ("Digite o número"));
12.              soma = soma + num;
13.              cont = cont +1;
14.           }
15.           media = soma / cont;
16.           JOptionPane.showMessageDialog(null,"A média é: " + media);
17.        }
18.     }
```

Nas linhas 4 e 5 são declaradas as variáveis, sendo que a variável cont tem a função de contar o número de iterações do bloco de repetição while, que tem início na linha 8, onde a condição estabelecida é avaliada. O bloco de instruções executado 20 vezes está delimitado pelas chaves das linhas 9 e 14.

Nas linhas 10 e 11 temos a instrução que apresenta a mensagem ao usuário e faz a entrada de valores para a variável num. Já na linha 12, a variável soma acumula os valores digitados. Quando é realizada a primeira iteração no laço de repetição, o valor da variável soma é 0 (zero). Dessa maneira, a operação acumulará na variável soma o valor atual 0 (zero), mais o valor informado pelo usuário.

Na linha 13, a variável cont tem o seu valor incrementado em 1 e esta operação poderia ser substituída por cont++, que tem a mesma finalidade. Na linha 15, a média é calculada, e essa operação deve ser realizada após a conclusão do ciclo de iterações, para que seja calculada apenas uma vez, com base em todos os valores acumulados.

Cada iteração equivale a uma passagem completa pelo conjunto de instruções do bloco, controlado pela estrutura while.

Vamos representar a execução do programa, por meio do teste de mesa na Tabela 5.1 (a título de exemplo, exibimos apenas 4 iterações na tabela).

Tabela 5.1 Teste de mesa.

Iteração	Valor de soma	Valor de cont	Valor digitado para num	soma = soma + num;	cont = cont + 1;
1	0	0	3	0 + 3 = 3	0 + 1 = 1
2	3	1	1	3 + 1 = 4	1 + 1 = 2
3	4	2	13	4 + 13 = 17	2 + 1 = 3
4	17	3	77	17 + 77 = 94	3 + 1 = 4

Quando é iniciado o primeiro ciclo de iteração, o valor 0 (zero) está armazenado nas variáveis soma e cont, uma vez que são os valores definidos na inicialização, nas linhas 6 e 7. Observe que a cada iteração o valor das variáveis soma e cont é atualizado, com o resultado das operações soma = soma + num e cont = cont + 1.

5.3 ESTRUTURA DE REPETIÇÃO COM TESTE NO FIM: Repita

A estrutura de repetição com teste no fim permite que um ou mais comandos de um bloco sejam executados pelo menos uma vez, podendo ocorrer repetidas vezes, até que uma condição específica seja verdadeira. Essa estrutura atua de forma muito semelhante à anterior, contudo, os comandos do laço são executados antes do teste da condição de controle; assim, como a condição é testada no final, os comandos na estrutura serão executados pelo menos uma vez antes que a condição seja avaliada.

Pseudocódigo:

```
Repita
   <conjunto de instruções>
Até (<condição>)
```

Fluxograma:

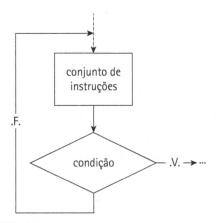

Figura 5.3 Fluxograma da estrutura de repetição com teste no fim.

A implementação em Java difere das representações em pseudocódigo e fluxograma, no que se refere à condição de controle, uma vez que a linguagem não possui uma estrutura semelhante ao repita. Assim, para atender ao requisito de teste no final, usamos a estrutura do{ }while(<condição>), que executa o conjunto de instruções do laço, enquanto a condição resultar verdadeira.

Java:

```
do
{
   <conjunto de instruções>
} while (<condição>);
```

EXEMPLO 5.2
Realizar a soma dos números digitados até que o usuário encerre o programa.

Pseudocódigo:

```
1.    Algoritmo Exemplo5_2
2.    Var
3.       num, soma: real
4.    Início
5.       num ← 0
6.       soma ← 0
7.       Repita
8.          Mostrar ("Digite um número ou zero para sair")
9.          Ler num
10.         soma = soma + num
11.         Mostrar ("A soma é: ", soma)
12.      Até (num = 0)
13.   Fim.
```

O conjunto de instruções das linhas 6 a 11 será executado até que a condição especificada na linha 12 seja satisfeita, isto é, até que a variável num tenha um valor igual a 0.

Fluxograma:

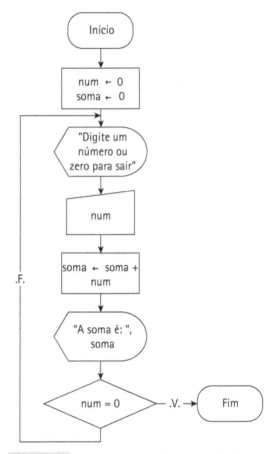

Figura 5.4 Fluxograma para realizar a soma de números.

Java:

```
1.    import javax.swing.JOptionPane;
2.    public class Exemplo5_2{
3.       public static void main(String[] args){
4.          float num, soma = 0f;
5.          do{
6.             num = Float.parseFloat(JOptionPane.showInputDialog
7.                ("Digite um número ou zero para sair."));
8.             soma += num;
9.             JOptionPane.showMessageDialog(null, "A soma é: " + soma);
10.         }while(num != 0);
11.      }
12.   }
```

A condição de controle para a implementação em Java, linha 10, precisou ser modificada, visto que o conjunto de instruções é executado, enquanto a avaliação da expressão resultar verdadeiro. Observe que, no pseudocódigo deste exemplo, linha 12, a condição utilizada foi (num = 0), significando que o laço de instruções é executado até que ela se torne verdadeira.

Nos Exemplos 5.1 e 5.2, as variáveis da expressão de controle recebem valores numéricos inteiros, mas também é possível utilizar literais, como no trecho a seguir, no qual o controle de repetição é baseado em uma resposta fornecida pelo usuário.

```
Enquanto (resposta = "sim") faça
   <instruções>
   Mostrar ("Deseja continuar?")
   Ler (resposta)
Fim-Enquanto
```

No exemplo anterior, a cada iteração, pergunta-se ao usuário se deseja continuar e, com base no conteúdo da variável resposta, verifica-se a condição de controle (resposta = "sim"), definindo a repetição do laço ou não. É importante padronizar a leitura da resposta, pois a literal sim é diferente de SIM, uma vez que existe diferenciação entre maiúsculas e minúsculas.

Em Java, temos a seguinte implementação:

```
1. import javax.swing.JOptionPane;
2. public class Exemplo{
3.    public static void main(String[] args) {
4.       String resposta = "sim";
5.       while(resposta.equals("sim")){
6.          resposta = JOptionPane.showInputDialog("Deseja continuar?");
7.       }
8.    }
9. }
```

A comparação de literais em Java deve considerar a característica da linguagem que considera String como uma classe e as variáveis deste tipo como objetos, não podendo ser comparadas com o operador ==, como para os números.

5.4 ESTRUTURA DE REPETIÇÃO COM VARIÁVEL DE CONTROLE: Para

A estrutura de repetição Para utiliza uma sintaxe em que são definidos a variável de controle, a atribuição inicial, o número de vezes que a sequência de instruções do bloco será executada e, ainda, qual é o valor de incremento dessa variável, sendo que, este último é tratado pela própria estrutura.

Pseudocódigo:

```
Para <var> ← <inicial> Até <final> passo <incremento> faça
   <Bloco de instruções>
Fim-Para;
```

Neste código, var representa a variável de controle, inicial o valor de inicialização desta variável, final o valor máximo que ela assume e incremento o número que será acrescido à variável de controle, durante a execução.

Os argumentos **<inicial>** e **<final>** podem ser substituídos por variáveis.

Java:

```
for(<var> = <inicial>; <condição>; <incremento>)
   {
   <bloco de instruções>
   }
```

EXEMPLO 5.3

Obter 20 números fornecidos pelo usuário, calcular e exibir a média.

Pseudocódigo:

```
1.    Algoritmo Exemplo5_3
2.    Var
3.       soma, num, media: real
4.       cont: inteiro
5.    Início
6.       soma ← 0
7.       Para cont ← 1 Até 20 Passo 1 faça
8.          Ler (num)
9.             soma ← soma + num
10.      Fim-Para
11.      media ← soma / cont
12.      Mostrar ("Média= ", media)
13.   Fim.
```

Na linha 7, temos: cont, a variável de controle, também chamada de contador; 1, o valor inicial da variável; 20, o valor final que cont poderá assumir; e 1, o passo ou número de incremento do contador. Desse modo, a variável de controle irá variar de 1 até 20, quando as instruções do laço (linhas 8 e 9) deixarem de ser repetidas.

Fluxograma:

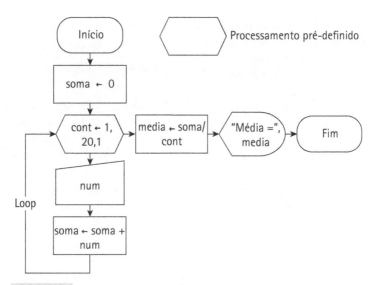

Figura 5.5 Fluxograma para o Exemplo 5.3.

Java:

```
1.     import javax.swing.JOptionPane;
2.     public class Exemplo5_3{
3.        public static void main (String[] args){
4.           float numero, media, soma;
5.           int cont;
6.           cont = 0;
7.           soma = 0f;
8.           for (cont = 0; cont < 3; cont++)
9.           {
10.             numero = Float.parseFloat(JOptionPane.showInputDialog
11.                ("Digite o  número "));
12.             soma = soma + numero;
13.          }
14.          media = soma / cont;
15.          JOptionPane.showMessageDialog(null,"A média é: " + media);
16.       }
17.    }
```

Na linha 8, o incremento determinado por cont++ é equivalente a cont = cont + 1, definindo o passo, que poderia ser outro, como cont +=2, indicando que a contagem seria feita de dois em dois números. Outra observação importante é que não existe, no bloco de instruções, uma operação de incremento da variável de controle, como ocorre com a estrutura while, pois, aqui, é desnecessária.

70 Lógica de programação e estruturas de dados

5.5 EXERCÍCIOS PARA FIXAÇÃO

1. Faça uma nova implementação do exercício do Exemplo 5.1 em pseudocódigo, fluxograma e na linguagem de programação Java, usando a estrutura de repetição com teste no fim.

2. Pedro tem 1,50 m e cresce 2 cm por ano, enquanto Lucas tem 1,10 m e cresce 3 cm por ano. Construa um algoritmo que calcule e imprima quantos anos serão necessários para que:
   a) Lucas e Pedro tenham o mesmo tamanho.
   b) Lucas seja maior que Pedro.

3. Escreva um algoritmo que calcule e exiba a tabuada, até um determinado número "n", fornecido pelo usuário, lembrando que, se o número fornecido é 4, deve ser gerada a tabuada do 1, 2, 3 e 4, com as operações de multiplicação e o resultado no formato:
$$1 \times 1 = 1$$
$$1 \times 2 = 2$$
$$1 \times 3 = 3$$
$$...$$

4. A partir de um conjunto de números inteiros sequenciais, obtidos com base em dados fornecidos pelo usuário (número inicial e final), identifique e apresente:
   a) A quantidade de números inteiros e positivos.
   b) A quantidade de números pares.
   c) A quantidade de números ímpares.
   d) A quantidade de números ímpares e divisíveis por 3 e 7.
   e) A respectiva média para cada um dos itens.

5. Considerando a sequência de Fibonacci (1, 1, 2, 3, 5, 8, 13 ... n), escreva um algoritmo para gerar esta sequência, até o enésimo termo, fornecido pelo usuário. Por exemplo, se o usuário digitou o número 40, deverão ser gerados os primeiros 40 números.

6. Escreva um algoritmo que, a partir de um número "n" fornecido pelo usuário, execute os cálculos a seguir, enquanto este "n" for diferente de 1.
   a) Se "n" for par, n = n ÷ 2.
   b) Se "n" for ímpar, n = n × 3 + 1.

   Explique o que acontece quando o programa é executado.

7. Construa um algoritmo que encontre a mediana de uma sequência de números inteiros, fornecida pelo usuário (número inicial e final), utilizando uma estrutura de repetição.

   Por exemplo, a mediana da sequência "1, 2, 3, 4, 5" é 3 e a da sequência "2, 3, 4, 5, 6, 7, 8, 9" é (5 + 6) ÷ 2 = 5,5. Como sugestão, utilize a variável i para o número inicial e j para o final, realizando operações de incremento e decremento.

8. Faça nova implementação, em Java, do Exemplo 5.2, que realiza a soma dos números digitados, até que o usuário encerre o programa, usando uma das estruturas de laço e fazendo a pergunta: Deseja continuar? Preferencialmente, tente usar uma resposta em formato literal.

9. Uma empresa de recrutamento e seleção de funcionários possui, entre seus clientes, organizações em diversos ramos de atividade. Atende, em média, 30 candidatos por dia, número que aumenta quando a demanda cresce em decorrência de períodos de recessão.

   Para facilitar o trabalho de identificação do perfil dos candidatos que se inscrevem para as vagas, a empresa optou por fazer um programa de registro de alguns dados, classificando as seguintes informações:

   ▶ O número de candidatos do sexo feminino.

   ▶ O número de candidatos do sexo masculino.

   ▶ A idade média dos homens com experiência.

   ▶ A idade média das mulheres com experiência.

   ▶ A percentagem dos homens entre 35 e 45 anos, entre o total dos homens.

   ▶ A menor idade entre as mulheres que já têm experiência no serviço.

Capítulo 5 | Construção de algoritmos: estruturas de repetição   71

► O nível de escolaridade dos candidatos, considerando ensino fundamental, ensino médio, ensino superior e pós-graduação.

Faça um algoritmo para calcular e apresentar as informações mencionadas, sendo que, a cada iteração deve ser perguntado ao usuário se ele deseja cadastrar outro candidato, encerrando o programa, se a resposta for negativa.

10. Para auxiliar na elaboração da folha de pagamento, uma empresa precisa de um programa que calcule, para cada valor de salário fornecido, os descontos relativos ao imposto de renda, à contribuição ao INSS e à mensalidade do plano de saúde (utilize as tabelas 5.2 e 5.3). Como resultado, o algoritmo deve mostrar:

► O valor total da folha de pagamento da empresa.

► O salário líquido de cada funcionário.

► O valor total do imposto de renda que a empresa deve recolher.

Tabela 5.2 Incidência mensal do IRPF.

Base de cálculo (R$)	Alíquota (%)	Parcela a deduzir do IRPF (R$)
Até 1.903,98	-	-
De 1.903,99 até 2.826,65	7,5	142,80
De 2.826,66 até 3.751,05	15	354,80
De 3.751,06 até 4.664,68	22,5	636,13
Acima de 4.664,68	27,5	869,36

Tabela 5.3 Cálculo da contribuição ao INSS.

Salário de contribuição (R$)	Alíquota (%)
Até 1.556,94	8
De 1.556,95 a 2.594,92	9
De 2.594,93 até 5.189,82	11

5.6 EXERCÍCIOS COMPLEMENTARES

1. Escreva um algoritmo que leia uma quantidade qualquer de números, fornecidos pelo usuário. Faça a contagem e exiba quantos estão nos seguintes intervalos: [0 a 25.9], [26 a 50.9], [51 a 75.9] e [76 a 100], sendo que a entrada de dados deve terminar quando for digitado um número negativo.

2. Foi realizada uma pesquisa de algumas características físicas da população de uma região, que coletou os seguintes dados de cada habitante:
   a) Sexo (masculino e feminino).
   b) Cor dos olhos (azuis, verdes ou castanhos).
   c) Cor dos cabelos (louros, castanhos, pretos).
   d) Idade.
   e) Altura.
   f) Peso.

Para que seja possível fazer um diagnóstico desta população, crie um algoritmo que calcule e apresente:

► A média da idade dos participantes.

► A média do peso e altura dos seus habitantes.

► A percentagem de pessoas do sexo feminino.

► A percentagem de pessoas do sexo masculino.

► Quantas pessoas possuem olhos verdes e cabelos louros.

Os resultados somente deverão ser apresentados quando o usuário informar que encerrou a entrada de dados.

3. Faça um algoritmo que, a partir de um número fornecido pelo usuário, inteiro e positivo, calcule e exiba seu fatorial (n!).

4. Elabore um algoritmo que realize a potência de um número inteiro por outro, também inteiro e positivo, por meio de multiplicações sucessivas, sendo ambos informados pelo usuário.

5. Implemente o Exemplo 5.3, que calcula e exibe a média de 20 números fornecidos pelo usuário, porém tornando possível que esta quantidade possa ser definida pelo usuário.

6. Número primo é aquele que é divisível somente por ele mesmo ou por 1, por exemplo, o número 3. Note, no entanto, que os números 0 e 1 não são primos; zero é divisível por qualquer número e 1 só é divisível por ele mesmo. Com essas informações, construa um algoritmo que verifique se um número inteiro positivo, fornecido pelo usuário, é primo.

7. Escreva um algoritmo que calcule o M.D.C. (Máximo Divisor Comum) entre A e B (número inteiros e positivos), sendo esses valores informados pelo usuário.

8. Um número perfeito é aquele igual à soma de seus divisores, como o 6 = 3 + 2 + 1. Faça um algoritmo que verifique quais são os números perfeitos em um conjunto de números inteiros informado pelo usuário (inicial e final).

9. Considere uma linha férrea que ligue as cidades A e B. Existe um trem M, partindo da cidade A, a uma velocidade constante de 80 km/h, em direção à cidade B. Há, ainda, um trem N, partindo da cidade B, a uma velocidade também constante de 100 km/h, viajando em direção à cidade A.

Faça um algoritmo que calcule, em minutos, o tempo necessário para os trens se encontrarem, a partir de uma dada distância entre as cidades, fornecida pelo usuário, informando também quantos quilômetros foram percorridos por eles até este encontro.

10. Faça um algoritmo que mostre os conceitos finais de uma turma com 75 alunos, a partir das notas fornecidas pelo usuário, apresentando, para cada conceito, a quantidade de alunos e a média da nota verificada com base na Tabela 5.4.

Tabela 5.4 Faixas de nota para cada conceito.

Faixa de nota	Conceito
De 0,0 a 2,9	E
De 3,0 a 4,9	D
De 5,0 a 6,9	C
De 7,0 a 8,9	B
De 9,0 a 10,0	A

Estruturas estáticas de dados

6

Temas do capítulo

▶ Estruturas estáticas de dados
▶ Estruturas indexadas, denominadas vetor ou *array*
▶ Conceito de matrizes

Objetivos de aprendizagem

Estudar as estruturas de dados estáticas e homogêneas, vetores e matrizes, bem como as operações que elas suportam, compreendendo sua importância e aplicação nos algoritmos; conhecer técnicas de programação usando tais estruturas em algumas aplicações básicas.

6.1 ESTRUTURAS ESTÁTICAS DE DADOS

Até agora, vimos instruções para realizar sequências lógicas de operações que permitam atingir um resultado desejado. Desta forma, trabalhamos com valores simples, definidos ou determinados pelo usuário durante a operação do algoritmo, armazenados em uma ou mais variáveis de memória. Esta técnica tem sido suficiente até o momento; entretanto, existem casos em que precisamos armazenar não apenas um valor, mas um conjunto deles. Por exemplo, o caso de um treino de classificação de Fórmula 1, em que seja necessário verificar tempos obtidos por todos os pilotos, para avaliar qual será o primeiro no *grid* de largada. Para fazer essa ordenação, é necessário primeiro armazenar o tempo de todos os pilotos e, só então, realizar a ordenação. Há outros casos, como os sistemas de previsão meteorológica, que precisam guardar muitos valores, de temperatura e umidade do ar, por exemplo, colhidos ao longo do dia em determinadas regiões. Existe a necessidade de manipular os dados de forma associada, tarefa simplificada pelo uso de *estruturas estáticas de dados*.

Com o objetivo de tratar conjuntos de dados, podemos armazená-los em disco, por meio de arquivos, como veremos no Capítulo 8, ou em variáveis de memória. Nesse caso, é possível criar uma variável para cada valor ou uma estrutura que permita armazenar e tratar esse conjunto de maneira associada, ou referenciar cada um de seus elementos, facilitando o acesso.

6.2 ESTRUTURAS INDEXADAS, DENOMINADAS VETOR OU *ARRAY*

Uma estrutura indexada é um conjunto de elementos de dados do mesmo tipo acessados por meio de índices, equivalentes à sua posição nessa estrutura. Por analogia, podemos imaginar algo semelhante a um texto ou livro, em que os títulos estão especificados no sumário, com a designação da respectiva página. Assim, para encontrar determinado assunto, basta localizar o índice (página) para ir direto ao tópico desejado.

Um exemplo básico desse tipo de estrutura é a estrutura indexada simples (unidimensional) com dados do mesmo tipo, denominada *vetor* ou *array*, que necessita de apenas um índice para identificar um determinado elemento nela armazenado.

Um vetor pode ser representado como uma linha de contêineres ou espaços predefinidos, identificados por índices. Na Figura 6.1 temos um vetor de números inteiros.

índice:	[0]	[1]	[2]	[3]	[4]	[5]	[6]	[7]	[8]	[9]
nome: temp	18	17	20	26	32	29	15	12	16	21

Figura 6.1 Representação de um vetor.

Desta forma, *vetor* é uma coleção de variáveis do mesmo tipo, que compartilham do mesmo nome, ocupando posições consecutivas de memória. Cada variável da coleção denomina-se *elemento* e é identificada por um *índice*. No exemplo da Figura 6.1, **26** é o elemento com o índice **3**, do vetor denominado **temp**.

Para manipularmos um determinado elemento em um vetor, precisamos fornecer seu identificador e o índice do elemento desejado, índice este que determina a posição na qual o elemento está inserido. Cada posição do vetor contém exatamente um valor que pode ser manipulado individualmente, sendo que a dimensão (o tamanho) e os índices que indicam o elemento selecionado são definidos por números inteiros.

6.2.1 DECLARAÇÃO DE UM VETOR

Um vetor é declarado com a definição de seu nome, um identificador válido da linguagem, seu tipo — que determina os dados dos elementos do vetor, dependendo da aplicação em que a estrutura for usada — e seu tamanho, que delimita quantos elementos pode armazenar. De modo geral, utilizam-se colchetes na declaração e identificação de um elemento específico do vetor.

Representação da declaração de um vetor em pseudocódigo:

```
V : vetor [0..N] de inteiros
```

Esta declaração define uma variável chamada V, que pode armazenar um conjunto de números inteiros identificados como V[0], V[1], V[2], ..., V[N]. Temos, então, um conjunto de números inteiros, cada qual em um endereço sequencial diferente, identificado pelo índice do vetor. Desta forma, V[0] guarda o primeiro número inteiro, V[1] guarda o segundo e assim sucessivamente, até V[N], que contém o último número armazenado. Podemos dizer que V[i] (lê-se "v índice i") guarda o *i-ésimo* elemento do vetor V e, supondo que este vetor tenha dez elementos, recebe os seguintes valores: 58, 4, 0, 123, 8, 59, 1, 500, 758 e 2, como mostra a Figura 6.2.

índice:	[0]	[1]	[2]	[3]	[4]	[5]	[6]	[7]	[8]	[9]
nome: v	58	4	0	123	8	59	1	500	758	2

Figura 6.2 Exemplo do vetor V de 10 elementos.

Um elemento do vetor v é referenciado pelo nome do vetor e por seu índice; assim, o 4º elemento, que corresponde ao valor 123, é referenciado por v[3]. Observe que, como o primeiro índice do vetor é 0 (zero), a quantidade de elementos guardada em um vetor é dada pelo maior índice mais 1, isto é, um vetor que varia de 0 a 9 tem 10 elementos, conforme mostra a representação na Figura 6.3.

elemento	1º	2º	3º	4º	5º	6º	7º	8º	9º	10º
nome: v	V[0]	V[1]	V[2]	V[3]	V[4]	V[5]	V[6]	V[7]	V[8]	V[9]
valor	58	4	0	123	8	59	1	500	758	2

Figura 6.3 Quantidade de elementos do vetor V.

Algumas linguagens, como a Pascal, permitem determinar o primeiro índice do vetor, mas, em Java, este é sempre 0 (zero).

Em Java, a declaração do vetor é feita mediante a definição do tipo e do identificador, acrescentando-se colchetes:

    <tipo> <identificador> [];

ou

    <tipo> [] <identificador>;

Os vetores são objetos que permitem o uso de atributos (propriedades) e a aplicação de métodos. Com isso, além da declaração, é necessário criar esse objeto na memória, determinando seu tamanho, para poder utilizá-lo. Essa criação pode ser feita utilizando-se o operador new.

    <tipo> [] <identificador> = new <tipo> [n];

ou

    <tipo> <identificador> [] = new <tipo> [n];

Em Orientação a Objetos, a criação de um objeto é chamada de *instanciação*. O operador **new** associado ao nome da classe chama o método construtor desta classe, responsável pela inicialização de um novo objeto e sua alocação na memória. Todo tipo primitivo de dados possui uma classe empacotadora de tipo correspondente, no pacote Java.lang. No caso do tipo `int`, a classe empacotadora equivalente é `Integer`.

Exemplos de instruções de declaração e criação de um vetor v:

```
Int[] v;        //declaração de v
v = new int [10]; //criação do vetor
```

ou

```
int[] v = new int [10]; //declaração e criação
```

As instruções acima são equivalentes, definindo um vetor de números inteiros, que pode armazenar 10 valores. Como, em Java, todas as estruturas indexadas têm índice 0 (zero) para seu primeiro elemento, é necessário apenas indicar a quantidade de elementos.

6.2.2 ACESSO E ATRIBUIÇÃO DE DADOS EM VETORES

A partir da criação de um vetor, a atribuição de dados é processada, de elemento em elemento, alterando-se o valor de seu índice.

```
V : vetor [0..N] de inteiros
V[0] ← <valor0>
V[1] ← <valor1>
...
V[N] ← <valorN>
```

Apresentamos, a seguir, exemplo de um vetor usado para guardar os nomes dos meses do ano.

Pseudocódigo:

```
meses : vetor [0..11] de literais
meses [0] ← "janeiro"
meses [1] ← "fevereiro"
...
meses [10] ← "novembro"
meses [11] ← "dezembro"
```

Java:

```
String[] meses = new String[12];
meses[0] = "janeiro";
meses[1] = "fevereiro";
...
meses[10] = "novembro";
meses[11] = "dezembro";
```

Outra forma de declarar e inicializar um vetor, em Java, é pelo uso da inicialização direta, que consiste em incluir ambas as operações em uma instrução, por exemplo:

```
int[] meses = {1, 2, 3, 4, 5, 6, 7, 8, 9, 10, 11, 12};
```

Esta instrução cria um vetor de 12 elementos, referenciados pelos índices 0, 1, 2, 3, 4, 5, 6, 7, 8, 9, 10, 11. O elemento meses[0] é inicializado com o valor 1, meses[1] com 2, e assim por diante. Esta instrução não requer a indicação do número de elementos, nem o operador new para criar o objeto vetor, o que é providenciado automaticamente pelo compilador.

Em geral, um vetor pode ser indexado com qualquer expressão, cujo valor de retorno seja um número inteiro, podendo ser uma simples constante, uma variável, ou, então, uma expressão contendo operadores aritméticos, constantes e variáveis. Desta forma, um vetor não precisa ter seu tamanho previamente definido pelo programador, podendo ser calculado pelo programa em tempo de execução.

```
int tamanho = ... ;  // algum cálculo para tamanho
int[] n = new int [tamanho];
```

Java possui tratamentos diferenciados para tipos de dados primitivos e para tipos de dados objetos. Até o momento, não precisamos nos preocupar com a diferença, pois apenas trabalhamos com tipos primitivos como `int`, `char` etc. No caso de vetores, não podemos ignorar o fato de que lidamos com objetos, pois o significado dos valores armazenados nestes tipos é diferente.

Nas variáveis declaradas como tipos primitivos são guardados dados correspondentes ao tipo, enquanto, nos objetos, são guardadas apenas referências aos dados. Vetores, em Java, são objetos e, portanto, seus índices representam referências aos objetos construídos pelo operador `new`, não aos valores em si.

O valor do tamanho especificado, quando o vetor é criado, pode ser calculado por alguma expressão que retorne um valor inteiro positivo. Um vetor pode ser de qualquer tamanho finito, sendo que cada elemento usa um espaço de memória, o que significa que vetores definidos, com tamanho muito grande, provavelmente afetarão a eficiência do programa; caso ele seja grande demais para a manipulação pelo computador, isso poderá provocar uma falha de programa, dependendo do sistema utilizado.

A leitura, ou o acesso aos valores dos elementos de um vetor, tem execução de forma semelhante à atribuição, recorrendo-se aos índices para definir o elemento desejado. Exemplo:

```
String[] mes = new String [12];

mes[0] = "janeiro";
mes[1] = "fevereiro";
...
mes[10] = "novembro";
mes[11] = "dezembro";

String mesAniversario = mes[0];
```

Um atrativo dos vetores é que sua indexação permite o acesso a qualquer elemento, em qualquer instante e em qualquer ordem, sem que a sua posição no vetor imponha qualquer custo extra de eficiência. Frequentemente, têm-se operações aplicadas a conjuntos de elementos ou mesmo a todos os elementos de um vetor e, nestes casos, é comum utilizar uma estrutura de repetição para varrer os índices desejados. No exemplo a seguir, os valores dos elementos de um vetor são somados e armazenados em uma variável.

Pseudocódigo:

```
Algoritmo exemplo_vetor
Var
  num : vetor [1..6] de inteiros
  soma : inteiro
  i : inteiro
Início
  Soma ← 0
  Para i ← 0 até 5 faça
    soma ← soma + num[i]
  Fim-Para
Fim.
```

O uso de uma estrutura de repetição facilita a atribuição, a leitura e a exibição dos elementos de um vetor. Contudo, deve-se ter atenção especial aos limites de seus índices. O contador, na estrutura de repetição, deve estar limitado à quantidade de elementos do vetor que, no caso do exemplo, para que não haja erros, deve variar no intervalo dos índices válidos para o vetor num, ou seja, de 0 até 5.

Java:

```java
int[] num = new int[6];
int soma = 0;

for(int i = 0; i < 6; i++)
    soma = soma + num[i];
```

Para o código em linguagem Java, os índices considerados para num variam de 0 até 5, considerando que, conforme foi dito anteriormente, os vetores sempre se iniciam a partir de 0 (zero).

Uma tentativa de acessar um elemento fora dos limites do vetor resultará em erro de execução. Em Java, este erro será assinalado com a mensagem: *ArrayIndexOutOfBoundsException*.

Para as operações que envolvem todos os elementos do vetor, em Java, podem-se reduzir as chances de erro fazendo uso do fato de o vetor ser um objeto. Como ele sempre conhece seu próprio tamanho, pode-se fazer uso do método length, definido pela linguagem, que retorna a quantidade de elementos. Desta forma, a estrutura de repetição anterior pode ser reescrita como segue:

```java
for(int i = 0; i < num.length; i++)
    soma = soma + num[i];
```

Nesta estrutura, a repetição será realizada desde o primeiro até o último termo (num.length) do vetor num. Esta solução é, sem dúvida, mais adequada para problemas que envolvam o vetor como um todo. Suponha que, no futuro, o vetor num mude de tamanho. Esta segunda expressão continuaria válida, enquanto a primeira teria que ser localizada e alterada e o código, recompilado.

EXEMPLO 6.1

O programa a seguir faz a leitura de dez valores em um vetor e apresenta sua média aritmética.

Pseudocódigo:

```
1.     Algoritmo Exemplo6_1
2.     Var
3.        Valores : vetor [1..10] de reais
4.        Soma, Media : real
5.        i : inteiro
6.     Início
7.        Soma ← 0
8.        Para i ← 0 até 9 faça
9.           Ler (Valores[i])
10.              Soma ← Soma + Valores[i]
11.          Fim-Para
12.          Media ← Soma/10
13.          Mostrar("O valor da média é: ", Media)
14.    Fim.
```

Fluxograma:

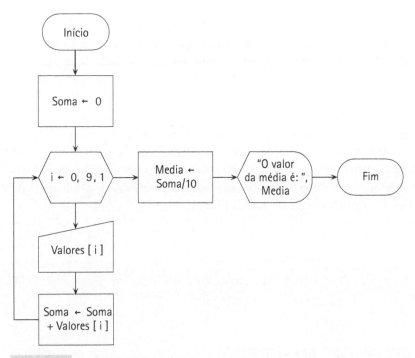

Figura 6.4 Fluxograma do Exemplo 6.1.

Java:

```java
1.  import javax.swing.JOptionPane;
2.  public class Exemplo6_1{
3.     public static void main(String[] args){
4.        try{
5.           float[] vetor = new float [10];
6.           float media, soma = 0;
7.           String num;
8.           for (int i = 0; i < vetor.length; i++){
9.              num = JOptionPane.showInputDialog(
10.                  "Digite o valor " + i + ":");
11.              vetor[i] = Float.parseFloat(num);
12.              soma = soma + vetor[i];
13.           }
14.           media = soma/vetor.length;
15.           JOptionPane.showMessageDialog(
16.               null, "Média: " +  media);
17.        }catch(Exception e){
18.           JOptionPane.showMessageDialog(
19.               null, "Ocorreu um erro durante a leitura!");
20.        }
21.     }
22.  }
```

Este código implementa a entrada dos valores do vetor por meio de uma caixa de diálogo (linhas 9 e 10) inserida em uma estrutura de repetição que executa, tantas vezes, quantos forem os elementos do vetor (vetor.length). Vale lembrar que a caixa de diálogo passa os caracteres de entrada como uma String, armazenada em uma variável num, que precisa ser transformada em float. Utilizou-se o método parseFloat da classe Float, de forma que o valor correspondente pudesse ser atribuído ao elemento do vetor, linha 11. O cálculo da média, linha 14, aproveita o recurso da obtenção da quantidade de elementos do vetor pelo método length.

Um recurso importante das linguagens de programação, o tratamento de erros, foi utilizado neste algoritmo, definido pelas instruções try{ (linha 4) e }catch (linha 17). Isso significa que, se ocorrer algum erro na execução das instruções, delimitadas pelas chaves (linhas 4 a 17), uma mensagem é exibida (linhas 18 e 19).

Para saber mais sobre tratamento de erros na linguagem de programação Java, consulte: DEITEL, Paul; DEITEL, Harvey. *Java*: como programar. 10. ed. São Paulo: Pearson, 2016.

6.2.3 OPERAÇÕES EM VETORES

Os vetores permitem a manipulação dos elementos alocados em suas posições, de forma independente, como vimos anteriormente. Assim, é possível realizar operações com seus elementos, como o cálculo da média apresentado no Exemplo 6.1.

Vale lembrar que a inclusão de um elemento, em uma determinada posição de um vetor, implica a substituição do dado anteriormente existente, de forma que a inclusão e a substituição consistem em uma única operação.

A exibição dos elementos pode ser necessária, após a execução de uma determinada operação que envolva a alteração dos valores destes, de modo que o usuário possa verificar a ocorrência do efeito desejado.

```
Para i ← 0 até 5 faça
    Mostrar (Valores[i])
Fim-Para
```

EXEMPLO 6.2

Desenvolver um algoritmo que faça a entrada de dez elementos inteiros de um vetor Teste1 e construa um vetor Teste2 do mesmo tipo, observando a seguinte regra de formação: se o valor do índice for par, o valor do elemento deverá ser multiplicado por 5; se for ímpar, deverá ser somado com 5. Ao final, mostrar o conteúdo dos dois vetores.

Pseudocódigo:

```
1.    Algoritmo Exemplo6_2
2.    Var
3.       Teste1, Teste2 : vetor [1..10] de inteiros
4.       i : inteiro
5.    Início
6.      Para i ← 0 até 9 faça
7.         Ler (Teste1[i])
8.      Fim-Para
9.      Para i ← 0 até 9 faça
10.           Se (i mod 2 = 0) então
11.             Teste2[i] ← Teste1[i] * 5
12.           Senão
13.             Teste2[i] ← Teste1[i] + 5
14.           Fim-Se
15.      Fim-Para
16.       Para i ← 0 até 9 faça
17.          Mostrar (Teste1[i], Teste2[i])
18.        Fim-Para
19.    Fim.
```

Neste exemplo, é utilizado o operador mod, que retorna o resto da divisão de um número por outro. Este recurso foi utilizado para o teste que verifica se o índice do vetor é par ou ímpar, isto é, ao fazer a divisão de um número por 2, se o resto da operação resulta em zero, o número é par. Então na expressão Se (i mod 2 = 0) é realizada essa verificação. Assim, identifica-se o tipo do índice (par ou ímpar) e, dependendo do resultado, executa-se a operação solicitada, atribuindo-se o resultado ao respectivo elemento do Vetor2.

Lógica de programação e estruturas de dados

Fluxograma:

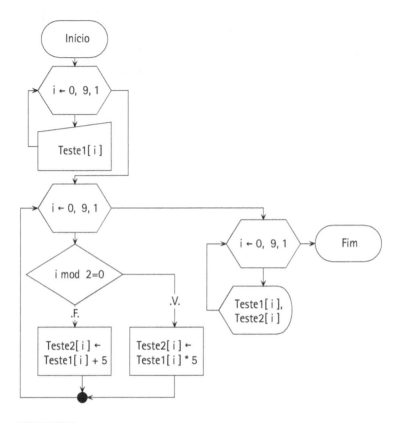

Figura 6.5 Fluxograma do Exemplo 6.2.

Java:

```
1.  import javax.swing.JOptionPane;
2.  public class Exemplo6_2{
3.    public static void main (String[] args){
4.      int[] teste1 = new int[10];
5.      int[] teste2 = new int[10];
6.      String num;
7.      try{
8.        for(int i = 0; i < teste1.length; i++){
9.          num = JOptionPane.showInputDialog(
10.           "Digite o valor " + i + ":");
11.         teste1[i] = Integer.parseInt(num);
12.       }
13.       for(int i = 0; i < teste1.length; i++){
14.         if(i % 2 == 0)
15.           teste2[i] = teste1[i] * 5;
16.         else
17.           teste2[i] = teste1[i] + 5;
18.       }
```

```
19.       System.out.printf("%s\n", "Resultado:");
20.       for (int i = 0; i < 10; i++){
21.         System.out.printf("%s%d%s%d",
22.              "teste1[", i, "]= ", teste1[i]);
23.         System.out.printf("%10s%d%s%d\n",
24.              "teste2[", i, "]= ", teste2[i]);
25.       }
26.    }catch(Exception e){
27.       JOptionPane.showMessageDialog(
28.           null, "Ocorreu um erro durante a leitura!");
29.    }
30.  }
31. }
```

No Exemplo 6.2 foi utilizado o método `printf`, que exibe dados formatados, cujos parâmetros são passados separados por vírgula. O primeiro argumento é um *String* de formatação, que pode consistir em texto fixo e especificadores de formato. Cada especificador de formato, iniciado pelo caractere `%` e seguido por um caractere que representa o tipo de dado, é um marcador de lugar para um valor e especifica o tipo da saída, substituído pelo argumento que é passado na sequência do comando, separado por vírgula, podendo conter o número de posições. Na linha 21 e 22, temos:

```
System.out.printf("%s%d%s%d",
    "teste1[", i, "]= ", teste1[i]);
```

O primeiro especificador de formato `%s` é substituído pelo *String* `"testes1["`, o segundo `%d` é substituído pelo valor de `i`, um inteiro, e assim sucessivamente. Na linha 23, o especificador `%10s` indica que devem ser reservadas 10 posições para um *String*, substituído por `"teste2["` que tem 7 posições, restando 3 que ficam em branco. Nesta mesma instrução, \n indica que deve ocorrer um salto de linha após a geração da saída. O resultado da execução deste programa pode ser visto a seguir:

```
Resultado:
teste1[0]= 0    teste2[0]= 0
teste1[1]= 1    teste2[1]= 6
teste1[2]= 2    teste2[2]= 10
teste1[3]= 3    teste2[3]= 8
teste1[4]= 4    teste2[4]= 20
teste1[5]= 5    teste2[5]= 10
teste1[6]= 6    teste2[6]= 30
teste1[7]= 7    teste2[7]= 12
teste1[8]= 8    teste2[8]= 40
teste1[9]= 9    teste2[9]= 14
```

Para saber mais sobre caracteres de formatação da linguagem de programação Java, consulte: DEITEL, Paul; DEITEL, Harvey. *Java*: como programar. 10. ed. São Paulo: Pearson, 2016.

EXEMPLO 6.3

Desenvolver um algoritmo que efetue a entrada de cinco elementos inteiros para um vetor A. Ao final, apresentar a soma de todos os elementos cujo valor seja ímpar.

Pseudocódigo:

```
1.    Algoritmo Exemplo6_3
2.    Var
3.       Soma, i : inteiro
4.       A : vetor[1..5] de inteiros
5.    Início
6.       Soma ← 0
7.       Para i ← 0 até 4 faça
8.          Ler (A[i])
9.       Fim-Para
10.      Para i ← 0 até 4 faça
11.         Se (A[i] mod 2) <> 0 então
12.            Soma ← Soma + A[i]
13.         Fim-Se
14.      Fim-Para
15.      Mostrar ("A soma é: ", Soma)
16.   Fim.
```

Fluxograma:

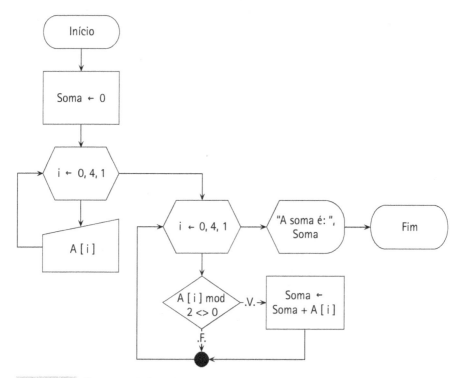

Figura 6.6 Fluxograma do Exemplo 6.3.

Java:

```
1.    import javax.swing.JOptionPane;
2.    public class Exemplo6_3{
3.       public static void main (String[] args){
4.          final int tamanho = 5;
5.          int[] A = new int[tamanho];
6.          int soma = 0;
7.          String num;
8.          try{
9.             for(int i = 0; i < tamanho; i++){
10.               num = JOptionPane.showInputDialog(
11.                  "Digite o valor " + i + ":");
12.               A[i] = Integer.parseInt(num);
13.            }
14.            for(int i = 0; i < tamanho; i++){
15.               if(A[i] % 2 != 0)
16.                  soma = soma + A[i];
17.            }
18.            JOptionPane.showMessageDialog(
19.               null, "Soma dos ímpares = " + soma);
20.         }catch(Exception e){
21.            JOptionPane.showMessageDialog(
22.               null, "Ocorreu um erro durante a leitura!");
23.         }
24.      }
25.   }
```

Na linha 4, foi declarada a variável tamanho, caracterizada como final int, determinando que este elemento é do tipo inteiro e constante, não se alterando ao longo do programa.

Quando temos um valor que será utilizado várias vezes, é mais conveniente declará-lo como constante, de forma que alterações sobre este valor só necessitem ser feitas em um único ponto do programa. Como exercício, experimente realizar esta modificação no programa do Exemplo 6.2.

Frequentemente, os vetores são utilizados para operações com dados agregados, ou que representem um conjunto de elementos que tenham uma relação entre si, como em operações com dados estatísticos.

Supondo que se queira guardar as informações referentes às médias diárias das temperaturas, verificadas no decorrer de uma semana, e executar algumas operações simples, como calcular a temperatura média da semana, classificar essas médias em ordem crescente ou exibir a menor e a maior delas; neste caso, poderia ser utilizada uma estrutura do tipo vetor, conforme mostra o Exemplo 6.4.

EXEMPLO 6.4

Este exemplo calcula a média das temperaturas, verificadas durante a semana, a partir das médias diárias obtidas.

Pseudocódigo:

```
1.   Algoritmo Exemplo6_4
2.   Var
3.       Temp : vetor [1..7] de reais
4.       Soma, Media : real
5.       i : inteiro
6.   Início
7.       Temp[0] ← 19.0
8.       Temp[1] ← 23.0
9.       Temp[2] ← 21.0
10.      Temp[3] ← 25.0
11.      Temp[4] ← 22.0
12.      Temp[5] ← 20.0
13.      Temp[6] ← 24.0
14.      Soma ← 0
15.      Para i ← 0 até 6 faça
16.          Soma ← Soma + Temp[i]
17.      Fim-Para
18.      Media ← Soma / 7
19.      Mostrar ("Média da semana: ", Media)
20.  Fim.
```

Fluxograma:

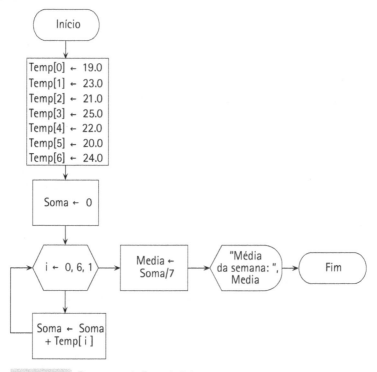

Figura 6.7 Fluxograma do Exemplo 6.4.

Java:

```java
1.    import javax.swing.JOptionPane;
2.    public class Exemplo6_4{
3.       public static void main (String[] args){
4.          final int diasSemana = 7;
5.          float[] temperatura = new float[diasSemana];
6.          float soma = 0f, media;
7.          try{
8.             temperatura[0] = 19.0f;
9.             temperatura[1] = 23.0f;
10.            temperatura[2] = 21.0f;
11.            temperatura[3] = 25.0f;
12.            temperatura[4] = 22.0f;
13.            temperatura[5] = 20.0f;
14.            temperatura[6] = 24.0f;
15.            for(int i = 0; i < diasSemana; i++){
16.               soma = soma + temperatura[i];
17.            }
18.            media = soma/diasSemana;
19.            JOptionPane.showMessageDialog(
20.               null, "Média da semana = " + media);
21.         }catch(Exception e){
22.            JOptionPane.showMessageDialog(
23.               null, "Ocorreu um erro durante a leitura!");
24.         }
25.      }
26.    }
```

EXEMPLO 6.5

Este exemplo efetua a ordenação dos elementos considerados anteriormente, exibindo o maior e o menor deles.

Pseudocódigo:

```
1.    Algoritmo Exemplo6_5
2.    Var
3.       Temp : vetor [1..7] de reais
4.       x : real
5.       i, j, min : inteiro
6.    Início
7.       Temp[0] ← 19.0
8.       Temp[1] ← 23.0
9.       Temp[2] ← 21.0
10.      Temp[3] ← 25.0
11.      Temp[4] ← 22.0
12.      Temp[5] ← 20.0
13.      Temp[6] ← 24.0
14.      Para i ← 0 até 5 faça
```

88 Lógica de programação e estruturas de dados

```
15.        Para j ← i + 1 até 6 faça
16.          Se (Temp[j] < Temp[i]) então
17.            x ← Temp[i]
18.            Temp[i] ← Temp[j]
19.            Temp[j] ← x
20.          Fim-Se
21.        Fim-Para
22.      Fim-Para
23.      Mostrar ("Mínimo: ", Temp[0])
24.      Mostrar ("Máximo: ", Temp[6])
25.  Fim.
```

Métodos de ordenação, como o citado acima, são importantes na computação, sendo estudados com maior rigor no Capítulo 9. A estratégia do exemplo é percorrer o vetor do primeiro ao penúltimo elemento, feito por meio da instrução Para da linha 14 e, neste percurso, é feita a comparação entre a posição corrente e os elementos das posições subsequentes, por meio da estrutura de repetição Para e da instrução Se, das linhas 15 e 16. Dependendo do resultado desta comparação, são executados os comandos que fazem a troca de posição dos elementos (linhas 17 a 19). Este processo se repete até que a penúltima posição seja comparada com a última, não havendo necessidade, portanto, da continuidade da verificação.

A Tabela 6.1 apresenta o teste de mesa para demonstrar, em cada momento da execução, os valores que cada uma das variáveis envolvidas assume, sendo possível também observar o resultado final.

Note que i varia de 0 até 5, enquanto j varia de $i + 1$ até 6, isto é, quando i tem valor 0, j varia de 1 até 6. Quando o resultado da comparação Se (Temp[j] < Temp[i]) então (linha 16) é falso, a variável x mantém seu valor anterior, uma vez que não ocorre a execução do código da linha 17.

Tabela 6.1 Teste de mesa.

Temp [0]	Temp [1]	Temp [2]	Temp [3]	Temp [4]	Temp [5]	Temp [6]	i	j	x
19.0	23.0	21.0	25.0	22.0	20.0	24.0	0	1	
19.0	23.0	21.0	25.0	22.0	20.0	24.0	0	2	
19.0	23.0	21.0	25.0	22.0	20.0	24.0	0	3	
19.0	23.0	21.0	25.0	22.0	20.0	24.0	0	4	
19.0	23.0	21.0	25.0	22.0	20.0	24.0	0	5	
19.0	23.0	21.0	25.0	22.0	20.0	24.0	0	6	
19.0	21.0	23.0	25.0	22.0	20.0	24.0	1	2	23.0
19.0	21.0	23.0	25.0	22.0	20.0	24.0	1	3	23.0
19.0	21.0	23.0	25.0	22.0	20.0	24.0	1	4	23.0
19.0	20.0	23.0	25.0	22.0	21.0	24.0	1	5	21.0
19.0	20.0	23.0	25.0	22.0	21.0	24.0	1	6	21.0

(continua)

(continuação)

19.0	20.0	23.0	25.0	22.0	21.0	24.0	2	3	21.0
19.0	20.0	22.0	25.0	23.0	21.0	24.0	2	4	23.0
19.0	20.0	21.0	25.0	23.0	22.0	24.0	2	5	22.0
19.0	20.0	21.0	25.0	23.0	22.0	24.0	2	6	22.0
19.0	20.0	21.0	23.0	25.0	22.0	24.0	3	4	25.0
19.0	20.0	21.0	22.0	25.0	23.0	24.0	3	5	23.0
19.0	20.0	21.0	22.0	25.0	23.0	24.0	3	6	23.0
19.0	20.0	21.0	22.0	23.0	25.0	24.0	4	5	25.0
19.0	20.0	21.0	22.0	23.0	25.0	24.0	4	6	25.0
19.0	20.0	21.0	22.0	23.0	24.0	25.0	5	6	25.0

Fluxograma:

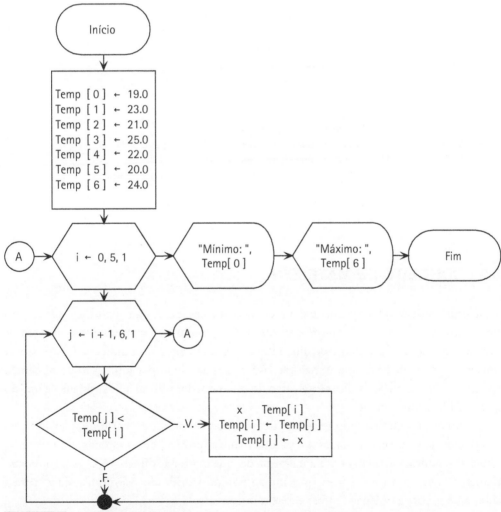

Figura 6.8 Fluxograma do Exemplo 6.5.

Java:

```
1.    import javax.swing.JOptionPane;
2.    public class Exemplo6_5{
3.       public static void main (String[] args){
4.          final int diasSemana = 7;
5.          float[] temperatura = new float[diasSemana];
6.          temperatura[0] = 19.0f;
7.          temperatura[1] = 23.0f;
8.          temperatura[2] = 21.0f;
9.          temperatura[3] = 25.0f;
10.         temperatura[4] = 22.0f;
11.         temperatura[5] = 20.0f;
12.         temperatura[6] = 24.0f;
13.         float x;
14.         for(int i = 0; i < diasSemana; i++){
15.            for(int j = i + 1; j < diasSemana; j++){
16.               if(temperatura[j] < temperatura[i]){
17.                  x = temperatura[i];
18.                  temperatura[i] = temperatura [j];
19.                  temperatura[j] = x;
20.               }
21.            }
22.         }
23.         JOptionPane.showMessageDialog(
24.            null, "Mínima da semana = " + temperatura[0]);
25.         JOptionPane.showMessageDialog(
26.            null, "Máxima da semana = " + temperatura[6]);
27.      }
28. }
```

6.3 CONCEITO DE MATRIZES

Estruturas indexadas, que necessitam de mais que um índice para identificar um de seus elementos, são chamadas de *matrizes de dimensão n*, sendo que n representa o número de índices requeridos. Uma matriz de dimensão 2, portanto, exige dois índices para identificar um elemento na sua estrutura. A maioria das linguagens não impõe limite sobre a dimensão de uma estrutura indexada, ficando a cargo do programador utilizar a quantidade de índices que considera conveniente.

Supondo um gráfico bidimensional de uma curva, sendo necessário guardar posições dos pontos desta em coordenadas x e y, uma maneira possível de armazenar, em memória, o total dos pontos desta curva, seria na forma de uma matriz de dimensão 2. Nela, um dado elemento conteria o valor correspondente ao ponto identificado pelo índice de x, para a abscissa, e y, para a ordenada, deste elemento.

Por exemplo, se a curva representasse as vendas de um determinado produto, na Região X, o elemento da linha 4 e coluna 5 conteria a região para as vendas de 5 unidades e para o valor de R$ 4, no período em questão. Esta situação pode ser ilustrada conforme a Figura 6.9.

Figura 6.9 Representação de uma matriz.

6.3.1 DECLARAÇÃO

A declaração de uma matriz é muito semelhante à declaração de um vetor, porque um vetor é uma matriz de dimensão 1. Delimitadas entre colchetes, temos duas declarações de tipo, associadas aos índices, separadas por uma vírgula. A convenção diz que o primeiro índice identifica uma linha de uma matriz bidimensional, e o segundo, uma coluna.

```
Var
    Vendas : vetor [1..n,1..n] de inteiros
```

Usando esta declaração, a referência ao elemento da linha 4, coluna 5, da matriz seria:

```
Vendas [4,5]
```

Se a dimensão da matriz fosse maior do que dois, teríamos n declarações de índices (1...n), separadas por vírgulas, entre colchetes, cada uma correspondendo a sua dimensão. Outra maneira de representar dados agregados pode ser por meio de uma estrutura de registro, mais bem explicada no Capítulo 8. Ela permite a composição de estruturas do tipo vetor, matriz e dados primitivos, proporcionando liberdade para o programador, além de um código de leitura mais fácil.

A linguagem Java não oferece suporte a *arrays* (vetores) multidimensionais, a exemplo do que ocorre com outras linguagens de programação. Porém, a mesma funcionalidade pode ser obtida com a declaração de um *array* de *arrays*, por exemplo int[ ][ ]. Isso será mostrado com mais detalhes posteriormente.

6.3.2 OPERAÇÕES

Da mesma forma que são realizadas operações com os elementos de um vetor, igualmente, são feitas com os elementos de uma matriz. É possível acessar, individualmente, os elementos e, por conseguinte, os valores de cada uma das posições, realizando cálculos matemáticos e comparativos, o que gera grande margem de possíveis aplicações computacionais e práticas. As matrizes têm especial aplicação em estatística, pois sua estrutura permite o armazenamento de valores que podem ser referenciados e associados a outros, em duas ou mais dimensões.

Para demonstrar a realização de operações simples em matrizes, consideramos o exemplo genérico:

EXEMPLO 6.6

Dada uma matriz de 6 linhas e 2 colunas de inteiros (Figura 6.10), calcular e exibir a média geométrica dos valores de cada uma das linhas. A média geométrica é calculada pela seguinte expressão: SQRT (X1 * X2), que representa a raiz quadrada do resultado da multiplicação dos elementos da coluna 1 (X1) pelos elementos da coluna 2 (X2).

	1	2
1		
2		
3		
4		
5		
6		

Figura 6.10 Matriz G.

Supondo uma matriz G com as características descritas, as operações devem ser feitas entre os elementos G[1, 1] e G[1, 2], depois entre G[2, 1] e G[2, 2], e assim sucessivamente.

Pseudocódigo:

```
1.    Algoritmo Exemplo6_6
2.    Var
3.        G : vetor [1..6, 1..2] de inteiros
4.        i, j : inteiro
5.        prod : real
6.    Início
7.        Para i ← 0 até 5 faça
8.            Para j ← 0 até 2 faça
9.                Mostrar ("Informar valor G:", i,", ", j)
10.               Ler (G[i, j]
11.       Fim-Para
12.       Para i ← 0 até 5 faça
13.           prod ← 1
14.           Para j ← 0 até 2 faça
15.               prod ← prod * G [i, j]
16.       Fim-Para
```

```
17.            Mostrar ("Linha ", i, " = ", SQRT (prod))
18.       Fim-Para
19. Fim.
```

Fluxograma:

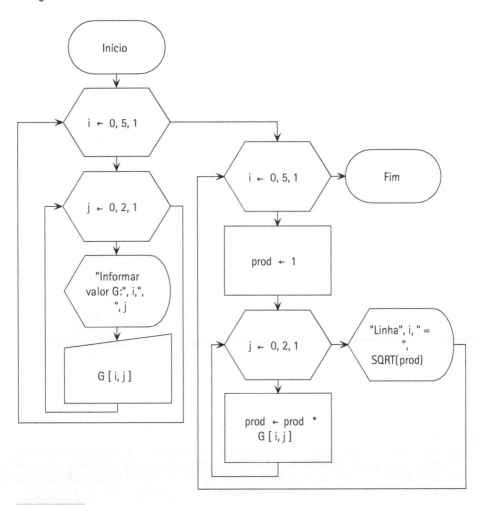

Figura 6.11 Fluxograma do Exemplo 6.6.

Java:

```
1.   import javax.swing.JOptionPane;
2.   public class Exemplo6_6{
3.      public static void main(String[] args){
4.         int G[][] = new int[6][2];
5.         double prod;
6.         String num;
7.         try{
8.            for(int i = 0; i < 6; i++){
```

```
9.              for(int j = 0; j < 2; j++){
10.                 num = JOptionPane.showInputDialog(
11.                     "Informar valor G " + i + ", " + j + ":");
12.                 G[i][j] = Integer.parseInt(num);
13.             }
14.         }
15.         for(int i = 0; i < 6; i++){
16.             prod = 1;
17.             for(int j = 0; j < 2; j++){
18.                 prod = prod * G[i][j];
19.             }
20.             JOptionPane.showMessageDialog(
21.                 null, "Linha " + i + ": " + Math.sqrt(prod));
22.         }
23.     }catch(Exception e){
24.         JOptionPane.showMessageDialog(
25.             null, "Ocorreu um erro durante a leitura!");
26.     }
27.  }
28. }
```

Na programação deste exemplo, foi utilizado o pacote java.lang.Math, com métodos que realizam operações matemáticas mais complexas, como é o caso da raiz quadrada extraída da variável prod, utilizando a chamada Math.sqrt (linha 16). Não há necessidade de um import do pacote Math, como é feito para o caso do swing, pois ele está automaticamente disponível para a linguagem, porém, caso isso seja feito, não provocará erro.

EXEMPLO 6.7

Calcular a média dos alunos de uma disciplina, levando em consideração uma matriz de 10 linhas e 3 colunas. Cada linha está associada a um aluno e as colunas estão associadas às notas das provas, referentes àquele estudante. O procedimento abaixo apresenta a média de cada estudante e a média da turma, em cada prova.

Pseudocódigo:

```
1.    Algoritmo Exemplo6_7
2.    Constante
3.       nProvas = 3    //número de Provas - colunas
4.       nAlunos = 10   //número de Alunos - linhas
5.    Var
6.       //Declaração de matriz para as notas das provas
7.       NotaProva : vetor [1..nAlunos, 1..nProvas] de reais
```

Capítulo 6 | Estruturas estáticas de dados   95

```
8.          //Declaração de vetor para a média dos alunos
9.          MedAlunos : vetor [1..nAlunos] de reais
10.         //Declaração de vetor para a média das provas
11.         MedProvas : vetor [1..nProvas] de reais
12.         i, j : inteiro
13.         Soma : real
14.     Início
15.         Para i ← 0 até nAlunos - 1 faça
16.             Soma ← 0
17.             Para j ← 0 até nProvas - 1 faça
18.                 Mostrar("Entre nota Aluno-" + i + " Prova-" + j")
19.                 Ler (NotaProva [i, j])
20.                 Soma ← Soma + NotaProva [i, j]
21.             Fim-Para
22.             MedAlunos[i] ← Soma / nProvas
23.         Fim-Para
24.         Para j ← 0 até nProvas - 1 faça
25.             Soma ← 0
26.             Para i ← 0 até nAlunos - 1 faça
27.                 Soma ← Soma + NotaProva [i , j]
28.             Fim-Para
29.             MedProvas [j] ← Soma / nAlunos
30.         Fim-Para
31.         Para i ← 0 até nAlunos - 1 faça
32.             Mostrar ("Aluno ", i, ": ", MedAlunos[i])
33.         Fim-Para
34.         Para i ← 0 até nProvas - 1 faça
35.             Mostrar ("Prova ", i, ": ", MedProvas[1])
36.         Fim-Para
37.     Fim.
```

Nos exemplos citados, sabemos quais são as dimensões da matriz e utilizamos todos os elementos da estrutura. Nem sempre, contudo, é possível determinar o tamanho de uma estrutura indexada quando construímos o programa. Em muitos casos, o número exato de elementos necessários só se torna conhecido em tempo de execução, situação em que definimos estruturas que possam acomodar os "piores casos", utilizando apenas parte dessas estruturas quando executamos o programa.

No exemplo das médias de provas e de alunos, poderíamos declarar a matriz com mais colunas, possibilitando incluir provas de recuperação, ou uma matriz com mais linhas, para o caso de novos alunos. Poderíamos, ainda, utilizar estruturas dinâmicas de dados, estudadas no Capítulo 11.

Fluxograma:

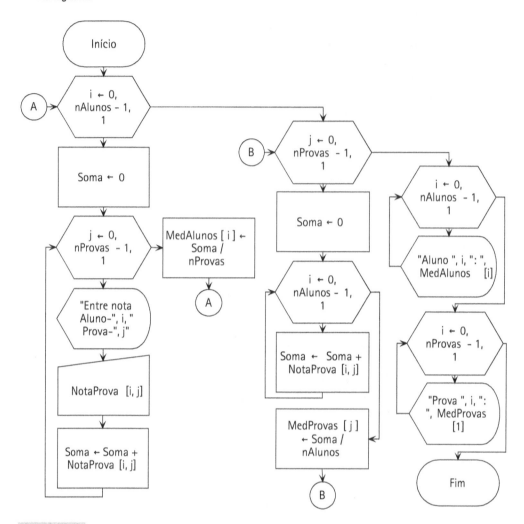

Figura 6.12 Fluxograma do Exemplo 6.7.

Java:

```
1. import javax.swing.JOptionPane;
2. public class Exemplo6_7{
3.   public static void main(String[] args){
4.     final int nProvas = 3;
5.     final int nAlunos = 10;
6.     float[][] NotaProva = new float [nAlunos][nProvas];
```

Capítulo 6 | Estruturas estáticas de dados   97

```
7.   float[] MedAlunos = new float [nAlunos];
8.   float[] MedProvas = new float [nProvas];
9.   float Soma;
10.  String num;
11.  try{
12.    for(int i = 0; i < nAlunos; i++){
13.      Soma = 0;
14.      for(int j = 0; j < nProvas; j++){
15.        num = JOptionPane.showInputDialog(
16.          null, "Entre nota Aluno-" + i + " Prova-" + j);
17.        NotaProva[i][j] = Float.parseFloat(num);
18.        Soma = Soma + NotaProva[i][j];
19.      }
20.      MedAlunos[i] = Soma / nProvas;
21.    }
22.    for(int j = 0; j < nProvas; j++){
23.      Soma = 0;
24.      for(int i = 0; i < nAlunos; i++){
25.        Soma = Soma + NotaProva[i][j];
26.      }
27.      MedProvas [j] = Soma / nAlunos;
28.    }
29.    for(int i = 0; i < nAlunos; i++){
30.      JOptionPane.showMessageDialog(
31.        null, "Media do Aluno-" + i + ": " + MedAlunos[i]);
32.    }
33.    for(int i = 0; i < nProvas; i++){
34.      JOptionPane.showMessageDialog(
35.        null, "Media da Prova-" + i + ": " + MedProvas[i]);
36.    }
37.  }catch (Exception e){
38.    JOptionPane.showMessageDialog(
39.      null, "Ocorreu um erro durante a leitura!");
40.  }
41.}
42.}
```

A primeira estrutura de laços aninhados for (linhas 12 a 21) providencia a entrada de dados, a inicialização dos valores na matriz e o cálculo da média dos alunos, armazenando os resultados no vetor MedAlunos. O segundo bloco de laços, linhas 22 a 28, calcula a média de cada prova, usando a variável j no laço mais externo, já que a média se refere a cada coluna da matriz, atribuindo os resultados ao vetor MedProvas.

6.4 EXERCÍCIOS PARA FIXAÇÃO

1. Considere um vetor w, cujos nove elementos são do tipo inteiro. Supondo que i seja uma variável do tipo inteiro e que seu valor seja 5, quais valores estarão armazenados em w, após a execução das atribuições a seguir?
   a) w [1] ← 17
   b) w [i / 2] ← 9
   c) w [2 * i - 1] ← 95
   d) w [i-1] ← w[9] / 2
   e) w [i] ← w[2]
   f) w [i+1] ← w[i]+ w[i-1]
   g) w [w[2]-2] ← 78
   h) w [w [i] - 1] ← w [1] * w [i]
   i) w [w[2] mod 2 + 2] ← w[i + 9 / 2] + 3 * w[i − 1 * 2]

2. Dadas as temperaturas que foram registradas, diariamente, durante uma semana, deseja-se determinar em quantos dias desta semana a temperatura esteve acima da média. A solução para este problema envolve os seguintes passos:
   a) Obter os valores das temperaturas.
   b) Calcular a média desses valores.
   c) Verificar quantos deles são maiores que a média.

3. Crie vetores para armazenar:
   a) As vogais do alfabeto.
   b) As alturas de um grupo de dez pessoas.
   c) Os nomes dos meses do ano.

4. Modifique o código do algoritmo do Exemplo 6.2, de forma que o número de elementos do vetor teste1 possa ser definido pelo usuário, mantendo a mesma ideia proposta.

5. Altere o código do algoritmo do Exemplo 6.5, mantendo a mesma proposta (exibir a menor e a maior temperatura), porém fazendo a ordenação dos elementos de forma decrescente, antes de apresentar o resultado.

6. Ainda com base no Exemplo 6.5, modifique o algoritmo, de forma que o mesmo resultado seja obtido, porém sem o uso do recurso da ordenação do vetor.

7. Codifique um algoritmo *Histograma*, que exiba um histograma da variação da temperatura durante a semana. Por exemplo, se as temperaturas forem 19°C, 21°C, 25°C, 22°C, 20°C, 17°C e 15°C, de domingo a sábado, respectivamente, o algoritmo deverá exibir:

```
D: ██████████████████████
S : ███████████████████████
T : ██████████████████████████
Q: █████████████████████████
Q: ██████████████████████
S : ███████████████████
S : █████████████████
```

Suponha que as temperaturas sejam todas positivas e que nenhuma seja maior que 80°C. *Dica*: crie uma rotina que exiba uma linha, com uma quantidade de caracteres de tamanho proporcional à temperatura.

8. Faça um algoritmo que construa dois vetores A e B de 10 elementos e, a partir deles, crie um vetor C, composto pela soma dos elementos, sendo: C[1] ← A[1] + B[10], C[2] ← A[2] + B[9], C[3] ← A[3] + B[8] etc.

9. Elabore um algoritmo que crie dois vetores A e B de 10 elementos e, a partir deles, crie um vetor C, composto pela união dos elementos de A e B, dispostos em ordem crescente, exibindo o resultado.

10. A partir de cinco vetores de cinco elementos inteiros, fornecidos pelo usuário, crie uma matriz de cinco linhas e colunas e exiba seu conteúdo.

6.5 EXERCÍCIOS COMPLEMENTARES

1. Elabore um algoritmo que obtenha as discrepâncias e a variância de uma amostra relativa aos arremessos livres convertidos em cesta (acertos), realizados por jogadores de basquete. Como exercício, agrupe os valores em uma matriz, utilizando a Tabela 6.2 como referência.

Tabela 6.2 Arremessos convertidos.

Jogador	Acertos (X_i)	x_i	$(x_i)^2$
1	8		
2	4		
3	6		
4	10		
5	9		
6	7		
7	8		
8	12		
Soma			

As discrepâncias são calculadas por $x_i = X_i - M$, onde X_i é a quantidade de acertos de cada atirador e M, a média aritmética dos acertos. A variância S é dada pela somatória de x_i elevado ao quadrado.

2. Dados os vetores A = [15, 44, 23, 1, 0, 18, 17, 37, 35, 54] e B = [32, 115, 48, 55, 51, 0, 48, 85, 15, 99], crie algoritmos para gerar uma matriz C a partir da multiplicação dos elementos de A pelos elementos de B. Observe que C[1, 1] ← A[1, 1] * B[1, 1], C[1, 2] ← A[1, 1] * B[1, 2], C[1, 3] ← A[1, 1] * B[1, 3] etc.

3. Crie um algoritmo que construa uma matriz X[10,3], cujos valores serão fornecidos aleatoriamente, e exiba os elementos na ordem inversa à ordem de entrada.

4. Elabore um algoritmo que construa três vetores de 10 elementos, com valores fornecidos pelo usuário. Crie uma matriz [10, 3] com estes vetores, sendo que a primeira e a terceira coluna da matriz resultante deverão apresentar os elementos na ordem crescente, e a segunda coluna, na ordem decrescente.

5. Considere a Tabela 6.3, referente a produtos armazenados em um depósito, em que são considerados o estoque atual de cada produto e o estoque mínimo necessário.

Tabela 6.3 Produtos armazenados.

Código	Estoque	Mínimo	Código	Estoque	Mínimo
1	35	20	11	15	15
2	43	45	12	74	90
3	26	20	13	26	40
4	18	20	14	54	30
5	75	50	15	57	40
6	46	30	16	43	40
7	94	80	17	82	60
8	37	50	18	26	40
9	32	50	19	31	40
10	57	30	20	35	20

Monte a estrutura de dados indispensável para o armazenamento destes valores e exiba (saída em vídeo) um relatório geral destes produtos, com um cabeçalho, identificando cada coluna e exibindo uma lista dos produtos em ordem crescente de código.

6. Usando a estrutura criada para o exercício anterior, gere um relatório (saída em vídeo) com cabeçalho, exibindo uma lista dos produtos com estoque igual ou abaixo do mínimo, em ordem crescente de código.

7. Ainda com base na estrutura utilizada no exercício 5 e o relatório gerado no exercício 6, aperfeiçoe o relatório, de modo que seja

informada a quantidade de cada produto a ser adquirida, para que o estoque seja o dobro do mínimo, considerando, apenas, os produtos com estoque igual ou abaixo do mínimo.

8. Considerando-se a proposta do exercício 5, seria possível armazenar também o nome dos produtos? Caso exista a possibilidade, utilizando as estruturas estudadas neste capítulo, exiba o relatório de produtos com seus respectivos nomes.

9. Utilizando a solução adotada para a proposta do exercício 8, gere um novo relatório, conforme solicitado no exercício 7, agora com os nomes dos produtos.

10. A partir de cinco vetores, de cinco elementos inteiros, fornecidos pelo usuário, crie uma matriz de cinco linhas e colunas, exibindo seu conteúdo em ordem crescente de valores.

Procedimentos e funções

7

Temas do capítulo
- Técnica da modularização
- Procedimentos
- Funções
- Escopo de variáveis
- Parâmetros
- Passagem de parâmetros

Objetivos de aprendizagem

Apreender os conceitos de procedimentos, funções, escopo de variáveis e parâmetros; compreender que estes são alguns recursos utilizados para tornar os algoritmos mais eficientes, possibilitando a reutilização de códigos, isto é, o uso de algumas rotinas, em vários programas, inclusive com objetivos diferentes.

7.1 TÉCNICA DA MODULARIZAÇÃO

A programação estruturada consiste na divisão de uma tarefa em partes, cada uma delas responsável por uma atividade. Desta forma, compreender o problema torna-se mais simples e, como consequência, a extensão dos programas diminui, de maneira que, se alguma alteração ou acerto forem necessários, isso poderá ser feito mais rapidamente.

A cada uma dessas partes é dado o nome de *módulo* e a *modularização* é a técnica utilizada para desenvolver algoritmos, dividindo o problema em partes, por meio de refinamentos sucessivos.

Um *refinamento sucessivo* refere-se à redução de um problema a um conjunto de tarefas destinadas a solucioná-lo, de maneira eficiente. Para cada tarefa, desenvolve-se um algoritmo (programa) que poderá ser utilizado na solução de outros problemas, pois cada módulo é independente. O gerenciamento das tarefas é feito pelo algoritmo principal ou, módulo principal, que "chama" ou aciona os outros módulos, que deverão ser escritos por meio de funções ou procedimentos.

> Duas técnicas de refinamento sucessivo são: *top-down* (de cima para baixo) e *bottom-up* (de baixo para cima). Na primeira, parte-se do problema como um todo, detalhando-o até atingir o nível desejado de minúcia. Na segunda, parte-se de detalhes, ampliando a abrangência, até a solução do problema.

101

7.2 PROCEDIMENTOS

Um *procedimento* (*procedure*), também conhecido como *sub-rotina*, é um conjunto de instruções que realiza uma determinada tarefa. Um algoritmo de procedimento é criado da mesma maneira que outro algoritmo qualquer, devendo: ser identificado e possuir variáveis, operações e até funções.

Pseudocódigo:

```
Procedimento nome_do_procedimento (lista de parâmetros)
Var
   <declaração das variáveis do procedimento> //variáveis locais
Início
   <instruções do procedimento>
Fim nome_do_procedimento.
```

Nem sempre existe a necessidade do uso de parâmetros; este assunto será abordado na Seção 7.4.

Fluxograma:

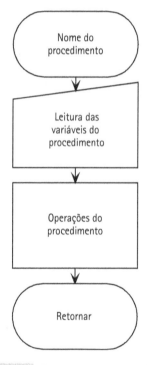

Figura 7.1 Fluxograma de um procedimento.

A instrução **Retornar** indica que o controle do fluxo de execução deverá retornar ao algoritmo principal.

Java:

Em Java, os módulos, sejam eles procedimentos ou funções, são representados por classes ou métodos. Para escrever um método em Java, representando procedimentos ou funções, utiliza-se a seguinte sintaxe:

```
<modificadores> <tipo_retorno> <nome_método>(<argumentos>)
{
<instruções>;
}
```
Onde:

`<modificadores>`: são elementos que caracterizam o método, quanto ao acesso e à visibilidade. Os métodos, bem como as classes e as variáveis, podem possuir mais de um modificador, não importando a sua ordem.

Os modificadores mais utilizados são:

- `public`: pode ser invocado livremente e indica um método que é visível para qualquer um que "enxergue" a classe.
- `protected`: pode ser utilizado apenas na mesma classe e em suas subclasses.
- `private`: pode ser invocado apenas na classe.
- `final`: não pode ser sobrescrito e equivale à declaração de uma constante.
- `static`: não necessita de objeto, podendo ser invocado a partir do nome da classe. Por exemplo: `Integer.parseInt(<String>)`.

Além desses, existem outros modificadores, como: `abstract`, `native`, `transient`, `volatile`, `strictfp` e `synchronized`.

`<tipo_retorno>`: indica o tipo de dado que deverá ser retornado ao ambiente de chamada. No caso de procedimento, o retorno é `void`, indicando que não há retorno de valor.

`<nome_método>`: é um identificador válido da linguagem, obedecendo as mesmas regras que os identificadores de classe, objeto e variável.

`<argumentos>`: indica a lista de argumentos que serão passados como parâmetros para o método. A sintaxe dos argumentos é a de declaração de variáveis: ***tipo* identificador** e os vários parâmetros são separados por vírgulas.

Se não há modificador, o método pode ser "chamado" apenas no mesmo pacote, que é um conjunto de classes de um módulo.

7.2.1 CHAMADA DE PROCEDIMENTOS

A chamada de um procedimento corresponde ao momento em que este é acionado e seu código executado, podendo ocorrer a passagem, ou não, de parâmetros. A execução do chamador é interrompida e o controle é passado para o procedimento, até que seu conjunto de instruções seja finalizado, momento em que o controle de execução volta para o chamador.

104 Lógica de programação e estruturas de dados

 O chamador pode ser tanto o algoritmo principal como outros procedimentos ou funções que tenham acesso ao procedimento chamado.

```
Algoritmo Principal    //nome do algoritmo principal
```

Procedimento
```
Procedimento nome_do_procedimento (lista de parâmetros)
Var
   <declaração de variáveis do procedimento>
Início
   <instruções do procedimento>
Fim nome_do_procedimento.
```

```
Var
    <declaração de variáveis do algoritmo principal>
 Início
    <instruções do algoritmo principal>
```

Chamada do procedimento
```
<nome_do_procedimento (lista_de_parâmetros)>
```

```
Fim.            //fim do algoritmo principal
```

 EXEMPLO 7.1

Elaborar um algoritmo que realize a operação aritmética escolhida pelo usuário, a saber: adição, subtração, multiplicação ou divisão, apresentando uma mensagem com o resultado obtido. Criar um menu de opções para o usuário no algoritmo principal e módulos com procedimentos para a realização das operações, conforme o diagrama da Figura 7.2.

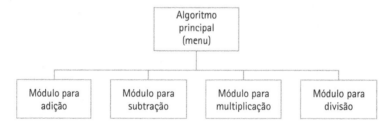

Figura 7.2 Módulos do Exemplo 7.1.

Pseudocódigo:

```
1.    Algoritmo Exemplo7_1
2.       Procedimento ModAdicao         //início do procedimento
3.          Var v1, v2, res: real
4.       Início
```

Capítulo 7 | Procedimentos e funções **105**

```
5.      Ler (v1, v2)
6.      res ← v1 + v2
7.      Mostrar (res)
8.   Fim ModAdicao.          //fim do procedimento
9.   Procedimento ModSubtr
10.    Var v1, v2, res: real
11.  Início
12.    Ler (v1, v2)
13.    res ← v1 - v2
14.    Mostrar (res)
15.  Fim ModSubtr.
16.  Procedimento ModMultipl
17.    Var v1, v2, res: real
18.  Início
19.    Ler (v1, v2)
20.    res ← v1 * v2
21.    Mostrar (res)
22.  Fim ModMultipl.
23.  Procedimento ModDiv
24.    Var v1, v2, res: real
25.  Início
26.    Ler (v1, v2)
27.    res ← v1 / v2
28.    Mostrar (res)
29.  Fim ModDiv.
30. Var opcao: inteiro      //algoritmo principal
31. Início
32.    Ler (opcao)
33.    Escolha opcao
34.      Caso 1: faça ModAdicao
35.      Caso 2: faça ModSubtr
36.      Caso 3: faça ModMultip
37.      Caso 4: faça ModDiv
38.      Caso contrário: Mostrar ("Fim de Programa")
39.    Fim-Escolha
40. Fim.              //fim do algoritmo
```

Na solução apresentada, na linha 1, faz-se a identificação do algoritmo principal, no caso, `Exemplo7_1`. Na linha 2, tem início a declaração do procedimento, `ModAdicao` que é finalizado na linha 8, `Fim ModAdicao`. À palavra reservada `Fim` inclui-se o nome do módulo `ModAdicao` e, na sequência, segue a declaração dos demais procedimentos envolvidos na solução. Cada procedimento contém o conjunto de instruções necessário à realização da operação ao qual se aplica.

Na linha 30, faz-se a declaração das variáveis do algoritmo principal (`Exemplo7_1`): no caso, a variável opção. Na linha 31, inicia-se o bloco de instruções do algoritmo principal, que acionará o procedimento, de acordo com o valor informado para a variável `opcao`. Para a chamada do módulo, basta informar o seu nome, uma vez que não há parâmetros.

Após a efetivação do procedimento chamado, o fluxo de execução retorna para o algoritmo principal, e, neste caso, o algoritmo Exemplo7_1 segue executando a próxima instrução, que, em nosso exemplo, é a execução da instrução Fim (linha 40).

Observe que, em cada um dos procedimentos ModAdicao, ModSubtr, ModMultipl e ModDiv, repete-se a declaração das variáveis v1, v2 e res. Neste caso, as variáveis foram declaradas como locais, gerando redundância, que pode ser resolvida declarando-as como variáveis globais, no módulo principal, assunto que será detalhado mais adiante quando discorrermos a respeito de escopo de variáveis. O fluxograma do Exemplo 7.1 pode ser visto na Figura 7.3.

Fluxograma:

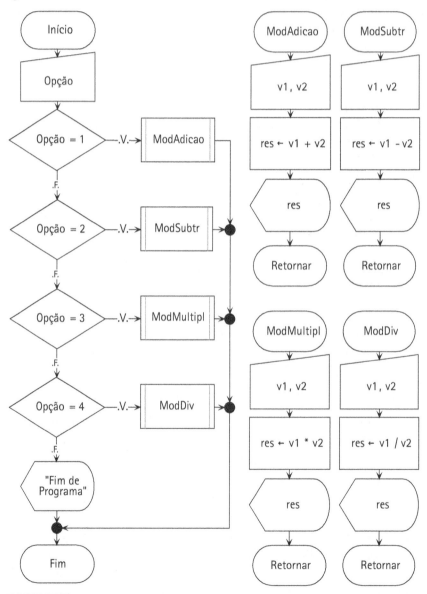

Figura 7.3 Fluxograma do Exemplo 7.1.

Java:

```
1.  import javax.swing.JOptionPane;
2.  public class Exemplo7_1{
3.    public static void main (String[] args){
4.      int opcao;
5.      opcao = Integer.parseInt(JOptionPane.showInputDialog(
6.          "Escolha a sua opção:\n" +
7.          "1 - Adição\n" +
8.          "2 - Subtração\n" +
9.          "3 - Multiplicação\n" +
10.         "4 - Divisão"));
11.     switch (opcao){
12.       case 1 : modAdicao(); break;
13.       case 2 : modSubtr(); break;
14.       case 3 : modMultipl(); break;
15.       case 4 : modDiv(); break;
16.       default : JOptionPane.showMessageDialog(
17.           null, "Fim do Programa");
18.     }
19.   }
20.
21.   static void modAdicao( ){
22.     double v1;
23.     double v2;
24.     double res;
25.     v1 = Double.parseDouble(JOptionPane.showInputDialog(
26.         "Digite o  primeiro valor"));
27.     v2 = Double.parseDouble(JOptionPane.showInputDialog(
28.         "Digite o segundo valor"));
29.     res = v1 + v2;
30.     JOptionPane.showMessageDialog(
31.         null, "Soma = " + res);
32.   }
33.
34.   static void modSubtr( ){
35.     double v1;
36.     double v2;
37.     double res;
38.     v1 = Double.parseDouble(JOptionPane.showInputDialog(
39.         "Digite o primeiro valor"));
40.     v2 = Double.parseDouble(JOptionPane.showInputDialog(
41.         "Digite o segundo valor"));
42.     res = v1 - v2;
43.     JOptionPane.showMessageDialog(
44.         null, "Subtração = " + res);
45.   }
46.
47.   static void modMultipl( ){
48.     double v1;
49.     double v2;
```

```
50.     double res;
51.     v1 = Double.parseDouble(JOptionPane.showInputDialog(
52.         "Digite o primeiro valor"));
53.     v2 = Double.parseDouble(JOptionPane.showInputDialog(
54.         "Digite o segundo valor"));
55.     res = v1 * v2;
56.     JOptionPane.showMessageDialog(
57.         null, "Multiplicação = " + res);
58.  }
59.
60.  static void modDiv( ){
61.     double v1;
62.     double v2;
63.     double res;
64.     v1 = Double.parseDouble(JOptionPane.showInputDialog(
65.         "Digite o primeiro valor"));
66.     v2 = Double.parseDouble(JOptionPane.showInputDialog(
67.         "Digite o segundo valor"));
68.     res = v1 / v2;
69.     JOptionPane.showMessageDialog(
70.         null, "Divisão = " + res);
71.  }
72. }
```

Nas instruções da linha 6 até a 9, fazemos uso do caractere de formatação \n para que cada opção seja escrita em uma linha, isto é, o \n provoca o salto para a linha seguinte. Para efeito de apresentação, a instrução foi quebrada em várias linhas, porém nada impede que seja escrita em uma única. Na quebra de instruções em mais de uma linha, é importante verificar o ponto que isto pode ser feito, para que não provoque erro.

A ordem em que os métodos são escritos é indiferente para a execução do programa, da mesma forma que esta independe da ordem em que eles são chamados.

7.3 FUNÇÕES

As *funções* são criadas e chamadas da mesma maneira que os procedimentos. A diferença entre eles é que as funções podem ser utilizadas em expressões, como se fossem variáveis, pois retornam valores que são associados ao seu nome. Para esses valores, faz-se necessária a declaração do tipo de dado a ser retornado:

```
Função nome_da_função (lista de parâmetros): tipo_de_retorno_da_função
Var
    Declaração das variáveis pertentes a função (variáveis locais)
Início
    Operações/Instruções da função
Retornar(variável)
Fim nome_da_função
```

Tanto os procedimentos como as funções são "minialgoritmos", que possuem variáveis e até mesmo outros procedimentos e funções.

Fluxograma:

Figura 7.4 Fluxograma de uma função.

Java:

Os métodos para representação de funções têm uma sintaxe muito parecida com a utilizada para representação dos procedimentos. O que os difere é a especificação do tipo de retorno e da instrução `return`, já que as funções devem, obrigatoriamente, retornar um valor à rotina chamadora.

```
<modificadores> <tipo_retorno> <nome_método>(<argumentos>)
  {
  <instruções>;
  }
```

Onde:

`<modificadores>`: são elementos que caracterizam o método quanto ao acesso e à visibilidade e são os mesmos mencionados para os procedimentos. Os métodos, bem como as classes e as variáveis, podem possuir mais de um modificador, não importando sua ordem.

`<tipo_retorno>`: indica o tipo de dado que deverá ser retornado ao ambiente de chamada (`void` indica que não há retorno).

`<nome_método>`: é um identificador válido da linguagem, obedecendo às mesmas regras que os identificadores de classe, objeto e variável.

`<argumentos>`: indica a lista de argumentos passados como parâmetros para o método. A sintaxe dos argumentos é a de declaração de variáveis: ***tipo* identificador** e os vários parâmetros são separados por vírgulas.

return: palavra reservada que indica o valor que será devolvido para o programa, sendo associada com a variável que armazena este valor. No caso de um método com tipo de retorno void, nada é devolvido, portanto, não se deve utilizar a instrução return, o que constituiria um erro.

Assim como nos procedimentos, se não há modificador, o método pode ser chamado apenas no mesmo pacote.

EXEMPLO 7.2
Ler um número fornecido pelo usuário e calcular o fatorial.

Pseudocódigo:

```
 1. Função Fatorial(n : inteiro) : inteiro
 2. Var
 3.    i, fat: inteiro
 4. Início
 5.    fat ← 1
 6.    Para i de 1 até n Passo 1 faça
 7.       fat ← fat * i
 8.    Fim-Para
 9.    Retornar (fat)
10. Fim Fatorial.
```

A declaração do tipo da função e das variáveis de parâmetro se faz necessária, pois o parâmetro passado pode ser de um tipo e o retorno ou resultado de outro, conforme veremos a seguir.

Fluxograma:

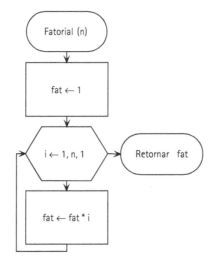

Figura 7.5 Fluxograma do Exemplo 7.2.

Java:

```
1.  import javax.swing.JOptionPane;
2.  public class Exemplo7_2{
3.    public static void main(String[] args){
4.      int numero;
5.      int fat;
6.      numero = Integer.parseInt(
7.         JOptionPane.showInputDialog(
8.         "Qual é o número?"));
9.      fat = fatorial(numero);
10.     JOptionPane.showMessageDialog(null,
11.        "O fatorial de " + numero + " é " + fat);
12.   }
13.
14.   static int fatorial (int numero){
15.     int f = 1;
16.     for (int i = 1; i <= numero; i++)
17.        f = f * i;
18.     return f;
19.   }
20. }
```

Na linha 14, iniciamos o método `fatorial`, que recebe um parâmetro, denominado *parâmetro formal*, descrito mais adiante.

O resultado do cálculo do fatorial de um número pode ser um valor muito grande, ultrapassando a capacidade de armazenamento da variável, dependendo de seu tipo; desta forma, considere a possibilidade de a operação resultar em números incorretos.

7.4 ESCOPO DE VARIÁVEIS

Até agora, todos os exemplos apresentados utilizaram *variáveis locais*, isto é, variáveis que podem ser empregadas somente no escopo do algoritmo no qual foram declaradas. No entanto, isso pode ocasionar redundância na declaração das variáveis necessárias, em vários módulos. Observe o Exemplo 7.1, em que as variáveis **v1**, **v2** e **res** foram declaradas em todos os módulos. Para evitar esta redundância, elas poderiam ser declaradas como *variáveis globais*.

Variáveis declaradas no algoritmo principal podem ser utilizadas por todos os algoritmos hierarquicamente inferiores. Já as variáveis locais de um determinado algoritmo podem ser utilizadas por ele e nos algoritmos hierarquicamente inferiores, conforme mostra o diagrama da Figura 7.6.

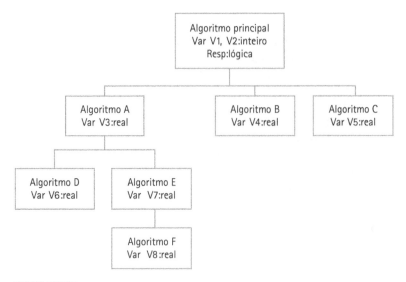

Figura 7.6 Diagrama hierárquico de escopo de variáveis.

Supondo que este diagrama represente a hierarquia dos módulos da resolução de um problema:

- As variáveis V1 e V2 foram declaradas, no módulo principal, e podem ser utilizadas por todos os módulos dos algoritmos.
- A variável V3 foi declarada no algoritmo A, podendo ser utilizada pelos algoritmos D, E e F, hierarquicamente inferiores a ele.
- As variáveis V4, V5, V6 e V8 podem ser utilizadas somente pelos algoritmos B, C, D e F, respectivamente, pois não possuem algoritmos hierarquicamente inferiores.
- A variável V7 pode ser utilizada pelos algoritmos E e F.

 A definição adequada das variáveis pode economizar memória e tornar os programas mais eficientes.

7.5 PARÂMETROS

Parâmetros são variáveis ou valores que podem ser transferidos do algoritmo principal a um módulo (função ou procedimento) para o qual está sendo chamado, de modo que funcionam como comunicadores entre os módulos. Existem dois tipos de parâmetros: formais e reais.

7.5.1 PARÂMETROS FORMAIS

Parâmetros formais são declarados nos módulos e tratados como as variáveis, tendo a função de receber os valores passados do algoritmo que o chama e, então, informa os valores que substituirão esses parâmetros. No exemplo a seguir, as variáveis A e B são parâmetros formais.

EXEMPLO 7.3
Calcular a multiplicação entre dois números.

Pseudocódigo:

```
1. Procedimento Multiplica(A, B : reais)
2.    Var Res: real
3. Início
4.    Res ← (A * B)
5.    Mostrar (Res)
6. Fim.
```

Fluxograma:

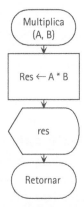

Figura 7.7 Fluxograma do Exemplo 7.3.

Java:

```
1. static void multiplicar (double a, double b){
2.    double res;
3.    res = a * b;
4.    System.out.println("Resultado= " + res);
5. }
```

7.5.2 PARÂMETROS REAIS

Os *parâmetros reais* são os valores passados pela rotina que chama o módulo (função ou procedimento), substituindo os parâmetros formais. No Exemplo 7.4, os parâmetros formais A e B do procedimento Multiplicar serão substituídos pelos valores fornecidos para as variáveis Num1 e Num2 do algoritmo principal.

EXEMPLO 7.4
Calcular a multiplicação entre dois números.

Pseudocódigo:

```
1.    Algoritmo Exemplo7_4
2.       Procedimento Multiplicar (A, B: real)
```

```
3.          Var Res : real
4.       Início
5.          Res ← A * B
6.          Mostrar (Res)
7.       Fim Multiplicar.
8.    Var
9.       Num1, Num2: real
10.   Início
11.      Ler (Num1, Num2)
12.      Multiplicar (Num1, Num2)
13.   Fim.
```

Se o procedimento **Multiplicar** fosse implementado como uma função, seria necessário informar o tipo de dado esperado como retorno na declaração da função. Também deveria ser utilizada a palavra **retorno** (variável) no algoritmo, ou **return** (variável) no programa Java.

Na linha 1, Exemplo7_4, o algoritmo principal é identificado; na linha 2 inicia-se o Procedimento Multiplicar, que recebe valores para dois parâmetros formais, A e B. Na linha 9, as variáveis Num1 e Num2 são declaradas, recebendo os valores que serão passados para o procedimento. A chamada ao procedimento ocorre na linha 12, indicando seu nome e informando os valores que serão passados. Estes são os parâmetros **reais**, porque recebem os valores fornecidos pelo usuário ou decorrentes de algum processamento.

Fluxograma:

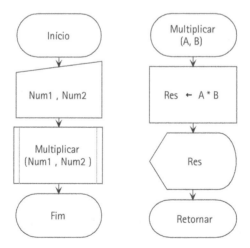

Figura 7.8 Fluxograma do Exemplo 7.4.

Java:
```
1. import javax.swing.JOptionPane;
2. public class Exemplo7_4{
3.    public static void main (String[] args){
4.       int num1, num2;
```

```
5.      num1 = Integer.parseInt(JOptionPane.showInputDialog(
6.          "Qual é o número 1?"));
7.      num2 = Integer.parseInt(JOptionPane.showInputDialog(
8.          "Qual é o número 2?"));
9.      multiplicar(num1, num2);
10.  }
11.
12.  static void multiplicar(int a, int b){
13.      int res;
14.      res = a * b;
15.      JOptionPane.showMessageDialog(
16.          null, "Resultado: " + res);
17.  }
18. }
```

No programa Exemplo7_4, linha 2, o método principal é criado e na linha 4, são declaradas as variáveis num1 e num2, que serão utilizadas para a passagem dos valores na chamada ao procedimento multiplicar. Na linha 12, o procedimento multiplicar é criado. Observe que são declarados os parâmetros a e b — static void multiplicar(int a, int b) — como sendo os parâmetros **formais**, isto é, as variáveis que receberão os valores utilizados no algoritmo do procedimento. Os parâmetros formais são declarados no procedimento ou na função, e, no nosso exemplo, o valor do parâmetro real num1 será passado para o parâmetro formal a e o valor do parâmetro real num2 será passado para o parâmetro formal b.

7.6 PASSAGEM DE PARÂMETROS

A *passagem de parâmetros* é a substituição dos parâmetros formais pelos parâmetros reais, quando argumentos, que nada mais são que valores constantes ou variáveis, informados no módulo chamador ou principal, devem ser fornecidos, na mesma ordem dos parâmetros, sendo que eles podem ser passados por valor ou por referência.

Na *passagem de parâmetros por valor*, o valor do parâmetro real é copiado para o parâmetro formal do módulo, preservando assim seu valor original.

No Exemplo 7.4 foi utilizado este tipo de passagem, onde foi solicitada uma entrada para os parâmetros num1 e num2, que são parâmetros reais, e estes foram armazenados em a e b, que são parâmetros formais, os quais foram manipulados, preservando-se assim os valores de num1 e num2.

Na linguagem de programação Java, os objetos são sempre passados por referência, significando que quaisquer alterações de valor tornam-se permanentes.

Na *passagem de parâmetros por referência*, toda alteração feita nos parâmetros formais reflete-se nos parâmetros reais, e, desta forma, o parâmetro é de entrada e saída. No Exemplo 7.4, as variáveis num1 e num2 são parâmetros de entrada e a variável res é um parâmetro de saída.

116 Lógica de programação e estruturas de dados

7.7 EXERCÍCIOS PARA FIXAÇÃO

Nos exercícios a seguir, escreva os algoritmos usando sempre procedimentos ou funções adequados para a resolução de cada problema.

1. Escreva um algoritmo para ordenar três números fornecidos pelo usuário, utilizando a passagem de parâmetros formais.

2. Escreva um algoritmo para:
   a) Preencher uma matriz A.
   b) Ordenar os elementos da matriz A.
   c) Gerar uma matriz somente com os números pares da matriz A.
   d) Gerar uma matriz somente com os números múltiplos de 5.
   e) Criar um menu para acessar os itens anteriores no programa principal.

3. Elabore um algoritmo que seja capaz de fazer a conversão de um valor em real, para o correspondente em dólar, libra, franco e iene, e vice-versa. O programa deverá conter um menu com as opções e retornar os resultados para o programa principal, encarregado da exibição dos resultados.

4. Construa um algoritmo que verifique se um dado número é divisível por outro, sendo que ambos devem ser fornecidos pelo usuário, usando a passagem de parâmetros formais, com a exibição do resultado no programa principal.

5. Faça um algoritmo que possibilite o arredondamento de um número real para um número inteiro, seguindo o arredondamento padrão, utilizando a passagem por referência.

6. Elabore um algoritmo que escreva, por extenso, um número inteiro com até dez dígitos fornecido pelo usuário.

7. Construa um algoritmo que verifique, sem utilizar a função **mod**, se um número é divisível por outro.

8. Refaça o Exemplo 7.1 utilizando variáveis globais.

9. Escreva uma função, para preencher um vetor, com 30 números inteiros sorteados aleatoriamente. O vetor deverá ser retornado ao programa principal, e você deve acrescentar:
   a) Um procedimento que recebe o vetor preenchido no item anterior, faz a ordenação dos elementos e apresenta o resultado através de uma mensagem exibida ao usuário.
   b) Uma função que recebe o vetor preenchido no item **a** e que retorna a quantidade de números múltiplos de 7 que existem no conjunto.
   c) Escreva o programa principal e faça a chamada aos métodos criados nos itens **a, b e c**.

10. Faça um algoritmo que receba um número do usuário, verificando se ele é positivo ou negativo, empregando obrigatoriamente variáveis booleanas, utilizando:
    a) Módulo procedimento com passagem de parâmetro.
    b) Módulo função com passagem de parâmetro.

7.8 EXERCÍCIOS COMPLEMENTARES

Para os exercícios a seguir, escreva os algoritmos usando, sempre, procedimentos ou funções adequados para a resolução de cada problema.

1. Escreva um algoritmo que calcule o máximo divisor comum entre dois números fornecidos pelo usuário.

2. Um fazendeiro precisa calcular dados correspondentes aos animais de sua fazenda, sendo que eles pertencem a espécies diferentes: bovinos, ovinos e caprinos. Construa um algoritmo para a média de peso de cada espécie, para os machos e as fêmeas, a partir de dados fornecidos pelo usuário.

Capítulo 7 | Procedimentos e funções **117**

3. Dada uma data abreviada, escreva-a por extenso.

4. Fazendo a leitura de mil números, pelo processo de sorteio automático, no qual os números devem estar entre 0 e 100, verifique qual foi:
   a) O número sorteado mais vezes.
   b) O número sorteado menos vezes.
   c) O maior número.
   d) O menor número.

5. Construa um algoritmo que calcule a somatória dos **n** primeiros números de um conjunto, de modo que o valor de **n** deverá ser fornecido pelo usuário.

6. Escreva um algoritmo que calcule o número de horas de determinado período, estabelecido por duas datas.

7. Construa um algoritmo que verifique se um dado número é divisível por outro, sendo que os números devem ser fornecidos pelo usuário, além de ocorrer a utilização da passagem de parâmetros e do resultado ser calculado e exibido no módulo.

8. Faça um algoritmo que receba dois números positivos e calcule a soma dos **n** números inteiros existentes entre eles, inclusive estes números. Utilize um módulo função com passagem de parâmetro.

9. Elabore um programa que contenha um método que receba as três notas de um aluno como parâmetros e um inteiro. Se o inteiro for 1, o método deverá calcular a média aritmética das notas do aluno; se for 2, deverá calcular a média ponderada, com pesos 5, 3, 2. A média calculada deverá ser devolvida ao programa principal para, então, ser mostrada. A média ponderada é calculada pela seguinte fórmula: media = (n1*5+n2*3+n3*2) / (5+3+2).

10. Desenvolva um algoritmo modularizado que receba dois valores inteiros e o código do produto notável, conforme a Tabela 7.1 e, a partir de um menu de opções, permita ao usuário escolher entre calcular e mostrar o valor do produto notável:

Tabela 7.1 Códigos de produtos notáveis.

Código	Produto notável	Fórmula	Usar módulo
1	Quadrado da diferença de dois números (QuadDif)	(a − b) * (a − b)	Procedimento sem parâmetro, sem retorno
2	Quadrado da soma de dois números (QuadSoma)	(a + b) * (a + b)	Procedimento com parâmetro, sem retorno
3	Soma do quadrado de dois números (SomaQuad)	a * a + b * b	Função sem parâmetro, com retorno
4	Diferença do quadrado de dois números (DifQuad)	a * a − b * b	Função com parâmetro, com retorno
5	Produto da soma com a diferença de dois números (Prod)	(a − b) * (a + b)	Procedimento sem parâmetro, sem retorno
0	Sair do programa		

Observação: o menu de opções deverá ser um módulo procedimento, sem passagem de parâmetros e com retorno.

Acesso a arquivos e à base de dados

Temas do capítulo
- Persistência de dados
- Arquivo-texto
- Tipos de arquivo quanto às formas de acesso
- Operações de manipulação de arquivos sequenciais
- Representação da manipulação de arquivos de acesso aleatório
- Acesso à base de dados
- Operações de manipulação em bases de dados

Objetivos de aprendizagem

Tratar questões relacionadas ao armazenamento de dados, por meio de registros, em arquivos-texto; conhecer técnicas para a criação e a manipulação destes arquivos, realizando operações de busca, leitura, alteração e escrita; verificar a conexão a uma base de dados, por meio da Java Database Connectivity (JDBC), implementando operações de manipulação de dados; aprender a criar uma agenda de contatos, por exemplo, para a persistência em arquivo-texto e no banco de dados.

8.1 PERSISTÊNCIA DE DADOS

Os computadores utilizam os arquivos como estrutura para armazenamento, em longo prazo, de grande volume de dados.

Dados mantidos em arquivos são chamados de *persistentes* porque continuam existindo, após o encerramento da execução do programa, gravados em dispositivos de armazenamento secundários, como disquetes, discos rígidos, discos ópticos, unidades de estado sólido etc.

Até agora, os exemplos apresentados armazenavam as informações, temporariamente, na memória RAM do computador. Este recurso é bastante utilizado durante a fase de aprendizado e também quando se está desenvolvendo o algoritmo para a resolução de um problema sem que haja ainda a preocupação com recursos de implementação (como persistência dos dados, interfaces e estética, entre outros).

Para que as informações possam ser utilizadas posteriormente, elas precisam ser transferidas para meios físicos de armazenamento, guardadas em arquivos ou banco de dados. A principal diferença entre tais meios está relacionada à organização do armazenamento, ao acesso e à recuperação dos dados. Os arquivos podem ser facilmente criados utilizando os recursos disponíveis no sistema operacional do computador, ao passo que, para a criação de um banco de dados, é necessário um software específico, o Sistema Gerenciador de Banco de Dados (SGBD).

Sistema operacional: software que é responsável pelo gerenciamento do hardware e do software da máquina, além de realizar a interface entre o usuário e o hardware.

8.2 ARQUIVO-TEXTO

Um *arquivo* é um local reservado para guardar informações escritas, para uso futuro. Um bom exemplo são os arquivos de aço, utilizados para armazenar fichas de papel contendo dados de clientes, produtos e pacientes, entre outros. Os arquivos podem armazenar imagens, textos ou sons e, a título de exemplo, demonstraremos como armazenar informações de texto.

As informações de um *arquivo-texto* são reunidas em registros, sendo que estes, por sua vez, são organizados em campos, no qual inserem-se os dados. Suponha que, no exemplo a seguir, a Figura 8.1 represente a interface e a Tabela 8.1 represente o arquivo-texto.

Figura 8.1 Interface.

Tabela 8.1 Arquivo-texto.

Nome	Endereço	CEP	Tel.
Pedro	Rua do Bosque, 10	08000102	67867766
Maria	Rua da Gruta, 247	09009904	31237788
Gilberto	Av. Sul, 3196	07989001	78966998

Observe que:

- Na interface, são representados os nomes dos campos, que devem ser legíveis para o usuário, isto é, ele deve ler e entender o que deverá ser digitado nos espaços reservados para as informações.
- No programa, deve existir uma variável para cada informação, digitada na interface.
- No arquivo, deve existir um campo para cada variável onde os dados são armazenados.

No arquivo, cada linha representa um registro, que é um conjunto de campos, isto é, um conjunto de informações sobre um determinado assunto (Tabela 8.2). Cada campo recebe dados que são armazenados no arquivo, por meio da associação da variável da interface com o campo do arquivo.

Os tipos de dados das variáveis e dos campos são os mesmos estudados no Capítulo 3. Os registros são estruturas de dados compostos por um conjunto de campos definidos.

Tabela 8.2 Campos e registros.

	Campos			
	Nome	Endereço	CEP	Tel.
Registros	Pedro	Rua do Bosque, 10	08000102	67867766
	Maria	Rua da Gruta, 247	09009904	31237788
	Gilberto	Av. Sul, 3196	07989001	78966998

8.3 TIPOS DE ARQUIVO QUANTO ÀS FORMAS DE ACESSO

Escrever dados em arquivos pressupõe a possibilidade de ler, alterar, escrever e apagar, operações básicas de manipulação, que requerem o estabelecimento de formas de acesso. Basicamente, podemos considerar duas possibilidades: o acesso sequencial e o acesso aleatório (ou randômico).

8.3.1 ARQUIVOS SEQUENCIAIS

Os *arquivos sequenciais* armazenam informações, em caracteres, no formato ASCII e os dados são gravados na ordem em que são digitados. Eles apresentam alguns inconvenientes:

- As informações são lidas na mesma ordem em que foram inseridas, isto é, em sequência.
- É necessário que o arquivo todo seja percorrido, até que a informação seja localizada.
- As informações não podem ser alteradas diretamente no arquivo. Para se alterar algum dado, é necessário copiar todas as informações do arquivo anterior para um novo arquivo, já com as alterações.
- Esse tipo de arquivo não é recomendado para trabalhos com grande volume de informações, pois é lento.
- Não é possível abri-lo para leitura e escrita.

ASCII é a sigla para American Standard Code for Information Interchange (Código Padronizado Americano para Intercâmbio de Informações). A tabela ASCII possui 256 combinações de 8 bits, que representam os caracteres.

8.3.2 ARQUIVOS DE ACESSO ALEATÓRIO

Os *arquivos de acesso aleatório* (*ou randômico*) também armazenam as informações no formato ASCII. Cada registro é gravado em uma posição específica e, assim, as informações podem ser lidas independentemente da ordem em que foram inseridas.

Os arquivos de acesso aleatório (ou randômico) são também chamados de *arquivo de acesso direto*.

8.4 OPERAÇÕES DE MANIPULAÇÃO DE ARQUIVOS SEQUENCIAIS

As informações dos arquivos, por estarem armazenadas em um dispositivo físico, podem ser manipuladas, isto é, o arquivo pode ser atualizado ou simplesmente consultado. Para a manipulação dos arquivos, existem quatro operações básicas:

- **Inclusão**: trata-se da inserção de novos registros.
- **Consulta**: operação de leitura ou busca dos dados já armazenados.
- **Alteração**: trata-se da possibilidade de alteração de um ou mais campos do conjunto.
- **Exclusão**: corresponde à operação de eliminação de registros.

8.4.1 OPERAÇÃO DE INCLUSÃO EM ARQUIVO SEQUENCIAL

Os arquivos-texto não impõem qualquer estrutura para o armazenamento das informações, cabendo ao programador estruturar os registros com campos e tipos de dados necessários aos requisitos da aplicação que precisa desenvolver. Para que seja possível manipular arquivos sequenciais, será necessário:

1) Declarar o registro e o arquivo.
2) Declarar as variáveis de arquivo e registro.
3) Abrir o arquivo.
4) Fechar o arquivo.

Estes passos são utilizados para qualquer operação de manipulação de arquivos, tais como inclusão, consulta, alteração e exclusão e serão explicados nos exemplos a seguir.

EXEMPLO 8.1
Construção de uma agenda que armazene nomes, endereços e telefones, com a operação de inclusão em arquivo sequencial.

Pseudocódigo:

```
1.    Algoritmo Exemplo8_1
2.    Var
3.       Tipo reg_agenda = registro
4.                                  Nome: caracter
5.                                  End: caracter
6.                                  Tel: caracter
7.                          Fim_registro
8.       Tipo arq_agenda: arquivo sequencial de reg_agenda
9.       Auxiliar: reg_agenda
10.      Agenda: arq_agenda
11.   Início
12.      Abrir (Agenda)
13.      Repita
14.         Avançar (Agenda)
15.      Até (EOF (Agenda))
16.      Ler (Auxiliar.Nome, Auxiliar.End, Auxiliar.Tel)
17.      Armazenar (Agenda, Auxiliar)
18.      Fechar (Agenda)
19.   Fim.
```

EOF: Sigla para End Of File (fim de arquivo).

Nos algoritmos, deve ser declarada, primeiro, uma estrutura do tipo registro, com todos os campos, cujas informações pretende-se armazenar, conforme trecho das linhas 3 a 7 do Exemplo 8.1.

É necessário também declarar um identificador do tipo arquivo, mencionando o tipo de arquivo que será utilizado. Este identificador é associado ao arquivo formado pelos registros de `reg_agenda`. As variáveis `Auxiliar` e `Agenda` são variáveis de registro e de arquivo, respectivamente.

Para que seja possível a manipulação do arquivo, este deve ser aberto com a instrução:

```
Abrir (nome da variável de arquivo)
```

Após a abertura do arquivo, será disponibilizado o primeiro registro armazenado e, para acessar os próximos registros, utiliza-se a instrução:

```
Avançar (nome da variável de arquivo)
```

No caso de se desejar que o arquivo seja posicionado no último registro, utiliza-se uma estrutura de repetição que execute o avanço pelos registros até o final do arquivo:

```
Repita
    Avançar (nome da variável de arquivo)
Até (EOF (nome da variável de arquivo))
```

Por se tratar de um arquivo sequencial, para se chegar ao último registro, percorre-se o arquivo todo, passando por todos os registros armazenados, como em uma fita cassete.

Para processar a inclusão de um registro, é necessário que seus campos sejam preenchidos, na mesma ordem, e com os mesmos campos do arquivo. Por isso, a variável de registro é declarada com o tipo da estrutura do registro do arquivo.

No caso do Exemplo 8.1, temos:

- Declaração da estrutura de dados do tipo registro:

```
Var Tipo reg_agenda = registro
                        Nome: caracter
                        End: caracter
                        Tel: caracter
                    Fim_registro
```

- Declaração da variável do tipo registro que terá o mesmo formato da estrutura de dados criada para o registro, isto é, `Auxiliar.Nome, Auxiliar.End, Auxiliar.Tel`:

```
Auxiliar: reg_agenda
```

- Preenchimento dos campos:

```
Ler (Auxiliar.Nome, Auxiliar.End, Auxiliar.Tel)
```

Depois de representar o preenchimento dos campos, será necessário indicar a operação de armazenamento do conteúdo no arquivo e, para isto, utiliza-se a instrução:

```
Armazenar (nome da variável de arquivo, nome da variável de registro)
Armazenar (Agenda, Auxiliar)
```

A variável de arquivo `Agenda` receberá o conteúdo da variável de registro `Auxiliar`. Por último, o arquivo deve ser fechado, com a instrução:

```
Fechar (nome da variável de arquivo)
```

Para representar uma estrutura do tipo registro, em Java, utilizou-se uma classe `RegAgenda` que possui como atributos: `nome`, `end` e `tel`. Esta forma de representação é necessária, uma vez que Java trabalha orientado a objetos. Assim, cada entrada em `RegAgenda` corresponde a um novo registro e refere-se a um novo objeto da classe, que possui características próprias, isto é, um nome, um endereço e um telefone que o distinga dos demais objetos existentes.

Java:

```
1.    public class RegAgenda {
2.        private String nome;
3.        private String end;
4.        private String tel;
5.
6.        public RegAgenda (String nome, String end, String tel){
7.            this.nome = nome;
8.            this.end = end;
9.            this.tel = tel;
10.       }
11.       public String mostraNome (){
12.           return nome;
13.       }
14.       public String mostraEnd (){
15.           return end;
16.       }
17.       public String mostraTel (){
18.           return tel;
19.       }
20.   }
```

A declaração da classe, correspondente ao registro, é feita nas linhas de 1 a 4. Já nas linhas de 6 a 10, é definido o método construtor, responsável pela instanciação de novos objetos da classe ou, para o nosso caso, de novas entradas de registro em RegAgenda. Este método usa o modificador this para indicar que o atributo da classe recebe o valor passado pelo parâmetro, de mesmo nome.

Para exibir os atributos de cada novo objeto instanciado, criaram-se os métodos mostraNome(), mostraEnd() e mostraTel(), que retornam os valores dos atributos.

O algoritmo codificado em Java relativo ao Exemplo 8.1, que utiliza a classe RegAgenda para definição das entradas de novos registros na agenda, é apresentado a seguir.

Lembre-se de que Java é uma linguagem *case-sensitive*. As referências às variáveis e aos métodos devem ser feitas exatamente da forma que estes foram declarados, considerando as letras maiúsculas e minúsculas.

Java: classe para escolher um arquivo

```
1.    import javax.swing.JOptionPane;
2.    import javax.swing.JFileChooser;
3.    import java.io.File;
4.    public class EscolherArquivo {
5.       public static String caminho(){
6.          JFileChooser fileChooser = new JFileChooser();
7.          fileChooser.setFileSelectionMode(
8.              JFileChooser.FILES_ONLY);
9.          int result = fileChooser.showOpenDialog(null);
10.         if(result == JFileChooser.CANCEL_OPTION)
11.            return null;
12.         File arquivo = fileChooser.getSelectedFile();
13.         if(arquivo == null || arquivo.getName().equals(""))
14.            JOptionPane.showMessageDialog(null,
15.                "Nome de arquivo inválido");
16.         else
17.            return arquivo.getPath();
18.         return null;
19.      }
20.   }
```

Para facilitar a escolha do arquivo utilizado na gravação dos dados da agenda, criamos a classe `EscolherArquivo`, que abre uma janela para navegar na estrutura do diretório do computador, usando um recurso da classe `JFileChooser`, do pacote `javax.swing`.

O método `caminho` retorna uma *string* com o caminho completo do arquivo escolhido, usando o método `getPath`, da classe `File`, do pacote `java.io`, conforme a instrução da linha 17.

Na linha 12, usa-se o objeto `arquivo` da classe `File` para receber a referência do arquivo selecionado pelo método `getSelectedFile`, utilizado pelo objeto `fileChooser` da classe `JFileChooser`.

A janela (Figura 8.2) permite a navegação pelas pastas até encontrar o arquivo escolhido, possibilitando digitar um novo nome, caso ele ainda não exista. O nome digitado e o caminho completo serão retornados para o chamador. Lembre-se de utilizar arquivo com a extensão `txt`, apropriada para a aplicação que estamos desenvolvendo.

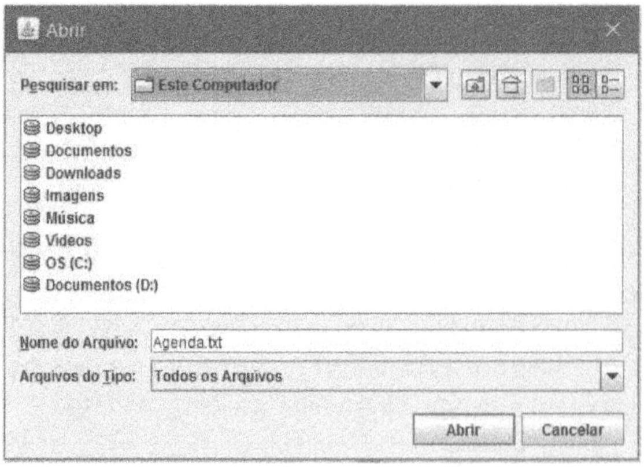

126 Lógica de programação e estruturas de dados

Figura 8.2 Janela de navegação.

Algumas verificações são feitas, como a da linha 10, para averiguar se o usuário clicou no botão `Cancelar`, e a da linha 13, para conferir se nenhum arquivo foi selecionado ou nenhum nome foi digitado.

Java: classe principal do exemplo

```
1.     import javax.swing.JOptionPane;
2.     import java.io.*;
3.     public class Exemplo8_1{
4.        public static void main(String[] args){
5.           try{
6.              String arquivo = EscolherArquivo.caminho();
7.              BufferedWriter saida;
8.              saida = new BufferedWriter(
9.                 new FileWriter(arquivo, true));
10.             String nome = JOptionPane.showInputDialog(
11.                "Digite o nome");
12.             nome = nome.toUpperCase();
13.             String end = JOptionPane.showInputDialog(
14.                "Digite o endereço");
15.             end = end.toUpperCase();
16.             String tel = JOptionPane.showInputDialog(
17.                "Digite o telefone");
18.             RegAgenda regAg1 = new RegAgenda(nome, end, tel);
19.             saida.write (regAg1.mostraNome() + "\t");
20.             saida.write (regAg1.mostraEnd () + "\t");
21.             saida.write (regAg1.mostraTel () + "\r\n");
22.             saida.flush();
23.             saida.close();
24.          }catch(Exception e){
25.             JOptionPane.showMessageDialog(null,
26.                "Erro de acesso ao arquivo");
27.          }
28.       }
29.    }
```

Capítulo 8 | Acesso a arquivos e à base de dados   127

Na linha 6, declara-se a variável `arquivo`, que recebe o caminho do arquivo escolhido, onde são gravados os dados digitados para nossa agenda. Nas linhas de 7 a 9 está a declaração do contêiner de dados, usado para armazenar e escrever no arquivo escolhido. Declara- -se o objeto `saída`, da classe `BufferedWriter`, que é o contêiner de dados, usando um objeto da classe `FileWriter`, o qual define uma saída para o arquivo escolhido, cujo caminho está na variável `arquivo`, passado como parâmetro.

Um detalhe particular deve ser observado nesta declaração: na linha 9, quando se define o nome do arquivo, destinado ao armazenamento dos dados, no trecho `FileWriter(arquivo, true)`, tem-se, na verdade, a chamada de um método com passagem dos parâmetros `arquivo` e `true`. O primeiro é o caminho, conforme já foi dito, e o segundo significa que o arquivo será acessado com a condição `append = true`, isto é, os dados gravados serão sempre inseridos ao final do arquivo. Vale ressaltar ainda que, caso o arquivo não exista, ele será criado automaticamente.

O processo de entrada dos dados é executado a partir das instruções das linhas 10 a 17, segundo as quais os caracteres lidos a partir do teclado serão transferidos para as respectivas variáveis de armazenamento: `nome`, `end` e `tel`.

Na linha 18, ocorre a chamada do método construtor da classe, `regAgenda`, com a respectiva passagem dos parâmetros `nome`, `end` e `tel`, instanciando-se um novo objeto `regAg1` da classe `RegAgenda`. No trecho de código anterior (classe `RegAgenda`), pode-se verificar a declaração do método nas linhas 6 a 10.

A escrita dos dados é feita por meio do código, nas linhas 19 a 21, com a chamada dos métodos que retornam os atributos do novo objeto criado, como em:

```
saida.write (regAg1.mostraNome() + "\t");
```

Aqui, temos a chamada do método que retorna o atributo nome do objeto `regAg1` e a transferência do resultado para a saída. O atributo `"\t"`, associado ao nome, indica que, após o dado, será gravado um espaço de tabulação como separador.

Ao final da transferência do último dado, também é passado o caractere de controle `"\r\n"` (retorno de carro e nova linha), utilizado como separador, indicando o final do registro. O motivo da utilização desses separadores será visto nos exemplos posteriores.

Nas linhas 22 e 23 são chamados os métodos `saida.flush()` e `saida.close()`, que fazem a transferência definitiva dos dados da memória para o arquivo e o fechamento do arquivo, respectivamente.

Pode-se perguntar por que os dados obtidos da entrada via teclado não são transferidos diretamente para o arquivo, uma vez que eles estariam disponíveis, sem a necessidade de instanciar um objeto da classe `RegAgenda`. O motivo é a necessidade de satisfazer os princípios da orientação a objetos, segundo os quais cada novo dado ou registro é um objeto e, assim, deve ser tratado como tal. Como será visto posteriormente, a manipulação dos atributos dos objetos deve seguir esses princípios, sendo garantido que alterações nesses atributos somente poderão ser feitas mediante a chamada de métodos, que permitirão ou não as alterações. Os atributos de um objeto definem sua estrutura e as operações definem seu comportamento. Os métodos implementam essas operações que permitem alterações nos atributos dos objetos, preservando sua integridade.

8.4.2 OPERAÇÃO DE CONSULTA EM ARQUIVO SEQUENCIAL

A operação de consulta em arquivo sequencial pode ser realizada de duas maneiras:

Saltando manualmente de um registro para o outro: neste caso, o usuário visualizará todos os registros, até que se chegue ao registro desejado.

Saltando automaticamente para o registro desejado: neste caso, utiliza-se uma variável que recebe a informação a ser encontrada no arquivo e, por meio de uma estrutura de repetição, é provocado o avanço pelos registros até que seja encontrado o registro desejado.

Quando se trabalha com arquivos sequenciais, em ambos os casos todos os registros são percorridos, até que se chegue ao registro desejado.

No exemplo a seguir, utilizamos o recurso de consulta automática e, para isto, será declarada a variável Buscar, que receberá o nome a ser consultado.

EXEMPLO 8.2

Construção de uma agenda que armazene nomes, endereços e telefones, com operação de consulta.

```
1.    Algoritmo Exemplo8_2
2.    Var tipo reg_agenda = registro
3.                             Nome: caracter
4.                             End: caracter
5.                             Tel: caracter
6.                           Fim_registro
7.    Tipo arq_agenda: arquivo sequencial de reg_agenda
8.    Auxiliar: reg_agenda
9.    Agenda: arq_agenda
10.   Buscar: caracter
11. Início
12.    Abrir (Agenda)
13.    Ler(Buscar)
14.    Repita
15.       Avançar (Agenda)
16.    Até (Auxiliar.Nome = Buscar) .ou. (EOF(Agenda))
17.    Se (Auxiliar.Nome = Buscar) então
18.       Mostrar(Auxiliar.End, Auxiliar.Tel)
19.    Senão
20.       Mostrar("Não cadastrado")
21.    Fim-Se
22.    Fechar (Agenda)
23. Fim.
```

Neste exemplo, foi utilizada a variável Buscar, que recebeu o nome a ser consultado. A estrutura de repetição Repita provoca o avanço pelos registros do arquivo, até que se encontre o nome desejado ou o final do arquivo. Se a consulta for bem-sucedida, isto é, se o nome desejado for encontrado, o programa exibirá o endereço e o telefone.

Java:

```java
1.    import javax.swing.JOptionPane;
2.    import java.io.*;
3.    public class Exemplo8_2{
4.        static StringBuffer memoria;
5.        public static void main(String[] args){
6.            try{
7.                String arquivo = EscolherArquivo.caminho();
8.                BufferedReader arqentrada;
9.                arqentrada = new BufferedReader(
10.                       new FileReader(arquivo));
11.                String nome = JOptionPane.showInputDialog(
12.                       "Digite o nome");
13.                nome = nome.toUpperCase();
14.                String linha;
15.                String end = "";
16.                String tel = "";
17.                while((linha = arqentrada.readLine()) != null){
18.                    memoria.append(linha + "\r\n");
19.                }
20.                int inicio = -1;
21.                inicio = memoria.indexOf (nome);
22.                if (inicio != -1){
23.                    int ultimo = memoria.indexOf ("\t", inicio);
24.                    nome = ler (inicio, ultimo);
25.                    int primeiro = ultimo + 1;
26.                    ultimo = memoria.indexOf ("\t", primeiro);
27.                    end = ler (primeiro, ultimo);
28.                    primeiro = ultimo + 1;
29.                    int fim = memoria.indexOf ("\n", primeiro);
30.                    tel = ler (primeiro, fim);
31.                    RegAgenda regAg1 = new RegAgenda (nome, end, tel);
32.                    JOptionPane.showMessageDialog(null, "Endereço: " +
33.                    regAg1.mostraEnd() + "\n" + "Telefone: " +
34.                    regAg1.mostraTel());
35.                }else{
36.                    JOptionPane.showMessageDialog(null,
37.                        "Não cadastrado");
38.                }
39.                arqentrada.close ();
40.            }catch (Exception e){
41.                JOptionPane.showMessageDialog(null,
42.                    "Erro de leitura");
43.            }
44.        }
45.        public static String ler(int primeiro, int ultimo){
46.            String dados = "";
47.            dados = memoria.substring(primeiro, ultimo);
48.            return dados;
49.        }
50.    }
```

130 Lógica de programação e estruturas de dados

Na implementação deste exemplo, cria-se uma estrutura chamada `memoria`, que é uma variável de memória do tipo `StringBuffer` (linha 4). Em Java, este tipo de variável é semelhante ao tipo *String*, mas permite uma estrutura de trabalho mais avançada, como a append, que adiciona um novo conteúdo ao já existente, sem perda de dados.

O contêiner de acesso aos dados do arquivo `arqentrada` é declarado como sendo do tipo `BufferedReader`, que usa a classe `FileReader`, em função do acesso aos dados somente para leitura.

A linha 17 define a condicional de uma estrutura de armazenamento de dados, que se repetirá enquanto houver dados a serem lidos, isto é, lerá todos os dados até o fim do arquivo. Esta condicional é equivalente à determinação de EOF (*End Of File*).

A busca do nome na agenda é feita na variável `memoria`, com o método `indexOf`, que recebe `nome` como parâmetro, dado obtido pela entrada de dados, via teclado nas linhas 11 e 12. Este método retorna à posição onde se inicia o caractere pesquisado. As posições são numeradas a partir de 0, significando que o teste de condição, na linha 22, verifica se o valor atribuído inicialmente à variável `inicio` foi alterado. Em caso afirmativo, isto é, se `inicio` é diferente de −1, significa que a sequência de caracteres de nome foi localizada, executando-se os comandos internos do laço.

Para obtermos os dados dos diversos campos, separadamente, buscamos "\t" (tabulação) após a busca para localizar a primeira posição do nome e, assim, obter apenas os caracteres correspondentes. Por exemplo, suponha que fosse incluído o seguinte registro:

```
Gilberto da Silva     Rua A, 203 apto 102     25834911
```

Para obtermos somente o campo nome (Gilberto da Silva), efetuamos a busca passando, para o método `indexOf`, os parâmetros "\t" e `inicio`, que correspondem, respectivamente, à tabulação e à posição em que foi encontrado o primeiro caractere do nome (variável `inicio`). Para obtermos os caracteres referentes ao campo nome, utilizamos o método `ler`, fornecendo como parâmetros as posições de `inicio` e `ultimo`, correspondentes ao primeiro e ao último caractere do nome. Observe também que foram incluídas as variáveis `primeiro` e `ultimo`, que cumprem o papel de obter as posições de início e fim de cada campo, preservando a variável `inicio`, que precisa manter seu valor e será usada nos próximos exemplos.

Uma vez identificadas as posições correspondentes ao início e fim de um campo, estes parâmetros são passados para o método `ler`, como na linha 24, que obtém os caracteres e os retorna em uma *string*.

O método `ler` (linha 45) usa o método `substring` para obter a *string* correspondente ao campo do registro, usando as posições `primeiro` e `ultimo` dentro da `memoria` (contêiner de dados) e armazenando o resultado em `dados`, que é retornada para o método chamador.

Obtidos todos os campos do registro, cada um deles é usado para instanciar o objeto `regAg1`, seguindo os princípios da orientação a objetos, de forma que os métodos da classe `RegAgenda` possam ser utilizados para retornar os valores e exibi-los, conforme ocorre nas linhas 32 a 34.

Foi feito o tratamento do erro capturado, durante a execução do código, exibindo uma mensagem genérica "Erro de leitura" (linhas 40 a 43), que poderá ser modificada, de acordo com a necessidade da aplicação.

8.4.3 OPERAÇÃO DE ALTERAÇÃO EM ARQUIVO SEQUENCIAL

 EXEMPLO 8.3

Construção de uma agenda que armazene nomes, endereços e telefones, com a operação de alteração em arquivo sequencial.

Pseudocódigo:

```
1.    Algoritmo Exemplo8_3
2.    Var tipo reg_agenda = registro
3.                          Nome: caracter
4.                          End: caracter
5.                          Tel: caracter
6.                     Fim_registro
7.       Tipo arq_agenda: arquivo sequencial de reg_agenda
8.       Auxiliar: reg_agenda
9.       Agenda: arq_agenda
10.      Buscar: caracter
11.      Novo_end: caracter
12.      Novo_tel: caracter
13.   Início
14.      Abrir (Agenda)
15.      Ler (Buscar)
16.      Enquanto (Auxiliar.Nome <> Buscar) .e. (Não EOF(Agenda)) faça
17.         Avançar (Agenda)
18.         Copiar (Agenda, Auxiliar)
19.      Fim-Enquanto
20.      Se (Auxiliar.Nome = Buscar) então
21.         Mostrar (Auxiliar.End, Auxiliar.Tel)
22.         Mostrar ("Novo endereço: ")
23.         Ler (Novo_end)
24.         Auxiliar.End ← Novo_end
25.         Mostrar ("Novo telefone: ")
26.         Ler (Novo_tel)
27.         Auxiliar.Tel ← Novo_tel
28.         Armazenar(Agenda, Auxiliar)
29.      Senão
30.         Mostrar ("Não cadastrado")
31.      Fim-Se
32.      Fechar (Agenda)
33.   Fim.
```

No algoritmo do Exemplo 8.3 é feita uma consulta similar à do algoritmo do Exemplo 8.2, apresentando os dados se o registro for encontrado. Para a alteração, devemos declarar as variáveis, que receberão os novos valores, fazer a atribuição e armazenar o resultado, conforme destacamos a seguir:

```
Mostrar("Novo endereço: ")
Ler(Novo_end)
Auxiliar.End ← Novo_end
Armazenar(Agenda, Auxiliar)
```

132 Lógica de programação e estruturas de dados

Java:

```
1.    public class RegAgenda {
2.        private String nome;
3.        private String end;
4.        private String tel;
5.
6.        public RegAgenda (String nome, String end, String tel){
7.            this.nome = nome;
8.            this.end = end;
9.            this.tel = tel;
10.       }
11.       public String mostraNome (){
12.           return nome;
13.       }
14.       public String mostraEnd (){
15.           return end;
16.       }
17.       public String mostraTel (){
18.           return tel;
19.       }
20.       public void alteraEnd (String end){
21.           this.end = end;
22.       }
23.       public void alteraTel (String tel){
24.           this.tel = tel;
25.       }
26.   }
```

A classe RegAgenda sofreu alterações para suportar as novas necessidades do algoritmo. Foram incluídos os métodos alteraEnd e alteraTel (linhas 20 a 25), para que os objetos permitam alterações no endereço e no número do telefone. Assim, para que seja possível a alteração desses atributos, é necessário invocar esses métodos, como será feito no trecho de código a seguir:

```
1.    import javax.swing.JOptionPane;
2.    import java.io.*;
3.    public class Exemplo8_3{
4.        static StringBuffer memoria = new StringBuffer();
5.        static String arquivo = EscolherArquivo.caminho();
6.        public static void main(String[] args){
7.            try{
8.                BufferedReader arqentrada;
9.                arqentrada = new BufferedReader(
10.                   new FileReader(arquivo));
11.               String nome = JOptionPane.showInputDialog(
12.                   "Digite o nome");
13.               nome = nome.toUpperCase();
14.               String linha;
```

Capítulo 8 | Acesso a arquivos e à base de dados   133

```java
15.          String end = "";
16.          String tel = "";
17.          while((linha = arqentrada.readLine()) != null){
18.             memoria.append(linha + "\r\n");
19.          }
20.          int inicio = -1;
21.          inicio = memoria.indexOf (nome);
22.          if (inicio != -1){
23.             int ultimo = memoria.indexOf ("\t", inicio);
24.             nome = ler (inicio, ultimo);
25.             int primeiro = ultimo + 1;
26.             ultimo = memoria.indexOf ("\t", primeiro);
27.             end = ler (primeiro, ultimo);
28.             primeiro = ultimo + 1;
29.             int fim = memoria.indexOf ("\n", primeiro);
30.             tel = ler (primeiro, fim);
31.             RegAgenda regAg1 = new RegAgenda (nome, end, tel);
32.             JOptionPane.showMessageDialog(null,
33.                     regAg1.mostraEnd() + "\n" +
34.                     regAg1.mostraTel());
35.             end = JOptionPane.showInputDialog(
36.                     "Entre com novo endereço");
37.             end = end.toUpperCase();
38.             regAg1.alteraEnd(end);
39.             tel = JOptionPane.showInputDialog(
40.                     "Entre com novo telefone");
41.             regAg1.alteraTel(tel);
42.             memoria.replace(inicio, fim + 1,
43.                     regAg1.mostraNome() + "\t" +
44.                     regAg1.mostraEnd() + "\t" +
45.                     regAg1.mostraTel() + "\r\n");
46.             gravar();
47.             JOptionPane.showMessageDialog(null,
48.                 "Atualização realizada com sucesso");
49.          }else{
50.             JOptionPane.showMessageDialog(null,
51.                 "Não cadastrado");
52.          }
53.          arqentrada.close ();
54.       }catch (Exception e){
55.          JOptionPane.showMessageDialog(null,
56.             "Erro de leitura");
57.       }
58.    }
59.    public static String ler(int primeiro, int ultimo){
60.       String dados = "";
61.       dados = memoria.substring(primeiro, ultimo);
62.       return dados;
```

```
63.        }
64.        public static void gravar(){
65.           try{
66.              BufferedWriter saida;
67.              saida = new BufferedWriter (new FileWriter (arquivo));
68.              saida.write (memoria.toString());
69.              saida.flush();
70.              saida.close();
71.           }catch (Exception erro){
72.              JOptionPane.showMessageDialog(null,
73.                 "Erro de gravação");
74.           }
75.        }
76.     }
```

Observe que, para a execução do programa do Exemplo 8.3, o arquivo da agenda deverá conter, pelo menos, um registro de entrada. Portanto, é necessário executar o programa do Exemplo 8.1 para a inclusão dos registros desejados.

Os mesmos recursos de entrada de dados e busca em arquivo do Exemplo 8.2 foram utilizados. Acrescentamos o método gravar, que declara a classe saida do tipo BufferedWriter, semelhante ao que foi utilizado no Exemplo 8.1, visto que o arquivo da agenda foi aberto, inicialmente, para leitura. O parâmetro arquivo foi passado para o método construtor da classe FileWriter, especificando o caminho do arquivo-texto que está em operação e deve ser mantido. A variável arquivo foi declarada na linha 5 como sendo do tipo static, permitindo que possa ser utilizada tanto na parte principal do programa (método main), quanto no método gravar.

As variáveis inicio e fim se prestam a guardar as posições de início e fim do registro e foram utilizadas para invocar o método replace, nas linhas 42 a 45, que faz a atualização do contêiner dos dados que estão na memória. Para tanto, é necessário identificar corretamente as posições e os dados que serão substituídos. Note que os parâmetros passados para o método são: inicio, fim + 1 e uma string composta pela concatenação regAg1.mostraNome() + "\t" + regAg1.mostraEnd() + "\t" + regAg1.mostraTel() + "\r\n". Como exemplo, vamos supor que o endereço de Gilberto da Silva fosse alterado para Rua Alfazema, 203, mantendo-se o número de telefone 25834911; a *string* resultante, passada para atualização, seria:

        GILBERTO DA SILVA   RUA ALFAZEMA, 203   25834911

Esta *string* deve substituir a que estava no contêiner memoria, devendo-se indicar a posição de início e fim que a *string* ocupava, antes da alteração. A variável inicio representaria a posição da letra G no exemplo, e a variável fim precisa ser acrescida de 1 para englobar a última posição. Os valores dessas variáveis foram obtidos por meio da pesquisa feita em memoria, usando o método indexOf, no trecho entre as linhas 23 e 29.

8.4.4 OPERAÇÃO DE EXCLUSÃO EM ARQUIVO SEQUENCIAL

EXEMPLO 8.4
Construção de uma agenda que armazene nomes, endereços e telefones, com a operação de exclusão em arquivo sequencial.

Pseudocódigo:

```
1.    Algoritmo exemplo8_4
2.    Var tipo reg_agenda = registro
3.                                    Nome: caracter
4.                                    End: caracter
5.                                    Tel: caracter
6.                            Fim_registro
7.        Tipo arq_agenda: arquivo sequencial de reg_agenda
8.        Auxiliar: reg_agenda
9.        Agenda: arq_agenda
10.       Buscar: caracter
11.       Resposta: caracter
12.   Início
13.       Abrir (Agenda)
14.       Ler(Buscar)
15.       Repita
16.          Copiar (Agenda, Auxiliar)
17.          Avançar (Agenda)
18.       Até (Auxiliar.Nome = Buscar) .ou. (EOF(Agenda))
19.       Se (Auxiliar.Nome = Buscar) então
21.          Mostrar (Auxiliar.Nome, Auxiliar.End, Auxiliar.Tel)
22.          Mostrar ("Deseja excluir? (Digite S ou N)")
23.          Ler(Resposta)
24.          Se (Resposta = "S") então
25.              Deletar (Agenda)
26.          Fim-Se
28.       Senão
29.          Mostrar ("Não cadastrado")
30.       Fim-Se
31.       Fechar (Agenda)
32.   Fim
```

Para facilitar o processo de exclusão, é recomendado que seja feita uma busca automática (conforme visto anteriormente no algoritmo do Exemplo 8.2). A exclusão será feita com a instrução `Deletar (nome da variável de arquivo)`.

Uma vez deletado, o registro não pode ser recuperado.

136 Lógica de programação e estruturas de dados

Java:

```java
1.    import javax.swing.JOptionPane;
2.    import java.io.*;
3.    public class Exemplo8_4{
4.       static StringBuffer memoria = new StringBuffer();
5.       static String arquivo = EscolherArquivo.caminho();
6.       public static void main(String[] args){
7.          try{
8.             BufferedReader arqentrada;
9.             arqentrada = new BufferedReader(
10.                new FileReader(arquivo));
11.            String nome = JOptionPane.showInputDialog(
12.               "Digite o nome");
13.            nome = nome.toUpperCase();
14.            String linha;
15.            String end = "";
16.            String tel = "";
17.            while((linha = arqentrada.readLine()) != null){
18.               memoria.append(linha + "\r\n");
19.            }
20.            int inicio = -1;
21.            inicio = memoria.indexOf (nome);
22.            if (inicio != -1){
23.               int ultimo = memoria.indexOf ("\t", inicio);
24.               nome = ler (inicio, ultimo);
25.               int primeiro = ultimo + 1;
26.               ultimo = memoria.indexOf ("\t", primeiro);
27.               end = ler (primeiro, ultimo);
28.               primeiro = ultimo + 1;
29.               int fim = memoria.indexOf ("\n", primeiro);
30.               tel = ler (primeiro, fim);
31.               RegAgenda regAg1 = new RegAgenda (nome, end, tel);
32.               int resp = JOptionPane.showConfirmDialog(null,
33.                  "Deseja excluir?" + "\n" +
34.                  regAg1.mostraNome() + "\n" +
35.                  regAg1.mostraEnd() + "\n" +
36.                  regAg1.mostraTel());
37.               if(resp == 0){
38.                  memoria.delete(inicio, fim + 1);
39.                  gravar();
40.                  JOptionPane.showMessageDialog(null,
41.                     "Atualização realizada com sucesso");
42.               }
43.            }else{
44.               JOptionPane.showMessageDialog(null,
45.                  "Não cadastrado");
46.            }
47.            arqentrada.close ();
```

```
48.          }catch (Exception e){
49.              JOptionPane.showMessageDialog(null,
50.                  "Erro de leitura");
51.          }
52.      }
53.      public static String ler(int primeiro, int ultimo){
54.          String dados = "";
55.          dados = memoria.substring(primeiro, ultimo);
56.          return dados;
57.      }
58.      public static void gravar(){
59.          try{
60.              BufferedWriter saida;
61.              saida = new BufferedWriter (new FileWriter (arquivo));
62.              saida.write (memoria.toString());
63.              saida.flush();
64.              saida.close();
65.          }catch (Exception erro){
66.              JOptionPane.showMessageDialog(null,
67.                  "Erro de gravação");
68.          }
69.      }
70. }
```

Poucas modificações foram necessárias em relação ao código do Exemplo 8.3, para implementar a exclusão de registro. Utilizou-se, para tanto, um inteiro `resp` que recebe a resposta por meio da exibição de uma caixa de diálogo (linhas 32 a 36 e Figura 8.3), que permite a interação com o usuário, ao pedir a confirmação da exclusão.

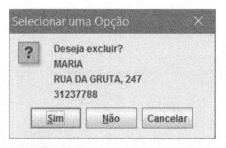

Figura 8.3 Caixa de diálogo de confirmação.

De acordo com o botão acionado pelo usuário, a variável `resp` recebe um valor de retorno: 0 (zero) para `Sim`, 1 para `Não` e 2 para `Cancelar`, permitindo que o resultado da ação possa ser tratado. A exclusão ocorre no trecho de código na linha 38 (exclusão dos caracteres entre as posições `inicio` e `fim + 1`), somente no contêiner `memoria`. A atualização do arquivo ocorre somente quando é chamado o método `gravar`. Note ainda que foi utilizado `fim + 1`, pois a posição `fim` correspondente ao final do registro e não considera o caractere \n.

138 Lógica de programação e estruturas de dados

8.5 REPRESENTAÇÃO DA MANIPULAÇÃO DE ARQUIVOS DE ACESSO ALEATÓRIO

As informações em um arquivo de acesso aleatório têm sua ordem definida por um campo denominado *chave*, que possibilita a identificação do registro e não pode ser repetido. O campo chave deve ser declarado juntamente com as demais variáveis que irão compor o registro e é por meio dele que se faz a busca, diretamente, sem que haja necessidade de que todos os registros anteriores sejam percorridos.

Um arquivo de acesso aleatório pode ser comparado a um CD com músicas, pelo qual se pode ouvir a primeira música, depois saltar para a décima e voltar para a sétima, sem que haja necessidade de percorrer todas as músicas intermediárias.

Para que seja possível a manipulação de arquivos de acesso aleatório, será necessário:

1) Declarar o registro e o arquivo.
2) Declarar as variáveis de arquivo e registro.
3) Abrir o arquivo.
4) Fechar o arquivo.

Estes passos são utilizados para qualquer operação de manipulação de arquivos e já foram explicados anteriormente no algoritmo do Exemplo 8.1.

8.5.1 OPERAÇÃO DE INCLUSÃO EM ARQUIVO DE ACESSO ALEATÓRIO

No Exemplo 8.5, será feita a construção de um cadastro de clientes que armazene código do cliente, nome, telefone e e-mail.

EXEMPLO 8.5

Operação de inclusão em arquivo de acesso aleatório.

Pseudocódigo:

```
1.    Algoritmo Exemplo8_5
2.    Var Tipo reg_cliente = registro
3.                                Cod_cli: inteiro
4.                                Nome: caracter
5.                                Tel: caracter
6.                                Email: caracter
7.                          Fim_registro
8.       Tipo arq_cliente: arquivo direto de reg_cliente
9.       Auxiliar: reg_cliente
10.      Cliente: arq_cliente
11.   Início
12.      Abrir (Cliente)
13.      Ler(Auxiliar.Cod_cli, Auxiliar.Nome, Auxiliar.Tel, Auxiliar.Email)
14.      Posicionar (Cliente, Auxiliar)
15.      Armazenar (Cliente, Auxiliar)
16.      Fechar (Cliente)
17.   Fim.
```

A instrução Posicionar (nome da variável de arquivo, nome da variável de registro) é utilizada para definir a localização do novo registro, corretamente determinada pelo campo chave Cod_cli, cujo armazenamento definitivo acontece por meio da instrução Armazenar (nome da variável de arquivo, nome da variável de registro).

O código a seguir mostra a criação da classe Clientes para dar suporte aos algoritmos que serão desenvolvidos, com a definição dos atributos e a inclusão dos métodos para retornar seus valores, seguindo a mesma ideia do acesso a arquivos sequenciais, comentada anteriormente.

Java:

```
1.    public class Clientes {
2.        private int cod_cli;
3.        private String nome;
4.        private String tel;
5.        private String email;
6.
7.        public Clientes(int cod_cli, String nome, String tel,
8.            String email){
9.            this.cod_cli = cod_cli;
10.           this.nome = nome;
11.           this.tel = tel;
12.           this.email = email;
13.       }
14.       public int mostraCod(){
15.           return cod_cli;
16.       }
17.       public String mostraNome(){
18.           return nome;
19.       }
20.       public String mostraTel(){
21.           return tel;
22.       }
23.       public String mostraEmail(){
24.           return email;
25.       }
26.       public void alteraNome(String nome){
27.           this.nome = nome;
28.       }
29.       public void alteraTel(String tel){
30.           this.tel = tel;
31.       }
32.       public void alteraEmail(String email){
33.           this.email = email;
34.       }
35.    }
```

Lógica de programação e estruturas de dados

A classe `Clientes` será utilizada para inicializar os objetos, suportando operações de exibir e alterar seus atributos, preservando os princípios da orientação a objeto.

O código seguinte corresponde ao algoritmo para a inclusão de novos clientes no arquivo.

```
1.    import javax.swing.JOptionPane;
2.    import java.io.*;
3.    public class Exemplo8_5 {
4.       private static RandomAccessFile arquivo;
5.       public static void main(String[] args){
6.          try{
7.             int cod_cli;
8.             String nome, tel, email;
9.             String caminho = EscolherArquivo.caminho();
10.            arquivo = new RandomAccessFile(new File(caminho), "rw");
11.            long a = arquivo.length();
12.            arquivo.seek(a);
13.            cod_cli = (int)(a / 100 + 1);
14.            gravar(cod_cli);
15.            nome = JOptionPane.showInputDialog(
16.                "Digite o nome");
17.            gravar(nome.toUpperCase(), 20);
18.            tel = JOptionPane.showInputDialog(
19.                "Digite o telefone");
20.            gravar(tel.toUpperCase(), 8);
21.            email = JOptionPane.showInputDialog(
22.                "Digite o e-mail");
23.            gravar(email.toUpperCase(), 20);
24.            arquivo.close();
25.         }catch(IOException e){
26.            JOptionPane.showMessageDialog(null,
27.                "Erro no arquivo");
28.         }
29.      }
30.      public static void gravar(String dado, int tamanho)
31.            throws IOException{
32.            StringBuffer buffer = new StringBuffer(dado);
33.            buffer.setLength(tamanho);
34.            arquivo.writeChars(buffer.toString());
35.      }
36.      public static void gravar(int cod_cli)throws IOException{
37.            arquivo.writeInt(cod_cli);
38.      }
39.   }
```

Existem várias formas para implementar o acesso aleatório em arquivos-texto. Vamos usar uma que grava um número fixo de caracteres, de maneira que a localização de determinado campo possa ser feita, por meio de um deslocamento, nos *bytes* deste arquivo, usando um cálculo simples.

A Tabela 8.3 mostra os nomes e os tamanhos dos campos considerados, e o registro equivale a um total de 100 bytes, somatório de todos os campos. Estamos utilizando uma pequena quantidade de caracteres por campo, por questão de conveniência e simplificação.

Tabela 8.3 Tamanhos e variáveis dos campos.

Campo	Variável	Tamanho	Bytes
Código	cod_cli	inteiro	4
Nome	nome	20 (char)	40
Telefone	tel	8 (char)	16
E-mail	email	20 (char)	40

Para acesso ao arquivo será utilizado um objeto da classe `RandomAccessFile`, declarado na linha 4 e inicializado na linha 10, passando o parâmetro `caminho`, obtido pela classe `EscolherArquivo`, já utilizado nos exemplos anteriores. O arquivo é aberto para escrita e leitura, pela opção `"rw"` passada como parâmetro.

O código do cliente é obtido por meio do cálculo `T / 100 + 1`, onde `T` corresponde ao tamanho do arquivo e `100` ao tamanho do registro, de maneira que, se o tamanho do registro for igual a `300`, existem 3 clientes já registrados e o próximo seria o de número 4. Este cálculo é feito na expressão da linha 13, cujo resultado é atribuído a `cod_cli`.

Para posicionar o ponteiro do arquivo onde a gravação deve ser realizada, usa-se o método `seek` (linha 12), passando como parâmetro a posição correspondente ao registro. Supondo que o arquivo tenha 3 registros, o método da linha 11 retornaria o valor `300` (3 registros de 100) e a posição da próxima gravação seria a `300`. Vale lembrar que a posição inicial do arquivo é numerada a partir de 0.

Criamos dois métodos `gravar`, para atender às necessidades dos tipos de dados utilizados no exemplo: um que recebe uma *string*, cujo tamanho é especificado e passado como parâmetro, e outro para gravar um inteiro, que usa o tamanho padrão.

O método que grava uma *string* usa um *buffer* de caracteres que recebe em sua inicialização a *string* `dado`. Este *buffer* tem a vantagem de que pode ser redefinido, após a inicialização, de forma a limitar o tamanho de caracteres e atender à necessidade da limitação do tamanho do campo do registro, o que é feito pela instrução da linha 33. A gravação ocorre utilizando-se o método `writeChars` da linha 34, que transfere o conjunto de caracteres do `buffer` para o arquivo.

8.5.2 OPERAÇÃO DE CONSULTA EM ARQUIVO DE ACESSO ALEATÓRIO

EXEMPLO 8.6
Operação de consulta em arquivo de acesso aleatório.

Pseudocódigo:

```
1.    Algoritmo Exemplo8_6
2.    Var tipo reg_cliente = registro
3.                                      Cod_cli: inteiro
4.                                      Nome: caracter
5.                                      Tel: caracter
6.                                      Email: caracter
7.                              Fim_registro
8.        Tipo arq_cliente: arquivo direto de reg_cliente
9.        Auxiliar: reg_cliente
10.       Cliente: arq_cliente
11.       Consulta_codcli: inteiro
12.   Início
13.       Abrir (Cliente)
14.       Ler (Consulta_codcli)
15.       Se (Consulta_codcli = Auxiliar.Cod_cli) então
16.          Posicionar(Cliente, Auxiliar.Cod_cli)
17.       Senão
18.          Mostrar("Registro não cadastrado")
19.       Fim-Se
20.       Fechar (Cliente)
21.   Fim.
```

O acesso direto/aleatório ao registro a ser consultado é feito por meio do campo chave.

Java:

```
1.    import javax.swing.JOptionPane;
2.    import java.io.*;
3.    public class Exemplo8_6 {
4.        private static RandomAccessFile arquivo;
5.        public static void main(String[] args){
6.           try{
7.              int cod_cli;
8.              long a;
9.              String caminho = EscolherArquivo.caminho();
10.             arquivo = new RandomAccessFile(new File(caminho), "rw");
11.             String codigo = JOptionPane.showInputDialog(
12.                 "Digite o código");
13.             cod_cli = Integer.parseInt(codigo);
14.             a = (cod_cli - 1) * 100;
```

```
15.           if(a < arquivo.length()){
16.              arquivo.seek(a);
17.              if(cod_cli == arquivo.readInt())
18.                 JOptionPane.showMessageDialog(null,
19.                    "Registro cadastrado");
20.              else
21.                 JOptionPane.showMessageDialog(null,
22.                    "Registro não cadastrado");
23.           }else
24.              JOptionPane.showMessageDialog(null,
25.                 "Registro não cadastrado");
26.           arquivo.close();
27.        }catch(IOException e){
28.           JOptionPane.showMessageDialog(null,
29.              "Erro no arquivo");
30.        }
31.     }
32. }
```

A implementação da busca é feita por meio do código do cliente, que é obtido por digitação e convertido para a posição correspondente que este deveria ocupar no arquivo, usando a expressão da linha 14: a = (cod_cli - 1) * 100. Considerando que o valor digitado foi 4, a posição do primeiro *byte* do registro no arquivo corresponderia a 300, conforme visto no exemplo anterior.

Duas verificações são feitas: uma na linha 15, que confere se a posição obtida não está fora dos limites do arquivo, o que provocaria erro de leitura, e outra na linha 17, confirmando se o número digitado é igual ao lido no arquivo, pelo método readInt(), garantindo que ele equivale ao solicitado pelo usuário.

8.5.3 OPERAÇÃO DE ALTERAÇÃO EM ARQUIVO DE ACESSO ALEATÓRIO

EXEMPLO 8.7
Operação de alteração em arquivo de acesso aleatório.

Pseudocódigo:

```
1.    Algoritmo Exemplo8_7
2.    Var Tipo reg_cliente = registro
3.                                     Cod_cli: inteiro
4.                                     Nome: caracter
5.                                     Tel: caracter
6.                                     Email: caracter
7.                              Fim_registro
8.    Tipo arq_cliente : arquivo direto de reg_cliente
9.    Auxiliar : reg_cliente
10.   Cliente : arq_cliente
```

144 Lógica de programação e estruturas de dados

```
11.        Altera_codcli: inteiro
12.        novo_nome, novo_tel, novo_email : caracter
13.   Início
14.      Abrir (Cliente)
15.      Ler (Altera_codcli)
16.      Se (Altera_codcli = Auxiliar.Cod_cli) então
17.         Posicionar(Cliente, Auxiliar.Cod_cli)
18.         Mostrar(Auxiliar.Nome, Auxiliar.Tel, Auxiliar.Email)
19.         Ler(novo_nome, novo_tel, novo_email)
20.         Auxiliar.Nome ← novo_nome
21.         Auxiliar.Tel ← novo_tel
22.         Auxiliar.Email ← novo_email
23.         Armazenar(Cliente, Auxiliar)
24.      Senão
25.         Mostrar("Registro não cadastrado")
26.      Fim-Se
27.      Fechar (Cliente)
28.   Fim.
```

Java:

```java
1.    import javax.swing.JOptionPane;
2.    import java.io.*;
3.    public class Exemplo8_7 {
4.       private static RandomAccessFile arquivo;
5.       public static void main(String[] args){
6.          try{
7.             int cod_cli, alteraCod_cli;
8.             String nome, tel, email, codigo;
9.             long a;
10.            String caminho = EscolherArquivo.caminho();
11.            arquivo = new RandomAccessFile(new File(caminho), "rw");
12.            codigo = JOptionPane.showInputDialog(
13.                  "Digite o código");
14.            alteraCod_cli = Integer.parseInt(codigo);
15.            a = (alteraCod_cli - 1) * 100;
16.            if(a < arquivo.length()){
17.               arquivo.seek(a);
18.               cod_cli = arquivo.readInt();
19.               if(alteraCod_cli == cod_cli){
20.                  nome = ler(20);
21.                  tel = ler(8);
22.                  email = ler(20);
23.                  Clientes cli = new Clientes(cod_cli, nome, tel, email);
24.                  JOptionPane.showMessageDialog(null,
25.                        "Nome: " + cli.mostraNome() + "\n" +
26.                        "Telefone: " + cli.mostraTel() + "\n" +
27.                        "E-mail: " + cli.mostraEmail());
28.                  nome = JOptionPane.showInputDialog(
```

Capítulo 8 | Acesso a arquivos e à base de dados **145**

```java
29.                          "Digite novo nome");
30.                  cli.alteraNome(nome.toUpperCase());
31.                  tel = JOptionPane.showInputDialog(
32.                          "Digite novo telefone");
33.                  cli.alteraTel(tel);
34.                  email = JOptionPane.showInputDialog(
35.                          "Digite novo e-mail");
36.                  cli.alteraEmail(email.toUpperCase());
37.                  arquivo.seek(a);
38.                  gravar(cli.mostraCod());
39.                  gravar(cli.mostraNome(), 20);
40.                  gravar(cli.mostraTel(), 8);
41.                  gravar(cli.mostraEmail(), 20);
42.              }else
43.                  JOptionPane.showMessageDialog(null,
44.                      "Registro não cadastrado");
45.          }else
46.              JOptionPane.showMessageDialog(null,
47.                  "Registro não cadastrado");
48.          arquivo.close();
49.      }catch(IOException e){
50.          JOptionPane.showMessageDialog(null,
51.              "Erro no arquivo");
52.      }
53.  }
54.  public static String ler(int quant)throws IOException{
55.      char letra;
56.      String texto = "";
57.      for(int i = 0; i < quant; i++){
58.          letra = arquivo.readChar();
59.          if(letra != '\u0000')
60.              texto += letra;
61.      }
62.      return texto;
63.  }
64.  public static void gravar(String dado, int tamanho)
65.          throws IOException{
66.      StringBuffer buffer = new StringBuffer(dado);
67.      buffer.setLength(tamanho);
68.      arquivo.writeChars(buffer.toString());
69.  }
70.  public static void gravar(int cod_cli)throws IOException{
71.      arquivo.writeInt(cod_cli);
72.  }
73.  }
```

O código Java do Exemplo 8.7 implementa a busca com base em um número de cliente, conforme o exemplo anterior, utilizando o método `seek()`, que posiciona o ponteiro do arquivo no registro desejado, caso ele esteja dentro da faixa de 0 até o final (`arquivo.length`). Uma vez posicionado, a leitura do código do cliente pode ser feita e comparada com o código digitado pelo usuário. Confirmando essa igualdade, as leituras dos caracteres podem ser feitas.

O método `ler()` é acionado, efetuando a leitura, caractere a caractere, por meio de um laço, que executa a quantidade de vezes de acordo com o tamanho do campo fornecido por meio do parâmetro `quant`. Cada caractere é armazenado na variável `letra` do tipo `char`, que, após a verificação, se não for um caractere nulo (`letra != '\u0000'`), é concatenada à variável `texto` do tipo `String`. O caractere lido pode ser um valor nulo, visto que, no momento da entrada de dados, a quantidade de caracteres digitada pode ter sido inferior à quantidade total do campo, sendo o restante preenchido com nulos (veja Exemplo 8.5).

O texto retornado pelo método `ler()` é atribuído à respectiva variável, que será utilizada para instanciar um objeto da classe `Clientes` (linha 23). O objeto é utilizado para a exibição dos atributos, linhas 24 até 27 e, posteriormente, para realizar as operações de alteração (linhas 28 a 36).

Após as atualizações dos atributos, é necessário gravar o registro no arquivo, porém é preciso reposicioná-lo no início do registro original, pois as leituras sucessivas alteram o ponteiro, o que é feito pela instrução da linha 37. As chamadas ao método de gravação são feitas nas linhas 38 a 41, de maneira semelhante ao que foi feito no Exemplo 8.5.

8.5.4 OPERAÇÃO DE EXCLUSÃO EM ARQUIVO DE ACESSO ALEATÓRIO

EXEMPLO 8.8
Operação de exclusão em arquivo de acesso aleatório.

Pseudocódigo:

```
1.    Algoritmo Exemplo8_8
2.    Var tipo reg_cliente = registro
3.                                    Cod_cli: inteiro
4.                                    Nome: caracter
5.                                    Tel: caracter
6.                                    Email: caracter
7.                              Fim_registro
8.        Tipo arq_cliente: arquivo direto de reg_cliente
9.        Auxiliar: reg_cliente
10.       Cliente: arq_cliente
11.       Consulta_codcli: inteiro
12.       Resposta: caracter
13.   Início
14.       Abrir (Cliente)
15.       Ler (Consulta_codcli)
```

Capítulo 8 | Acesso a arquivos e à base de dados 147

```
16.      Se (Consulta_codcli = Auxiliar.Cod_cli) então
17.         Posicionar (Cliente, Auxiliar.Cod_cli)
18.         Mostrar ("Deseja Excluir? S/N") Ler(Resposta)
19.         Se (Resposta = "S") então
20.            Deletar (Cliente,Auxiliar)
21.         Fim-Se
22.      Senão
23.         Mostrar("Registro não cadastrado")
24.      Fim-Se
25.      Fechar (Cliente)
26.   Fim.
```

Java:

```java
1.    import javax.swing.JOptionPane;
2.    import java.io.*;
3.    public class Exemplo8_8 {
4.       private static RandomAccessFile arquivo;
5.       public static void main(String[] args){
6.          try{
7.             int cod_cli, consultaCod_cli;
8.             long a;
9.             String codigo, nome;
10.            String caminho = EscolherArquivo.caminho();
11.            arquivo = new RandomAccessFile(new File(caminho), "rw");
12.            codigo = JOptionPane.showInputDialog(
13.                "Digite o código");
14.            consultaCod_cli = Integer.parseInt(codigo);
15.            a = (consultaCod_cli - 1) * 100;
16.            if(a < arquivo.length()){
17.               arquivo.seek(a);
18.               cod_cli = arquivo.readInt();
19.               if(consultaCod_cli == cod_cli){
20.                  nome = ler(20);
21.                  int resp = JOptionPane.showConfirmDialog(null,
22.                      "Deseja excluir?" + "\n" +
23.                      "Código: " + cod_cli + "\n" +
24.                      "Nome: " + nome);
25.                  if(resp == 0){
26.                     cod_cli = 0;
27.                     arquivo.seek(a);
28.                     gravar(cod_cli);
29.                     JOptionPane.showMessageDialog(null,
30.                         "Atualização realizada com sucesso");
31.                  }else
32.                     JOptionPane.showMessageDialog(null,
33.                         "Operação cancelada");
34.               }else
35.                  JOptionPane.showMessageDialog(null,
```

148 Lógica de programação e estruturas de dados

```
36.                        "Registro não cadastrado");
37.            }else
38.                JOptionPane.showMessageDialog(null,
39.                    "Registro não cadastrado");
40.            arquivo.close();
41.        }catch(IOException e){
42.            JOptionPane.showMessageDialog(null,
43.                "Erro no arquivo");
44.        }
45.    }
46.    public static String ler(int quant)throws IOException{
47.        char letra;
48.        String texto = "";
49.        for(int i = 0; i < quant; i++){
50.            letra = arquivo.readChar();
51.            if(letra != '\u0000')
52.                texto += letra;
53.        }
54.        return texto;
55.    }
56.    public static void gravar(int cod_cli)throws IOException{
57.        arquivo.writeInt(cod_cli);
58.    }
59. }
```

Neste exemplo, fazemos a busca do código do cliente, como no exemplo anterior. Obtemos, assim, o início do registro a ser excluído, o código do cliente existente no arquivo pelo método readInt() (linha 18), o nome do cliente (linha 20), para exibi-los no pedido de confirmação ao usuário (linhas 21 a 24). Se a resposta obtida, por meio da caixa de confirmação de exclusão, for Sim, que corresponde ao retorno da opção 0 (zero) em resp (linha 25), atribui-se o valor zero à variável cod_cli, que será passada para gravação na linha 28, após o posicionamento correto do ponteiro do arquivo feito na linha 27.

Utiliza-se a estratégia de gravação do valor 0 (zero) no lugar do código, visto que a exclusão do registro não pode ser feita, já que existe um vínculo da posição deste com o código do cliente.

8.6 ACESSO À BASE DE DADOS

Uma base de dados é uma coleção organizada de dados, um conjunto de arquivos controlados por um Sistema Gerenciador de Banco de Dados (SGBD) que disponibiliza mecanismos para armazenamento, recuperação e modificação desses dados, para muitos usuários, sem que eles tenham a preocupação com a sua representação interna.

Java possui uma interface de programação de aplicações (API, do inglês *Application Programming Interface*) chamada Java Database Connectivity (JDBC) que faz parte do pacote `java.sql`, com um conjunto de classes e métodos, para se comunicar com os SGBD. Essa comunicação ocorre por meio de *drivers*, desenvolvidos pelas empresas que distribuem ou comercializam seus sistemas gerenciadores de bases de dados. O *driver* tem funcionalidade similar aos softwares, que possibilitam a interligação de um computador e seus periféricos, pois é ele que faz a ponte entre o sistema operacional e o equipamento conectado. A Figura 8.4 mostra, de forma esquemática, essa interligação.

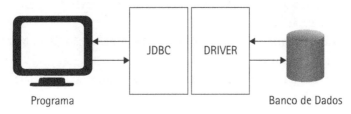

Figura 8.4 Interface com o banco de dados.

8.6.1 BANCOS DE DADOS RELACIONAIS

A maioria dos bancos de dados comercialmente utilizados são denominados relacionais, pois organizam os dados associando-os uns aos outros, independentemente de sua estrutura física. Os mais conhecidos são: Oracle®, Microsoft SQL Server®, Sybase®, IBM DB2®, Informix®, PostgreeSQL® e MySQL®.

Este tipo de banco armazena os dados em tabelas, formadas por linhas e colunas, como mostra a Tabela 8.4.

Tabela 8.4 Banco de dados relacional.

		Colunas			
	idContato	Nome	Tipo	Email	Tel
Linhas	1	Pedro	Amigo	pedro@mail.com.br	27867766
	2	Maria	Prima	mariarm@mail.com.br	31237788
	3	Gilberto	Amigo	gilsouza@mail.com.br	28966998
	4	João	Colega	jcorreia@mail.com.br	23845755
	5	Regina	Tia	tiaregina@mail.com.br	35155677

A tabela, que representa os contatos de uma agenda, é formada por linhas, cada uma correspondendo a uma entrada de contato, e as colunas, aos campos de dados ou atributos. A primeira coluna, `idContato`, tem uma função importante, servindo de identificador ou chave primária, elemento que garante referência única a cada um dos contatos.

8.6.2 SQL (STRUCTURED QUERY LANGUAGE)

SQL é a linguagem estruturada de consulta de dados para acesso aos bancos relacionais, padronizada internacionalmente. Trata-se de uma linguagem declarativa, pois suas instruções são constituídas por cláusulas construídas a partir de palavras-chave. Possui diversos comandos, divididos em quatro categorias:

a) Data Definition Language (DDL), cujas declarações são utilizadas para determinar a estrutura da base de dados, criando tabelas, *views*, índices etc.
b) Data Control Language (DCL), constituída por instruções de definição a regras de acesso, tais como os usuários e suas permissões.
c) Data Transaction Language (DTL), utilizada para a definição de transações, operações atômicas na base de dados.
d) Data Manipulation Language (DML), parte que é composta das declarações para manipular os dados do banco.

Como o nosso objetivo é tratar do acesso aos dados por meio dos algoritmos, vamos mostrar apenas as declarações mais utilizadas da DML, necessárias para as operações de inclusão, consulta, alteração e exclusão. As demais, bem como as destinadas à definição (DDL), ao controle (DCL) e às transações (DTL) do banco de dados, não serão objeto de nosso estudo.

8.7 OPERAÇÕES DE MANIPULAÇÃO EM BASES DE DADOS

As principais declarações DML que utilizamos são as apresentadas a seguir, usando como base a Tabela 8.5.

Tabela 8.5 Tabela de contatos.

idContato	Nome	Tipo	Email	Tel
1	Pedro	Amigo	pedro@mail.com.br	27867766
2	Maria	Prima	mariarm@mail.com.br	31237788
3	Gilberto	Amigo	gilsouza@mail.com.br	28966998
4	João	Colega	jcorreia@mail.com.br	23845755
5	Regina	Tia	tiaregina@mail.com.br	35155677

```
SELECT * FROM contatos;
```
Esta declaração SQL é utilizada para recuperar todos os dados da tabela `contatos`, selecionando todas as linhas e colunas, uma vez que utiliza o caractere asterisco (*). A listagem resultante seria a da Figura 8.5.

idContato	Nome	Tipo	Email	Tel
1	Pedro	Amigo	pedro@mail.com.br	27867766
2	Maria	Prima	mariarm@mail.com.br	31237788
3	Gilberto	Amigo	gilsouza@mail.com.br	28966998
4	João	Colega	jcorreia@mail.com.br	23845755
5	Regina	Tia	tiaregina@mail.com.br	35155677

Figura 8.5 Listagem dos dados.

```
SELECT * FROM contatos WHERE Tipo = "Amigo";
```

Para selecionar parte dos dados de uma tabela, podemos usar a instrução `SELECT`, com a cláusula `WHERE`, que faz associações de dados com campos específicos da tabela, obtendo como resultado a listagem da Figura 8.6.

idContato	Nome	Tipo	Email	Tel
1	Pedro	Amigo	pedro@mail.com.br	27867766
3	Gilberto	Amigo	gilsouza@mail.com.br	28966998

Figura 8.6 Listagem dos dados.

```
INSERT INTO contatos(Nome, Tipo, Email, Tel)
    VALUES("Paulo", "Colega", "Paulo_c@mail.com.br", "33511870");
```

Esta declaração SQL possibilita a inclusão de um novo contato em nossa tabela. Na declaração, indicamos os campos e os respectivos dados que serão inseridos, na ordem em que foram declarados, no primeiro conjunto de parênteses. O campo `idContato` é gerado automaticamente pelo banco, chamado de `auto incremento`, não precisando ser informado. O resultado da execução desta instrução pode ser visto na listagem da Figura 8.7.

idContato	Nome	Tipo	Email	Tel
1	Pedro	Amigo	pedro@mail.com.br	27867766
2	Maria	Prima	mariarm@mail.com.br	31237788
3	Gilberto	Amigo	gilsouza@mail.com.br	28966998
4	João	Colega	jcorreia@mail.com.br	23845755
5	Regina	Tia	tiaregina@mail.com.br	35155677
6	Paulo	Colega	paulo_c@mail.com.br	33511870

Figura 8.7 Listagem dos dados.

```
UPDATE contatos SET Nome = "Gilson" WHERE IdContato = 3;
```

A atualização de dados é possível por meio da instrução `UPDATE`, que permite indicar o campo e o dado que será substituído, e podemos alterar um ou mais deles, conforme a necessidade. Essa declaração deve incluir a cláusula `WHERE`, que indica a referência para o contato ou a linha que será afetada. Listando todos os contatos, após a alteração, temos o resultado apresentado na Figura 8.8.

idContato	Nome	Tipo	Email	Tel
1	Pedro	Amigo	pedro@mail.com.br	27867766
2	Maria	Prima	mariarm@mail.com.br	31237788
3	Gilson	Amigo	gilsouza@mail.com.br	28966998
4	João	Colega	jcorreia@mail.com.br	23845755
5	Regina	Tia	tiaregina@mail.com.br	35155677
6	Paulo	Colega	paulo_c@mail.com.br	33511870

Figura 8.8 Listagem dos dados.

```
DELETE FROM contatos WHERE IdContato = 4;
```

Esta declaração faz a exclusão de um contato de nossa tabela, indicado pela cláusula WHERE. Precisa-se tomar um cuidado especial com essa instrução, pois uma referência inadequada pode provocar a exclusão de linhas indesejadas. Supondo que indiquemos a cláusula WHERE Tipo = "Amigo"; neste caso, pelo menos dois contatos seriam excluídos, os de número 1 e 3. Vejamos a listagem resultante na Figura 8.9.

idContato	Nome	Tipo	Email	Tel
1	Pedro	Amigo	pedro@mail.com.br	27867766
2	Maria	Prima	mariarm@mail.com.br	31237788
3	Gilson	Amigo	gilsouza@mail.com.br	28966998
5	Regina	Tia	tiaregina@mail.com.br	35155677
6	Paulo	Colega	paulo_c@mail.com.br	33511870

Figura 8.9 Listagem dos dados.

Para mais informações sobre bancos de dados e declarações SQL, consulte: PUGA, Sandra; FRANÇA, Edson; GOYA, Milton. *Banco de dados*: implementação em SQL, PL/SQL e Oracle 11g. São Paulo: Pearson, 2014.

8.7.1 OPERAÇÃO DE INCLUSÃO EM UMA TABELA

Para exemplificar a execução da inclusão em uma base de dados, por meio de um algoritmo, vamos utilizar nossa tabela de contatos (Figura 8.5) e a declaração SQL apresentada anteriormente: INSERT INTO contatos(Nome, Tipo, Email, Tel) VALUES("Paulo", "Colega", "paulo_c@mail.com.br", "33511870").

Capítulo 8 | Acesso a arquivos e à base de dados

EXEMPLO 8.9
Operação de inclusão em uma base de dados.

Pseudocódigo:

```
1.     Algoritmo Exemplo8_9
2.     Var
3.         Nome, Tipo, Email, Tel, SQL: caracter
4.         Conexao: conexao
5.         Base: banco_dados
6.     Início
7.         Conexao ← "servidor=localhost, usuario=root, senha=pwr"
8.         Base ← "instância do banco"
9.         Conectar (Base, Conexao)
10.        Mostrar ("Digite os dados do novo contato")
11.        Mostrar ("Nome: ")
12.        Ler (Nome)
13.        Mostrar ("Tipo: ")
14.        Ler (Tipo)
15.        Mostrar ("E-mail: ")
15.        Ler (Email)
16.        Mostrar ("Telefone: ")
17.        Ler (Tel)
18.        SQL ← "INSERT INTO contatos(Nome, Tipo, Email, Tel) VALUES(Nome,
               Tipo, Email, Tel)"
19.        Executar (SQL)
20.        Fechar (Base, Conexao)
21.    Fim.
```

Neste algoritmo, na linha 3, declaramos as variáveis para receber os dados da nova entrada, em nossa tabela de contatos e, além disso, incluímos a variável SQL, que recebe a *string* relativa à declaração que é executada para a inclusão de dados no banco. Nas linhas 4 e 5, criamos as variáveis para estabelecer a conexão, sendo que a variável Conexao recebe os dados de servidor, usuário e senha, relativos ao banco de dados que será acessado, considerando que se trata do computador local (localhost); e a variável Base faz a associação ao serviço que está sendo executado.

A conexão com o banco é aberta na linha 9 e fechada na linha 20, requisito importante a ser observado neste tipo de acesso, de forma a evitar que conexões permaneçam abertas desnecessariamente. A inclusão dos dados na tabela de contatos ocorre mediante a instrução executada na linha 19, que passa a variável SQL como parâmetro e que possui as informações necessárias para que o SGBD conclua a operação.

154 Lógica de programação e estruturas de dados

Java

```java
1.    public class Contato {
2.        private int IdContato;
3.        private String Nome;
4.        private String Tipo;
5.        private String Email;
6.        private String Tel;
7.
8.        public int getIdContato() {
9.            return IdContato;
10.       }
11.       public void setIdContato(int idContato) {
12.           IdContato = idContato;
13.       }
14.       public String getNome() {
15.           return Nome;
16.       }
17.       public void setNome(String nome) {
18.           Nome = nome;
19.       }
20.       public String getTipo() {
21.           return Tipo;
22.       }
23.       public void setTipo(String tipo) {
24.           Tipo = tipo;
25.       }
26.       public String getEmail() {
27.           return Email;
28.       }
29.       public void setEmail(String email) {
30.           Email = email;
31.       }
32.       public String getTel() {
33.           return Tel;
34.       }
35.       public void setTel(String tel) {
36.           Tel = tel;
37.       }
38.   }
```

Para representar a estrutura dos contatos de nossa agenda em Java, utilizamos a classe Contato, que possui os atributos Nome, Tipo, Email e Tel. Para cada atributo, geramos os métodos de acesso, denominados get (responsável pelo retorno do valor do atributo) e set (que faz a atribuição do valor recebido ao respectivo atributo, prática comum nos sistemas orientados a objetos). Desta forma, o atributo Nome possui dois assessores: public String getNome() e public void setNome(String nome) (linhas 14 e 17).

```
1.   import java.sql.*
2.   public Connection geraConexao(){
3.      Connection conexao = null;
4.      try{
5.         Class.forName("com.mysql.jdbc.Driver");
6.         String url = "jdbc:mysql://localhost/agenda";
7.         String usuario = "root";
8.         String senha = "Steve2402";
9.         conexao = DriverManager.getConnection(url, usuario, senha);
10.     }catch (ClassNotFoundException e) {
11.        System.out.println("Classe não encontrada. Erro: " +
12.           e.getMessage());
13.     } catch (SQLException e) {
14.        System.out.println("Ocorreu um erro de SQL. Erro: " +
15.           e.getMessage());
16.     }
17.     return conexao;
18.  }
```

O método `geraConexao()` é o responsável por estabelecer o acesso ao banco de dados, passando os parâmetros `url`, `usuario` e `senha` para o método `getConnection` da classe `DriverManager`, do pacote `java.sql` (declaração `import java.sql.*`). A este conjunto de parâmetros denominamos *string de conexão*, que varia de um banco para outro; neste exemplo, usamos uma compatível com o *driver* do MySQL, incluído no pacote de programas da Integrated Development Environment (IDE), utilizada para elaboração dos algoritmos. Os *drivers* são empacotados em arquivos com a extensão .jar e são obtidos dos fornecedores dos bancos de dados, e as instruções para instalação e configuração devem ser consultadas no site da empresa que disponibiliza a IDE utilizada.

As instruções `try` e `catch` tratam as exceções, em um determinado trecho de código (linhas 5 a 9), apresentando mensagens de erro mais claras para o usuário, compatíveis com os problemas observados, tanto para estabelecer a conexão, como na execução da declaração SQL.

Para saber mais sobre tratamento de erros na linguagem de programação Java, consulte: DEITEL, Paul; DEITEL, Harvey. *Java*: como programar. 10. ed. São Paulo: Pearson, 2016.

```
1.   import java.util.Scanner;
2.   public void incluir(){
3.      Contato contato = new Contato();
4.      Scanner sc = new Scanner(System.in);
5.      System.out.println("Digite os dados do novo contato");
6.      System.out.print("Nome: ");
7.      contato.setNome(sc.nextLine());
8.      System.out.print("Tipo: ");
9.      contato.setTipo(sc.nextLine());
10.     System.out.print("E-mail: ");
11.     contato.setEmail(sc.nextLine());
```

156 Lógica de programação e estruturas de dados

```
12.        System.out.print("Telefone: ");
13.        contato.setTel(sc.nextLine());
14.        Connection conexao = this.geraConexao();
15.        PreparedStatement insereSt = null;
16.        String sql = "INSERT INTO contatos(Nome, Tipo, Email, Tel)"
17.          +" values(?, ?, ?, ?)";
18.        try{
19.           insereSt = conexao.prepareStatement(sql);
20.           insereSt.setString(1, contato.getNome());
21.           insereSt.setString(2, contato.getTipo());
22.           insereSt.setString(3, contato.getEmail());
23.           insereSt.setString(4, contato.getTel());
24.           insereSt.executeUpdate();
25.        }catch (SQLException e){
26.           System.out.println("Erro ao incluir contato. Mensagem: " +
27               e.getMessage());
28.        }finally{
29.           try{
30.              insereSt.close();
31.              conexao.close();
32.           }catch (Throwable e){
33.              System.out.println("Erro ao fechar operações de inclusão.
34.                 +" Mensagem: " + e.getMessage());
35.           }
36.        }
37.        sc.close();
38.    }
```

O trecho de código declara o método `incluir()` (linha 2), que instancia um objeto da classe `Contato` (linha 3), o qual recebe os valores dos atributos, por meio dos assessores `set`, como ocorre na linha 7. O método `setNome(sc.nextLine)` utiliza um objeto da classe `Scanner`, declarado na linha 4, que pertence ao pacote `java.util`, para realizar a leitura das entradas feitas pelo teclado. Na linha 14, criamos um objeto `conexao`, do tipo `Connection`, para receber uma conexão gerada pelo método `geraConexao()`, exibido no trecho de código anterior. Outra classe importante utilizada neste algoritmo é a `PreparedStatement`, cujo objeto (`insereSt`) é utilizado para montar uma *string* na variável `sql`. A associação entre o objeto `insereSt`, a conexão estabelecida (`conexao`) e o *string* `sql` é definida nas instruções das linhas 16 e 17. Vamos analisar esta *string*:

```
INSERT INTO contatos(Nome, Tipo, Email, Tel) values(?, ?, ?, ?)
```

Esta sequência de caracteres é semelhante ao nosso exemplo de declaração SQL para inclusão de dados em um banco, porém os valores que deveriam ser passados foram substituídos por sinais de interrogação. Observe que são quatro sinais, separados por vírgulas, equivalentes à quantidade de parâmetros necessários. Neste ponto, entra em ação o método chamado na linha 20:

```
insereSt.setString(1, contato.getNome())
```

O método setString passa para insereSt o valor do atributo Nome, obtido pelo método getNome() da classe contato, que ocupará a posição 1, relativa ao primeiro sinal de interrogação na *string* sql, e os demais parâmetros são passados entre as linhas 21 e 23.

A instrução para a execução da declaração SQL, na linha 24, chama o método executeUpdate() do objeto insereSt, que pode ser utilizado para declarações DML, como INSERT, UPDATE ou DELETE, que não retornam qualquer resultado.

8.7.2 OPERAÇÃO DE CONSULTA EM UMA TABELA

A consulta na tabela contatos da base de dados (Figura 8.9), por meio de um algoritmo, pode ser feita pela declaração SQL apresentada anteriormente: SELECT * FROM contatos.

EXEMPLO 8.10
Operação de consulta em uma base de dados.

Pseudocódigo:

```
1.     Algoritmo Exemplo8_10
2.     Var
3.         SQL: caracter
4.         rs: resultado
5.         num: inteiro
6.         Conexao: conexao
7.         Base: banco_dados
8.     Início
9.         Conexao ← "servidor=localhost, usuario=root, senha=pwr"
10.        Base ← "instância do banco"
11.        Conectar (Base, Conexao)
12.        SQL ← "SELECT * FROM contatos"
13.        rs ← Executar (SQL)
14.        num ← 0
15.        Mostrar ("Exibindo os contatos cadastrados:")
16.        Repita
17.            Mostrar (rs.idContato, "|", rs.Nome, "|", rs.Tipo, "|",
                        rs.Email, "|", rs.Tel, "|")
18.            num ← num + 1
19.        Até (EOF(rs))
20.        Mostrar ("Número de linhas: ", num))
21.        Fechar (Base, Conexao)
22.     Fim.
```

Neste exemplo, usamos as mesmas variáveis do algoritmo de inclusão para conexão ao banco de dados, porém, por tratar-se de uma consulta, declaramos a variável rs do tipo resultado, funcionando como um registro de memória e recebendo os dados da

158 Lógica de programação e estruturas de dados

declaração SQL executada por meio da instrução na linha 13. Utilizamos também uma estrutura de repetição para exibir o resultado da operação de consulta, que executa o conjunto de instruções até o final do registro (EOF(rs)), com a variável num fazendo o papel de contador.

Java:

```java
1.    public void listar(){
2.        Connection conexao = this.geraConexao();
3.        Statement consulta = null;
4.        ResultSet rs = null;
5.        String sql = "SELECT * FROM contatos";
6.        try{
7.            consulta = conexao.createStatement();
8.            rs = consulta.executeQuery(sql);
9.            int num = 0;
10.           System.out.println("Exibindo os contatos cadastrados:");
11.           while (rs.next()){
12.               System.out.printf("%d %s", rs.getInt("IdContato"), "|");
13.               System.out.printf("%-10s %s", rs.getString("Nome"), "|");
14.               System.out.printf("%-10s %s", rs.getString("Tipo"), "|");
15.               System.out.printf("%-45s %s", rs.getString("Email"), "|");
16.               System.out.printf("%-10s %s", rs.getString("Tel"), "|\n");
17.               num++;
18.           }
19.           System.out.println("Número de linhas: " + num);
20.       }catch (SQLException e){
21.           System.out.println("Erro ao buscar contato."
22.               + " Mensagem: " + e.getMessage());
23.       }finally{
24.           try{
25.               consulta.close();
26.               rs.close();
27.               conexao.close();
28.           }catch (Throwable e){
29.               System.out.println("Erro ao fechar operações de consulta."
30.                   + " Mensagem: " + e.getMessage());
31.           }
32.       }
33.   }
```

O método `listar()`, deste trecho de código, utiliza os mesmos recursos para conexão ao banco de dados e acrescenta, a exemplo do algoritmo em pseudocódigo, um `ResultSet`, que recebe os dados resultantes da execução do código da linha 8. O método `executeQuery(sql)` é indicado para este tipo de acesso à base, diferentemente do utilizado no exemplo anterior (executeUpdate), pois passa como parâmetro uma declaração (sql) que retorna dados que precisam de tratamento. O objeto rs tem métodos que permitem a recuperação de dados com base em um identificador, como em rs.getInt("IdContato"), e em navegação, como o rs.next(), que avança para o próximo registro e retorna um booleano. A exibição desses dados se dá por meio do método printf, que permite a formatação da saída, especificando-se o tipo de dado e o tamanho do campo. Na linha 13, escrevemos "%-10s %s", indicando que o primeiro conjunto de caracteres exibido tem alinhamento à esquerda (-), 10 posições e é do tipo *string* (s), sendo substituído pelo retorno do método rs.getString("Nome"), sendo o segundo, %s, substituído pelo caractere barra "|".

8.7.3 OPERAÇÃO DE ALTERAÇÃO EM UMA TABELA

A operação de alteração em nossa tabela contatos pode ser feita por meio da declaração SQL UPDATE, apresentada na primeira parte da Seção 8.7, que aborda as instruções DML.

EXEMPLO 8.11
Operação de alteração em uma base de dados.

Pseudocódigo:

```
1.      Algoritmo Exemplo8_11
2.      Var
3.          SQL: caracter
4.          Conexao: conexao
5.          Base: banco_dados
6.      Início
7.          Conexao ← "servidor=localhost, usuario=root, senha=pwr"
8.          Base ← "instância do banco"
9.          Conectar (Base, Conexao)
10.         SQL ← "UPDATE contatos SET Nome='Gilson', Tipo='Amigo',
                Email='gilsouza@mail.com.br', Tel='28966998' WHERE IdContato = 3"
11.         Executar (SQL)
12.         Fechar (Base, Conexao)
13.     Fim.
```

A declaração SQL utilizada neste exemplo passa os dados de todos os campos do contato opcionalmente, uma vez que poderíamos considerar, apenas, o campo Nome, que realmente teve alteração.

160 Lógica de programação e estruturas de dados

Java:

```java
1.    public void alterar(Contato contato){
2.        Connection conexao = this.geraConexao();
3.        PreparedStatement alteraSt = null;
4.        String sql = "UPDATE contatos SET Nome=?, Tipo=?, Email=?, Tel=?"
5.            + " WHERE IdContato =?";
6.        try{
7.            alteraSt = conexao.prepareStatement(sql);
8.            alteraSt.setString(1, contato.getNome());
9.            alteraSt.setString(2, contato.getTipo());
10.           alteraSt.setString(3, contato.getEmail());
11.           alteraSt.setString(4, contato.getTel());
12.           alteraSt.setInt(5, contato.getIdContato());
13.           alteraSt.executeUpdate();
14.       }catch (SQLException e){
15.           System.out.println("Erro ao alterar contato."
16.               + " Mensagem: " + e.getMessage());
17.       }finally{
18.           try{
19.               alteraSt.close();
20.               conexao.close();
21.           }catch (Throwable e){
22.               System.out.println("Erro ao fechar operações de alteração."
23.                   + " Mensagem: " + e.getMessage());
24.           }
25.       }
26.   }
```

A string `sql`, utilizada neste exemplo (linha 4), é semelhante à do algoritmo de inclusão, que usa os símbolos de interrogação para determinar os pontos onde ocorre a substituição pelos dados reais, os atributos do objeto contato, gerados pelos métodos get. É importante observar que `alteraSt` é um objeto, portanto, herda os métodos de sua classe (`PreparedStatement`), faz referência a uma conexão (linha 7), usa uma *string* `sql` passada como parâmetro e executa as operações necessárias para montar e submeter uma declaração ao banco de dados.

8.7.4 OPERAÇÃO DE EXCLUSÃO EM UMA TABELA

Em determinadas situações, pode ser necessário excluir linhas de nossas tabelas do banco de dados, o que pode ser feito pela declaração DELETE. Além de não ser uma operação muito recomendável, pois uma exclusão pode prejudicar a recuperação de informação importante, um cuidado especial deve ser tomado, uma vez que linhas de uma tabela podem ser excluídas inadvertidamente, bastando, para tanto, que uma referência errada seja passada para o banco.

Capítulo 8 | Acesso a arquivos e à base de dados   **161**

EXEMPLO 8.12

Operação de exclusão em uma base de dados.

Pseudocódigo:

```
1.    Algoritmo Exemplo8_12
2.    Var
3.       SQL: caracter
4.       Conexao: conexao
5.       Base: banco_dados
6.    Início
7.       Conexao ← "servidor=localhost, usuario=root, senha=pwr"
8.       Base ← "instância do banco"
9.       Conectar (Base, Conexao)
10.      SQL ← "DELETE FROM contatos WHERE IdContato = 3"
11.      Executar (SQL)
12.      Fechar (Base, Conexao)
13.   Fim.
```

A declaração SQL, utilizada neste exemplo, passa a identificação do contato como referência para a exclusão, o que é recomendável, pois, por definição, este número é único para cada contato em nossa tabela.

Java:

```
1.    public void excluir(int idContato){
2.       Connection conexao = this.geraConexao();
3.       PreparedStatement excluiSt = null;
4.       String sql = "DELETE FROM contatos WHERE IdContato =?";
5.       try{
6.          excluiSt = conexao.prepareStatement(sql);
7.          excluiSt.setInt(1, idContato);
8.          excluiSt.executeUpdate();
9.       }catch (SQLException e){
10.         System.out.println("Erro ao alterar contato."
11.            + " Mensagem: " + e.getMessage());
12.      }finally{
13.         try{
14.            excluiSt.close();
15.            conexao.close();
16.         }catch (Throwable e){
17.            System.out.println("Erro ao fechar operações de alteração."
18.               + " Mensagem: " + e.getMessage());
19.         }
20.      }
21.   }
```

Este método usa o parâmetro idContato, passado por valor, cuja variável é utilizada para montar a declaração sql (linha 7), executada com a instrução na linha 8.

8.8 EXERCÍCIOS PARA FIXAÇÃO

1. Considerando a aplicação Java do Exemplo 8.1, faça uma alteração no programa, de forma que seja possível incluir mais de um registro de cada vez, acrescentando uma opção para o usuário encerrar a entrada de dados.

2. Agrupe o código Java dos exercícios nos Exemplos 8.1 a 8.4, em uma aplicação que permita a escolha da opção desejada: incluir, consultar, alterar, excluir e encerrar o programa.

3. Em relação ao programa em Java do Exemplo 8.5, faça uma alteração de forma que seja possível incluir mais de um registro de cada vez, acrescentando uma opção para o usuário encerrar a entrada de dados.

4. Elabore um programa que possibilite o armazenamento de dados dos funcionários de uma empresa, para que seja gerada a folha de pagamento. Deverão ser armazenados: nome do funcionário, código funcional, data de admissão, salário bruto, número de dependentes e cargo. O programa deverá permitir a manipulação das informações e possuir uma opção para calcular o salário líquido de cada funcionário.

5. Crie uma base de dados com uma tabela para o cadastro dos atletas de um clube, armazenando, para cada um deles: nome, idade, sexo, altura, peso e modalidade esportiva. Elabore um programa em Java que acesse esta base, possibilitando a manutenção dos dados por meio das opções: incluir, consultar, alterar, excluir e sair.

8.9 EXERCÍCIOS COMPLEMENTARES

1. Desenvolva uma aplicação em Java que faça a cópia de um arquivo-texto, indicado pelo usuário, gravando esta cópia em um local por ele definido.

2. Escreva uma aplicação em Java, para um sistema acadêmico, com o acesso controlado por senha, permitindo o cadastro de:
   a) Dados pessoais dos alunos.
   b) Disciplinas cursadas.
   c) Notas associadas às disciplinas.
   Crie um menu de opções, utilizando um arquivo com método de acesso aleatório, levando em consideração os recursos aprendidos até agora. O programa deve verificar se o aluno foi aprovado ou reprovado nas disciplinas, levando-se em consideração que a média de aprovação é 7,0, sem exame e, 5,0, com exame. Utilize um arquivo como método de acesso aleatório.

3. Elabore o pseudocódigo para uma aplicação que utilize uma matriz de duas colunas, que deve armazenar o código e o nome do cliente. Cada código de cliente deve estar associado a uma posição de um arquivo de acesso aleatório, precisando guardar os demais dados deste cliente como: endereço, telefone e e-mail. A localização de um certo cliente deve ser feita por meio da busca de seu nome, na matriz, e a recuperação de seu código deve tornar possível o acesso direto aos demais dados no arquivo de acesso aleatório.

4. Crie uma aplicação que gere 5.000 registros em um arquivo de acesso aleatório e:
   a) Localize um determinado elemento utilizando a busca direta.
   b) Empregue o valor encontrado para fazer a busca pelo método sequencial.
   c) Compare o tempo de execução dos métodos de busca e comente o resultado. Se necessário, ajuste a quantidade de registros em função dos recursos de seu equipamento.

5. Elabore um sistema para o controle de estoque desenvolvendo uma aplicação em Java que acesse uma tabela de uma base de dados, possua um menu de opções para o usuário e possibilite:
   a) Cadastrar novos produtos.
   b) Alterar as informações cadastradas.
   c) Verificar a quantidade de produtos disponíveis, consultando o nome do produto, a quantidade disponível e o preço.

Recursividade 9

Temas do capítulo
- Introdução à recursividade
- Recursividade de cauda
- Riscos da recursividade

Objetivos de aprendizagem
Compreender os conceitos básicos da recursividade, sua aplicação e os problemas associados à sua utilização.

9.1 INTRODUÇÃO À RECURSIVIDADE

O dicionário[1] define recursividade como "propriedade daquilo que se pode repetir um número indefinido de vezes". Segundo Wirth (1989),[2] "um objeto é dito recursivo se ele consistir parcialmente ou for definido em termos de si próprio".

Um algoritmo recursivo é uma função que possui chamadas, a si mesmo, para a resolução de um problema, tendo como princípio a sua divisão em partes menores. Para isso, deve-se considerar:

- Se o problema em questão é pequeno, então, deve ser resolvido diretamente.
- Senão, deve ser reduzido a um problema menor, da mesma natureza, aplicando-se este método sucessivas vezes, até a solução completa.

É importante lembrar que uma função recursiva possui duas partes:

- Caso base: tratamento dado às situações simples, isto é, quando não há necessidade de recursão, garantindo a condição de saída da função.
- Caso recursivo: situação em que há necessidade de uma chamada a si mesmo.

Uma função recursiva requer uma chamada externa para ser invocada e uma condição de saída para retornar ao ambiente de chamada.

---

1 HOUAISS. *Grande dicionário Houaiss da língua portuguesa*. Disponível em: <http://houaiss.uol.com.br/>. Acesso em: 9 maio 2016.
2 WIRTH, Niklaus. *Algoritmos e estruturas de dados*. Rio de Janeiro: LTC, 1989.

EXEMPLO 9.1

Calcule o fatorial de um número n qualquer.

Sabendo que o fatorial de um número n pode ser definido como n! = n * (n − 1)!, resolvemos o problema utilizando uma função recursiva, considerando as seguintes regras:

- Se n = 0, então n! = 1. Este é o caso base; observe que, se o valor de n é igual a zero, sabe-se que o resultado é 1.
- Se n > 0, então n! = n * (n − 1)! Este é o caso recursivo ou geral; será chamado n vezes até que o problema seja reduzido ao caso base.

Pseudocódigo:

```
1.    Função Fatorial (n: inteiro): inteiro
2.       Var
3.          fat: inteiro
4.       Início
5.          fat ← 1
6.          Se (n = 0) então
7.             Retornar fat
8.          Senão
9.             fat ← n * Fatorial(n − 1)
10.         Fim-Se
11.   Fim Fatorial.
```

Na linha 1 do pseudocódigo, faz-se a identificação da função, que recebe o parâmetro n, do tipo `inteiro`, e retorna um valor inteiro. Na linha 3, a variável `fat` é declarada e, na linha 5, inicializada com o valor 1. Na linha 6, apresenta-se o caso base, que também é a condição de saída e, caso seja satisfeita, retorna o valor armazenado na variável `fat` (linha 7). Havendo necessidade de reduzir o problema, isto é, não tendo sido realizada a operação prevista no caso base, então aplica-se a recursividade (linha 9) e a variável `fat` recebe o resultado de n, multiplicado por `Fatorial (n−1)`. Esta é a chamada recursiva que será realizada sucessivas vezes, até que n seja igual a 0.

Java:

```
1. int fatorial( int n ){
2.    if(n==0)
3.       return 1;
4.    else
5.       return n * fatorial(n - 1);
6. }
```

Para analisar a solução, considerando-se o número 4: o primeiro teste é aplicado e o valor de n não atende a condição, então aplica-se a recursão, por meio da qual o problema será reduzido até que atenda a condição base. Desta forma, temos:

```
    fatorial(4)
```

Chamada 1: 4 * fatorial(3)
Chamada 2: 4 * 3 * fatorial(2)
Chamada 3: 4 * 3 * 2 * fatorial(1)
Chamada 4: 4 * 3 * 2 * 1 * fatorial(0)
Chamada 5: 4 * 3 * 2 * 1 * 1
Resultado retornado: 24

Programa em Java completo:

```
1.      import javax.swing.*;
2.      public class Exemplo9_1 {
3.         static int fatorial( int n ){
4.            if( n==0 )
5.               return 1;
6.            else
7.               return n * fatorial(n-1);
8.         }
9.         public static void main(String[] args) {
10.           int numero;
11.           numero = Integer.parseInt(JOptionPane.showInputDialog
12.              (null, "Digite um número maior do que zero"));
13.           JOptionPane.showMessageDialog(null, "O fatorial de " +
14.              numero + " é " + fatorial(numero));
15.        }
16.     }
```

O sistema cria uma pilha para armazenamento das variáveis e dos valores retornados por funções recursivas. A primeira função chamada é a primeira a entrar na pilha e a última a sair. Para saber mais sobre pilhas, consulte o Capítulo 11.

9.2 RECURSIVIDADE DE CAUDA

É o modo mais simples de recursividade, pois utiliza apenas uma chamada recursiva, que ocorre após todas as instruções da função. A recursividade de cauda muitas vezes pode ser substituída por uma solução iterativa, considerando a repetição, até que a condição de saída seja satisfeita.

EXEMPLO 9.2

Criar uma função que, a partir de um número n, calcule a soma dos elementos do conjunto formado pelos números de zero até n.

Pseudocódigo:

```
1. Função Soma (n: inteiro): inteiro
2. Início
3.    Se (n = 1) então
4.       Retornar (1)
5.    Senão
6.       Retornar (n + Soma (n - 1))
7.    Fim-Se
8. Fim Soma.
```

Na linha 1, é identificada a função Soma, que recebe como parâmetro um valor que será armazenado na variável n; esta função deve retornar um inteiro.

A função Soma não requer a declaração de variáveis!

Na linha 3, apresenta-se a condição para saída da função, n = 1. Então, a função deve retornar 1; senão, na linha 6, a operação Retornar realiza chamadas sucessivas à função Soma, passando como parâmetro n-1. Isto é, se o valor informado for 50, a primeira chamada da operação Retornar fica: Retornar (50 + Soma (50 − 1)), o que ocorre até que o valor de n seja igual a 1.

Java:

```java
int soma(int n)
{
   if(n == 1)
      return 1;
   else
      return(n + soma(n − 1));
}
```

A recursividade é a última operação da função Soma e, por isso, podemos defini-la como *recursividade de cauda*.

9.3 RISCOS DA RECURSIVIDADE

A recursividade possibilita a escrita de um código mais enxuto, com maior legibilidade e simplicidade, porém oferece alguns riscos que devem ser considerados:

- O tempo para execução do algoritmo pode ser maior do que o tempo para execução de uma solução não recursiva.

Capítulo 9 | Recursividade   **167**

- Em tempo de execução, os dados são armazenados em uma pilha e, dependendo da quantidade de chamadas recursivas, o tamanho da pilha pode ser excedido.

Para exemplificar os riscos da recursividade, vamos tomar como exemplo o problema do cálculo do *n-ésimo* termo da sequência de Fibonacci, que pode ser representada por:

{0, 1, 1, 2, 3, 5, 8, 13, ..., n}

Por definição, os dois primeiros elementos da sequência são 0 e 1, e os elementos subsequentes são obtidos pela soma dos seus dois antecessores, os quais chamaremos de último e penúltimo. Desta maneira, temos:

{0, 1, seguinte, ..., n}

Em relação ao `seguinte`, o último elemento é o número 1 e o penúltimo, o número 0. Assim, vamos calcular o próximo número da sequência (seguinte):

```
seguinte = ultimo + penultimo
seguinte = 1 + 0
seguinte = 1
```

Após a iteração, a sequência fica:

{0, 1, 1, seguinte, ..., n}

Dando continuidade ao cálculo do próximo número da sequência, considerando o último e o penúltimo número, temos:

```
seguinte = 1 + 1
seguinte = 2
```

A sequência, após a realização do cálculo, fica:

{0, 1, 1, 2, seguinte, ..., n}

Realizando mais um cálculo para determinar o próximo elemento, temos o número 2 (último) e o número 1 (penúltimo):

```
seguinte = 2 + 1
seguinte = 3
```

Após a iteração, a sequência resultante é:

{0, 1, 1, 2, 3, seguinte, ..., n}

A construção da sequência obedece, então, aos cálculos anteriormente expostos, até chegarmos ao termo desejado, o chamado *n-ésimo* elemento.

Para aplicar o princípio de construção da sequência de Fibonacci, apresentamos dois exemplos: um algoritmo para o cálculo do *n-ésimo* termo, por meio de uma solução não recursiva (Exemplo 9.3) e outro que implementa o método recursivo (Exemplo 9.4).

EXEMPLO 9.3
Técnica iterativa (não recursiva) para o cálculo da sequência de Fibonacci.

Pseudocódigo:

```
1.    Funcao FibonacciNaoRecursiva (n: inteiro): literal
2.    Var
3.       ultimo, penultimo, seguinte, i: inteiro
5.    Início
6.       penultimo ← 0
7.       ultimo ← 1
8.       i ← 3
9.       Se (n = 1) então Retornar 0
10.      Se (n = 2) então Retornar 1
12.      Enquanto (n >= i) faça
13.         seguinte ← ultimo + penultimo
15.         penultimo ← ultimo
16.         ultimo ← seguinte
17.         i ← i + 1
17.      Fim-Enquanto
19.      Retornar (ultimo)
20.   Fim FibonacciNaoRecursiva.
```

Java:

```java
1.    public static long fibonacciNaoRecursiva(long n){
2.       long ultimo, i,   penultimo, seguinte;
3.       ultimo = 1;
4.       penultimo = 0;
5.       i = 3;
6.       if(n==1) return 0;
7.       if(n==2) return 1;
8.       while (n >= i){
9.          seguinte = ultimo + penultimo;
10.         penultimo = ultimo;
11.         ultimo = seguinte;
12.         i++;
13.      }
14.      return ultimo;
15.   }
16. }
```

Tanto o pseudocódigo quanto o programa em Java implementam uma estrutura de laço que calcula o elemento seguinte, a partir de duas variáveis que armazenam o último e o penúltimo termo da sequência, que é executada enquanto o número passado por parâmetro n for maior ou igual a i, variável que é incrementada. Para o primeiro e o segundo elemento da sequência, o algoritmo retorna os termos 0 e 1 (linhas 6 e 7), respectivamente, conforme definição. O programa em Java tem uma diferença em relação ao tipo de dado utilizado no pseudocódigo, pois, para aumentar a capacidade de representação das variáveis, optamos por empregar o tipo long (linha 2).

Capítulo 9 | Recursividade   **169**

EXEMPLO 9.4

Solução recursiva para o cálculo do *n-ésimo* termo da sequência de Fibonacci.

Pseudocódigo:

```
1. Função FibonacciRecursiva (n: inteiro): inteiro
2.    Se ( n = 1) então Retornar (0)
3.    Se ( n = 2) então Retornar (1)
4.    Senão
5.       Retornar (FibonacciRecursiva (n-1) + FibonacciRecursiva (n-2));
6.    Fim-Se
7. Fim FibonacciRecursiva.
```

Java:

```
1. public static long fibonacciRecursiva(long n){
2.    long num=0;
3.    if(n==1) return 0;
4.    else if(n==2) return 1;
5.    else if(n >= 3){
6.       num = fibonacciRecursiva(n-1) + fibonacciRecursiva(n-2);
7.    }
8.    return num;
9. }
```

O algoritmo do Exemplo 9.4 faz a verificação para o primeiro e o segundo elemento, retornando os respectivos termos, conforme mostrado no Exemplo 9.3. A partir do terceiro elemento (n>=3), o algoritmo executa as chamadas recursivas, calculando a soma do último com o penúltimo (`fibonacciRecursiva(n-1) + fibonacciRecursiva(n-2)`), retornado o resultado num.

Programa Java completo:

```
1. import javax.swing.JOptionPane;
2. public class Exemplo9_3 {
3.    public static void main(String[] args){
4.       long numero;
5.       numero = Integer.parseInt(JOptionPane.showInputDialog
6.          ("Digite o n-ésimo elemento"));
7.       JOptionPane.showMessageDialog(null, "O " + numero +
8.          "º elemento da sequência é: " +
9.          fibonacciNaoRecursiva(numero));
10.       JOptionPane.showMessageDialog(null, "O " + numero +
11.          "º elemento da sequência é: " +
12.          fibonacciRecursiva(numero));
13.    }
14.    public static long fibonacciNaoRecursiva(long n){
15.       long ultimo, i,  penultimo, seguinte;
16.       ultimo = 1;
17.       penultimo = 0;
18.       i = 3;
```

```
19.            if(n==1) return 0;
20.            if(n==2) return 1;
21.            while (n >= i){
22.                seguinte = ultimo + penultimo;
23.                penultimo = ultimo;
24.                ultimo = seguinte;
25.                i++;
26.            }
27.            return ultimo;
28.        }
29.        public static long fibonacciRecursiva(long n){
30.            long num = 0;
31.            if(n==1) return 0;
32.            else if(n==2) return 1;
33.            else if(n>=3){
34.                num = fibonacciRecursiva(n-1) + fibonacciRecursiva(n-2);
35.            }
36.            return num;
37.        }
38.    }
```

9.3.1 ANÁLISE DO ALGORITMO RECURSIVO

Analisando o algoritmo que utiliza a recursividade, em relação ao não recursivo, podemos observar que:

- A solução recursiva é mais enxuta que a iterativa.
- Para cada termo que precisa ser gerado, o algoritmo recursivo realiza duas chamadas também recursivas.
- O custo de processamento é maior, em função do número de chamadas à mesma função. Por exemplo, considerando o cálculo do quarto termo da sequência, são necessárias quatro chamadas recursivas.

Para ilustrar o tempo necessário para a execução dos algoritmos, realizamos um teste simples, com o *Programa Java completo* do Exemplo 9.4, submetendo-os à mesma quantidade de elementos e registrando o tempo de execução. É possível observar que o tempo necessário para o cálculo do algoritmo recursivo aumenta significativamente quanto maior for a quantidade de termos, conforme mostra a Tabela 9.1.

Tabela 9.1 Tempo de execução dos algoritmos.

Algoritmo	Tempo de execução (em segundos)		
	5 termos	10 termos	50 termos
Iterativo	4 s	4 s	5 s
Recursivo	4 s	5 s	46 s

9.4 EXERCÍCIOS PARA FIXAÇÃO

1. Escreva uma função recursiva que receba, como parâmetro, um inteiro positivo n, e retorne a soma de todos os números inteiros entre 0 e n.

2. Desenvolva uma função recursiva que identifique e retorne o maior elemento de um vetor de números inteiros.

3. A operação de potenciação pode ser representada por x^y. Crie uma função recursiva que execute esta operação, recebendo dois números inteiros positivos, um representando a base (*x*) e o outro, o expoente (*y*).

4. Tomando como base um vetor de valores do tipo `real`, escreva uma função recursiva que retorne a soma de todos os elementos reais.

5. O Algoritmo de Euclides é um método simples e eficiente para encontrar o Máximo Divisor Comum (MDC) entre dois números inteiros (A e B ≠ 0). Tomando como base A > B, siga o roteiro abaixo, até que o resto R seja igual a zero.
   a) Divida A por B, obtendo o resto R_1. Se R_1 for zero, o MDC entre A e B é B.
   b) Se R_1 não for zero, divida B por R_1, obtendo o resto R_2. Se R_2 for zero, o MDC entre A e B é R_1.
   c) Se R_2 não for zero, divida R_1 por R_2, obtendo o resto R_3. Se R_3 for zero, o MDC entre A e B é R_2.

   Com base na explicação apresentada, elabore um programa recursivo que calcule o MDC entre dois números inteiros.

9.5 EXERCÍCIOS COMPLEMENTARES

1. Escreva uma função recursiva que identifique e retorne o menor elemento de um vetor de números inteiros.

2. Elabore uma função recursiva que receba um número inteiro e o exiba na ordem inversa, imprimindo seus caracteres da direita para a esquerda (recebe 3189 e exibe 9813).

3. Desenvolva uma função recursiva que verifique a quantidade que um determinado número se repete, em um vetor, sendo que ela deve receber um vetor de números inteiros e o valor a ser pesquisado.

4. Para resolver o desafio da Torre de Hanói (Figura 9.1), apresente uma maneira de mover os discos do pino A para o pino C, mantendo a mesma ordem, sem desperdiçar movimentos. Em hipótese alguma um disco maior poderá ficar sobre um menor e, para que um disco seja movido de A para C, pode-se passar pelo pino B e vice-versa, utilizando um algoritmo recursivo.

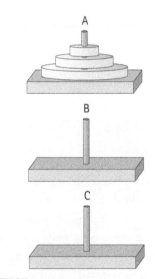

Figura 9.1 Torre de Hanói.

5. Escreva um algoritmo recursivo que receba um número decimal e faça a sua conversão para o seu correspondente em binário.

10 Busca e ordenação

Temas do capítulo
- Introdução à ordenação
- O método Bolha
- Estratégia "dividir para conquistar"

Objetivo de aprendizagem
Compreender os métodos de ordenação conhecidos como Bolha, Quicksort e Mergesort.

10.1 INTRODUÇÃO À ORDENAÇÃO

A *ordenação* é um recurso que consiste em rearranjar um conjunto de elementos, de acordo com uma determinada ordem, que pode ser crescente ou decrescente, com o objetivo de facilitar a busca de um elemento.

A *busca* é uma operação que compreende a localização de um elemento, em um dado conjunto, e a sua recuperação, isto é, sua disponibilização para manipulação.

O princípio da ordenação é aplicado para a melhoria da busca de dados mesmo antes do advento da computação. São exemplos deste princípio: as agendas telefônicas, os índices de livros, a organização dos prontuários médicos, entre outros. Existem diversos métodos que se destinam à realização da ordenação, entre eles: Bolha, Quicksort e Mergesort, abordados neste capítulo.

10.2 O MÉTODO BOLHA

O *método Bolha*, também conhecido como *Bubble Sort*, realiza a ordenação comparando os elementos, dois a dois, e trocando-os de posição, de acordo com o critério estabelecido de ordem crescente ou decrescente. Seu nome se deve à ideia de que os elementos vão "subindo" para as posições corretas, como bolhas.

O método Bolha pode ser implementado de forma iterativa, em que a execução das instruções ocorre sucessivamente, controlada por estruturas de laço, ou recursiva, por meio de chamadas à própria função.

 Recursividade é tratada no capítulo 9.

Capítulo 10 | Busca e ordenação

EXEMPLO 10.1

Algoritmo iterativo para ordenação de um conjunto de números inteiros pelo método Bolha.

Pseudocódigo:

```
1. Função BolhaIterativa(v: vetor[0..n] de inteiros): vetor de inteiros
2. Var
3.    i, j, aux: inteiro
4. Início
5.    Para j ← n até j >= 1 passo -1 faça
6.       Para i ← 0 até i < j passo 1 faça
7.          Se (v[i] > v[i+1]) então
8.             aux ← v[i]
9.             v[i] ← v[i+1]
10.            v[i+1] ← aux;
11.         Fim-Se
12.      Fim-Para
13.   Fim-Para
14.   Retornar v
15.Fim BolhaIterativa.
```

O algoritmo deve possuir *dois laços* de iteração para garantir que todos os valores sejam comparados e ordenados.

O primeiro laço, a estrutura `Para` da linha 5, usa a variável `j` para controlar o número de iterações necessárias em função do tamanho do vetor. Considerando que estamos tratando de um vetor com quatro elementos, precisamos de três rodadas de comparações (n – 1) para ordená-lo completamente; neste caso, `j` iria variar de três até um.

O segundo laço, que vai da linha 6 até a 12, é utilizado para percorrer o vetor, da primeira até a penúltima posição, verificando se um elemento é maior que seu posterior (linha 7); em caso positivo, o laço realiza a troca de posição (linhas 8 a 10). Esta verificação é feita analisando os elementos aos pares: o primeiro com o segundo, o segundo com o terceiro, e assim sucessivamente, até o final, quando averiguamos se o penúltimo elemento é maior que o último.

É importante observar que, ao término da primeira iteração do laço da linha 6, o maior número do vetor é deslocado para a última posição, de forma que, no próximo passo, não é mais necessário fazer a verificação deste elemento, motivo pelo qual `i` varia de 0 até `i < j`. O número de elementos que precisam ser comparados é reduzido à medida que `j` também diminui, ou os elementos de maior valor são colocados em suas posições.

174 Lógica de programação e estruturas de dados

Java:

```
1. static int[] bolhaIterativa (int[] v){
2.    int i,j, aux;
3.    for(j = v.length - 1; j >= 1; j--){
4.       for(i = 0; i < j; i++) {
5.          if(v[i] > v[i+1]){
6.             aux = v[i];
7.             v[i] = v[i+1];
8.             v[i+1] = aux;
9.          }
10.      }
11.   }
12.   return v;
13.}
```

O algoritmo bolhaIterativa é um método que recebe um vetor de números inteiros como parâmetro e retorna, igualmente, um vetor de números inteiros (linha 1).

Na linha 2, são declaradas as variáveis i, j e aux, do tipo inteiro, utilizadas para controlar as iterações dos laços e armazenar os valores dos elementos durante as operações de troca de posição.

Nas linhas 3 e 4, temos os laços de repetição, que devem garantir que todas as posições do vetor sejam percorridas e avaliadas aos pares, por meio da expressão condicional da linha 5. Ao final, retorna-se o vetor v ordenado (linha 12).

Vamos ilustrar a realização do processo, tomando como exemplo o vetor {9, 3, 13, 1}:

Posição	0	1	2	3
Elemento	9	3	13	1

Deste modo, apresentamos os resultados na Tabela 10.1.

Tabela 10.1 Teste de Mesa do algoritmo **bolhaIterativa**.

j	i	v[i] > v[i+1]	aux = v[i] v[i] = v[i+1] v[i+1] = aux	Resultado
3	0	9 > 3	aux = 9 v[i] = 3 v[i+1] = 9	{3,9,13,1}
3	1	9 > 13	Falso	{3,9,13,1}
3	2	13 > 1	aux = 13 v[i] = 1 v[i+1] = 13	{3,9,1,13}
2	0	3 > 9	Falso	{3,9,1,13}
2	1	9 > 1	aux = 9 v[i] = 1 v[i+1] = 9	{3,1,9,13}
1	0	3 > 1	aux = 3 v[i] = 1 v[i+1] = 3	{1,3,9,13}

Como mencionado na explicação relativa ao pseudocódigo, foram realizadas três rodadas de verificações:

- Para j igual a 3, envolvendo todos os elementos do vetor.
- Para j igual a 2, com os elementos das posições de 0 a 2.
- Para j igual a 1, com os elementos das posições 0 e 1.

O método Bolha também pode ser implementado de forma recursiva, utilizando o mesmo princípio do método iterativo, onde os valores são comparados dois a dois e levados à posição correta, conforme o Exemplo 10.2.

EXEMPLO 10.2
Algoritmo recursivo para ordenação de um conjunto de números inteiros pelo método Bolha.

Pseudocódigo:

```
1. Função BolhaRecursiva(v: vetor[0..n] de inteiros, n: inteiro): vetor de inteiros
2. Var
3.     aux: inteiro
4. Início
5.     Enquanto (n >= 1) faça
6.         Para i ← 0 até i < n - 1 passo 1 faça
7.             Se (v[i] > v[i+1]) então
8.                 aux ← v[i]
9.                 v[i] ← v[i+1]
10.                v[i+1] ← aux;
11.            Fim-Se
12.        Fim-Para
13.        Retornar BolhaRecursiva(v, n - 1)
14.    Fim-Enquanto
15.    Retornar v
16.Fim BolhaRecursiva.
```

Java:

```
1. static int[] bolhaRecursiva(int[] v, int n){
2.     while(n >= 1){
3.         for(int i = 0; i < n - 1; i++){
4.             if(v[i] > v[i+1]){
5.                 int aux = v[i];
6.                 v[i] = v[i+1];
7.                 v[i+1] = aux;
8.             }
9.         }
10.        return bolhaRecursiva(v, n - 1);
11.    }
12.    return v;
13.}
```

Na linha 1, observamos que o método recebe dois parâmetros: um vetor de números inteiros, que contém o conjunto de valores para ordenar, e a variável n, que inicialmente corresponde à quantidade de elementos de v. A cada chamada recursiva do método (linha 10), a quantidade de elementos passada, por meio da variável n, é reduzida de 1, pois a quantidade de elementos que deve ser verificada é menor, já que o número maior do conjunto está colocado, adequadamente, na última posição, da mesma forma que ocorre com o algoritmo iterativo.

10.3 ESTRATÉGIA "DIVIDIR PARA CONQUISTAR"

Alguns algoritmos para ordenação utilizam a estratégia denominada *dividir para conquistar*. Nesses casos, o conjunto, também denominado por alguns autores como *problema*, é desmembrado em vários subconjuntos e cada um é ordenado recursivamente. Quando todos os subconjuntos estão ordenados, são feitas combinações entre os subconjuntos, até que se tenha a solução de ordenação para todos os elementos.

Os passos envolvidos nesta estratégia são:

1) Dividir o conjunto de valores em subconjuntos menores.
2) Ordenar os conjuntos menores (subconjuntos) recursivamente.
3) Combinar os resultados dos subconjuntos, compondo a solução do conjunto total.

10.3.1 ORDENAÇÃO POR TROCA DE PARTIÇÃO — QUICKSORT

O algoritmo de ordenação por troca de partição, conhecido como Quicksort, foi criado por Charles Antony Richard Hoare, em 1960, e publicado posteriormente em um artigo no *Computer Journal* de 1962.[1]

O Quicksort é baseado no paradigma "dividir para conquistar", e o conjunto de valores é dividido em subconjuntos menores, denominados *partições*. Para proceder à divisão das partições, escolhe-se um elemento denominado pivô, dispondo todos os menores do que ele à esquerda e os maiores à direita, considerando a ordem crescente.

Tomando como exemplo o vetor v a seguir e qualificando o primeiro elemento do conjunto como pivô (o número 25), temos:

v =	25	57	48	37	12	92	86	33
	pivô							

O próximo passo consiste em colocar o pivô na posição correta, de modo que todos os números (n) menores do que ele fiquem à esquerda e os maiores, à direita, da seguinte maneira:

---

1 HOARE, C. A. R. Quicksort. *The Computer Journal*, v. 5, n. 1, p. 10-16, 1962. Disponível em: <http://comjnl.oxfordjournals.org/content/5/1/10.full.pdf+html?sid=32face39-3181-4e5b-88d8-fcb020bab871>. Acesso em: 19 maio 2016.

Subconjunto S1		Subconjunto S2					
12	25	57	48	37	92	86	33
n < pivô	pivô	n > pivô					

O subconjunto S1 tem um único elemento e, desta forma, já está ordenado. Já o subconjunto S2 está fora de ordem e, para ordená-lo, vamos dividi-lo a partir de um novo pivô, que é o primeiro valor do subconjunto S2, no exemplo, o número 57. Veja:

S1		S2					
12	25	57	48	37	92	86	33
		pivô					

O pivô 57 deve ser posicionado de maneira que, à sua esquerda, estejam os valores menores (S2.1) e à direita, os maiores (S2.2):

		S2.1				S2.2	
12	25	33	48	37	57	92	86
					pivô		

O pivô 57 está posicionado corretamente, mas as listas S2.1 e S2.2 estão desordenadas, e o processo de divisão deve continuar até que a lista esteja completamente ordenada, tendo como novo pivô o primeiro elemento da lista que vamos ordenar. Assim:

		S2.1				S2.2	
12	25	33	48	37	57	92	86
		pivô					

A lista S2.1, decorrente da partição realizada em função do elemento de número 57, não precisa ser arranjada, visto que não existem números menores que o pivô e os maiores já estão à direita.

A nova lista deve ser, então, considerada a que denominamos S2.1.1, cujo pivô é o número 48, equivalente ao primeiro elemento.

			S2.1.1			S2.2	
12	25	33	48	37	57	92	86
			pivô				

Organizada, a lista S2.1.1 fica como representado a seguir, com o número 37 à esquerda do pivô (48). A última lista que precisa ser arranjada é a S2.2, cujo pivô é o elemento de número 92.

						S2.2	
12	25	33	37	48	57	92	86
						pivô	

Após a operação de partição, a lista S2.2 finaliza o processo, resultando no vetor a seguir:

v =	12	25	33	37	48	57	86	92

O Exemplo 10.3 ilustra o método Quicksort.

EXEMPLO 10.3
Algoritmo segundo o método Quicksort para ordenação de um vetor de números inteiros.

Pseudocódigo:

```
1.    Procedimento Quicksort(primeiro, ultimo: inteiro, v: vetor[0..n] de inteiros)
2.    Var
3.       x: inteiro
4.    Início
5.       Se (primeiro < ultimo)  então
6.          x ← Particao(primeiro, ultimo, v)
7.          Quicksort (primeiro, x - 1, v)
8.          Quicksort (x + 1, ultimo, v)
9.       Fim-Se
10.   Fim Quicksort.
11.   Função Particao(primeiro, ultimo: inteiro, v: vetor[0..n] de inteiros): inteiro
12.   Var
13.      pivo, aux, i,  j: inteiro
14.   Início
15.      j ← ultimo
16.      pivo ← v[primeiro]
17.      Para(i ← ultimo até primeiro passo -1) faça
18.         Se (v[i] >= pivo) então
19.            aux ← v[j]
20.            v[j] ← v[i]
21.            v[i] ← aux
22.            j ← j - 1
23.         Fim-Se
24.      Fim-Para
25.      Retornar j + 1
26.   Fim Particao.
```

O procedimento Quicksort recebe como parâmetros: `primeiro`, que representa a posição inicial do vetor; `ultimo`, referente à posição final; e o vetor `v`, que pode ser o conjunto total de elementos ou um subconjunto, dependendo do momento de execução de uma chamada recursiva.

Na linha 6, é feita uma chamada à função Partição, que recebe os mesmos parâmetros do Quicksort e retorna o valor da posição do pivô. Então, o método Quicksort faz uma chamada recursiva, na linha 7, passando a posição inicial do vetor, a posição do pivô – 1 e o vetor; esta chamada trabalha com o subconjunto à esquerda do vetor.

Na linha 8, ocorre outra chamada recursiva ao método Quicksort, passando como valor inicial a posição seguinte ao pivô e a última posição do vetor, além do próprio vetor.

A variável `j` recebe o índice da última posição do vetor ou do subconjunto para ordenação (linha 15), bem como a variável `i`, na estrutura de laço da linha 17, possibilitando fazer o percurso do final para o início do vetor.

Como o pivô é sempre o primeiro elemento, a estratégia é verificar se o número da posição corrente é maior ou igual ao pivô (v[i] >= pivo). Em caso positivo, a troca realizada pelas instruções das linhas 19 a 21 mantém o elemento em sua posição original. Por outro lado, quando o número verificado não é maior ou igual ao pivô, apenas a variável i é decrementada, fazendo com que elementos com valor menor que o pivô sejam levados às primeiras posições, resultando em um conjunto de elementos menores que o pivô, posicionados à esquerda e os maiores, à direita.

Ao concluir o laço de repetição (linha 25), a função Particao retorna j + 1 para o procedimento Quicksort, cujo resultado é atribuído à variável x, que define a posição do vetor que, por sua vez, delimita os subconjuntos submetidos recursivamente a Quicksort, dando sequência ao processo.

Java:

```
1. static void quickSort(int primeiro, int ultimo, int vetor[]){
2.    int x;
3.    if (primeiro < ultimo) {
4.        x = particao(primeiro, ultimo, vetor);
5.        quickSort(primeiro, x - 1, vetor);
6.        quickSort(x + 1, ultimo, vetor);
7.    }
8. }
9. static int particao(int primeiro, int ultimo, int[] vetor){
10.    int j = ultimo;
11.    int aux, pivo;
12.    pivo = vetor[primeiro];
13.    for (int i = ultimo; i >= primeiro; i--){
14.        if (vetor[i] >= pivo){
15.            aux = vetor[j];
16.            vetor[j] = vetor[i];
17.            vetor[i] = aux;
18.            j--;
19.        }
20.    }
21.    return j + 1;
22.}
```

Para testar os exemplos apresentados até aqui, use o trecho de código a seguir, acrescentando os métodos bolhaIterativa, bolhaRecursiva e quickSort.

```
1. import javax.swing.JOptionPane;
2. public class Exemplo10_1a3 {
3.    public static void main(String[] args){
4.        int[] v = {9, 3, 13, 1};
5.        bolhaIterativa(v);            //chamada ao método
6.        mostrar(v);
7.        int[] vetor = {5, 3, 9, 0, 8};
8.        bolhaRecursiva(vetor, vetor.length);   //chamada ao método
```

180 Lógica de programação e estruturas de dados

```
9.        mostrar(vetor);
10.       int num[] = {25, 57, 48, 37, 12, 92, 86, 33};
11.       quickSort(0,num.length-1, num); //chamada ao método
12.       mostrar(num);
13.    }
14.    static void mostrar(int[] v){
15.       String vetor = "";
16.       for(int i = 0; i < v.length; i++) vetor = vetor + v[i] + ", ";
17.       JOptionPane.showMessageDialog(null, vetor);
18.    }
19.}
```

10.3.2 ORDENAÇÃO POR INTERCALAÇÃO – MERGESORT

O Mergesort também utiliza o paradigma "dividir para conquistar", "dividindo" o conjunto de dados em subconjuntos com a metade do tamanho, por meio de um processo recursivo, até que cada vetor tenha apenas um elemento, intercalando-os, posteriormente, de forma ordenada (conquista), obtendo o resultado final.

Vamos considerar o vetor v:

0	1	2	3	4	5	6	7	posição
25	57	48	37	12	92	86	33	elemento

Aplicando a primeira divisão do conjunto (inicio + fim / 2), temos, 0 + 7 / 2 = 3 (considerando apenas o resultado inteiro da divisão).

25	57	48	37	12	92	86	33
S1= [inicio...meio]				S2=[meio+1...fim]			

A divisão de cada subconjunto deve seguir o mesmo princípio e repetir-se, até que cada um tenha apenas um elemento:

25	57		48	37		12	92		86	33

25		57		48		37		12		92		86		33

Em seguida, intercala-se os conjuntos, dois a dois:

25	57		37	48		12	92		33	86

25	37	48	57		12	33	86	92

Até que o conjunto esteja completamente ordenado:

12	25	33	37	48	57	86	92

O Exemplo 10.4 ilustra o método Mergesort.

Capítulo 10 | Busca e ordenação   **181**

EXEMPLO 10.4

Método Mergesort para ordenação de um vetor de números inteiros.

Pseudocódigo:

```
1.    Procedimento Merge(a: vetor[0..n] de inteiros, inicio, meio, fim: inteiro)
2.    Var
3.        n, b[n], i1, i2, j: inteiro
4.    Início
5.        j ← 0
6.        n ← fim - inicio + 1
7.        i1 ← inicio
8.        i2 ← meio + 1
9.        Enquanto (i1 <= meio .e. i2 <= fim) faça
10.           Se (a[i1] < a[i2]) então
11.               b[j] ← a[i1]
12.               i1 ← i1 + 1
13.           Senão
14.               b[j] ← a[i2]
15.               i2 ← i2 + 1
16.           Fim-Se
17.           j ← j + 1
18.       Fim-Enquanto
19.       Enquanto (i1 <= meio) faça
20.           b[j] ← a[i1]
21.           i1 ← i1 + 1
22.           j ← j + 1
23.       Fim-Enquanto
24.       Enquanto (i2 <= fim) faça
25.           b[j] ← a[i2]
26.           i2 ← i2 + 1
27.           j ← j + 1
28.       Fim-Enquanto
29.       Para (j de 0 até n - 1 passo +1) faça
30.           a[inicio + j] ← b[j]
31.       Fim-Para
32.   Fim Merge.
33.   Procedimento MergeSort(a: vetor [0..n] de inteiros, inicio, fim: inteiro)
34.   Var
35.       meio: inteiro
36.   Início
37.       Se (inicio = fim) então
38.           Retornar
39.       Fim-Se
40.       meio ← (inicio + fim) / 2
41.       MergeSort(a, inicio, meio)
42.       MergeSort(a, meio + 1, fim)
43.       Merge(a, inicio, meio, fim)
44.   Fim MergeSort.
```

182 Lógica de programação e estruturas de dados

Java:

```
1. import javax.swing.JOptionPane;
2. public class Exemplo10_4 {
3.    public static void main(String[] args){
4.       int[] num = {25, 57, 48, 37, 12, 92, 86, 33};
5.       mostrarVetor(num);
6.       mergeSort(num, 0, num.length - 1);
7.       mostrarVetor(num);
8.    }
9. }
```

O trecho de código apresentado declara a classe principal do programa, no qual fazemos a chamada do método mergeSort (linha 6), passando como parâmetros: o vetor num, declarado e preenchido na linha 4; o valor 0, que representa a primeira posição deste vetor; e a última posição, obtida pela expressão num.length - 1.

```
1. static void mergeSort(int[] vetor, int inicio, int   fim){
2.    if (inicio == fim){
3.       return;
4.    }
5.    int meio = (inicio + fim) / 2;
6.    mergeSort(vetor, inicio, meio);
7.    mergeSort(vetor, meio + 1, fim);
8.    merge(vetor, inicio, meio, fim);
9. }
```

O método mergeSort (linha 1) recebe como parâmetros o conjunto para ordenar, um vetor de inteiros representado por vetor e dois inteiros, um relativo à posição inicial e o outro relativo à posição final. Este programa funciona recursivamente e precisa de uma condição de saída, que é estabelecida na linha 2, verificando se as posições inicio e fim são iguais, resultando no retorno ao programa chamador, o próprio mergeSort.

Na linha 5, o meio do conjunto de números é calculado, operação que possibilita que, a cada chamada recursiva, este cálculo seja refeito, permitindo que divisões sucessivas ocorram até chegarmos a um único elemento em cada vetor, como mencionamos na apresentação deste método.

Nas linhas 6 e 7, o mergeSort é chamado, recursivamente, com os parâmetros vetor (subconjunto a ser ordenado) e as posições relativas ao inicio e meio ou meio + 1 e o fim, de acordo com o subconjunto que será tratado.

Quando a chamada recursiva da linha 7 for finalizada, o fluxo do processamento seguirá para a linha 8, que faz uma chamada ao procedimento merge.

```
1.    public static void merge(int[] vetor, int inicio, int meio, int fim){
2.       int n = fim - inicio + 1;
3.       int[] b = new int[n];
4.       int i1 = inicio;
```

```
5.          int i2 = meio + 1;
6.          int j = 0;
7.          while (i1 <= meio && i2 <= fim){
8.              if (vetor[i1] < vetor[i2]){
9.                  b[j] = vetor[i1];
10.                 i1++;
11.             }else{
12.                 b[j] = vetor[i2];
13.                 i2++;
14.             }
15.             j++;
16.         }
17.         while (i1 <= meio){
18.             b[j] = vetor[i1];
19.             i1 = i1 + 1;
20.             j++;
21.         }
22.         while (i2 <= fim){
23.             b[j] = vetor[i2];
24.             i2 = i2 + 1;
25.             j++;
26.         }
27.         for (j = 0; j < n; j++){
28.             vetor[inicio + j] = b[j];
29.         }
30.     }
```

O procedimento merge (linha 1) recebe como parâmetros o vetor de inteiros com o conjunto de valores para ordenar e as variáveis inicio, meio e fim, utilizadas para controlar o processo de intercalação dos subconjuntos.

Na linha 2, a variável n recebe o tamanho do vetor, calculado a partir da operação fim – inicio + 1.

Na linha 3, fazemos a declaração do vetor auxiliar b, necessário para a realização do procedimento merge. Nele são armazenados os valores ordenados e, na linha 6, é declarada a variável j, utilizada para controlar as posições deste vetor.

As variáveis i1 e i2 têm a função auxiliar no controle dos laços de iteração, responsáveis pela intercalação dos subconjuntos.

```
1. static void mostrarVetor(int[] v){
2.    String vetor = "";
3.    for(int i = 0; i < v.length; i++) vetor = vetor + v[i] + ", ";
4.        JOptionPane.showMessageDialog(null, vetor);
5. }
```

O procedimento mostrarVetor, exibido no trecho de código acima, é utilizado para exibir os elementos do vetor e é chamado nas linhas 5 e 7 do método principal.

10.4 EXERCÍCIOS PARA FIXAÇÃO

1. Resolva os exercícios dos itens a seguir, aplicando os métodos Bolha recursivo, Quicksort e Mergesort.

   a) Leia 10 números inteiros fornecidos pelo usuário, armazenando-os em um vetor chamado `vet_A`.

   b) Crie uma função chamada `ordena`, que recebe como parâmetro `vet_A`, faça a classificação dos elementos em ordem crescente e retorne o vetor ordenado, utilizando o método Bolha iterativo.

   c) Desenvolva uma função chamada `exibe_ordenado` que, a partir do vetor recebido como parâmetro, apresente-o na ordem crescente e decrescente, sem que, para tanto, ele seja reorganizado.

2. Escreva um programa modular que leia 10 nomes de pessoas e os armazene em um vetor. Em seguida, ordene os elementos do vetor e apresente, ao final, a lista de nomes anterior e posterior à ordenação. Escreva as funções ou os procedimentos que julgar necessários, explicando, por meio de comentários, o que está sendo proposto.

3. Escreva um programa que leia 20 números inteiros fornecidos pelo usuário e armazene somente os pares em um vetor chamado `vetor_pares`. Ordene os elementos deste vetor com a utilização do método Bolha recursivo.

10.5 EXERCÍCIOS COMPLEMENTARES

1. Faça um esquema que represente o processo de ordenação do conjunto {18, 13, 21, 1, 44, 30, 99, 5, 7} para os seguintes métodos:

   a) Bolha iterativo.

   b) Quicksort.

   c) Mergesort.

2. Crie um algoritmo que receba como entrada uma palavra fornecida pelo usuário. Armazene os caracteres em um vetor, ordene estes caracteres (elementos do vetor) em ordem crescente e apresente o resultado, com a utilização do método Quicksort.

3. Refaça os algoritmos dos Exemplos 10.1, 10.2, 10.3 e 10.4, de forma que os vetores resultantes tenham os elementos em ordem decrescente.

4. Crie vetores para armazenar o número de chamada de 10 alunos, além de suas respectivas médias e faltas em determinada disciplina, a partir de entradas aleatórias pelo usuário. Considere notas de 0 a 10, em valores de 0,5 ponto de precisão, e classifique as faltas por número de dias. Crie um programa que ordene e apresente uma listagem com as informações sobre os alunos (número de chamada, nota e falta), de acordo com os critérios:

   a) Notas classificadas em ordem decrescente.

   b) Faltas em ordem crescente.

Estruturas do tipo pilhas e filas

11

Temas do capítulo

▶ Métodos de implementação de pilhas e filas
▶ Estrutura do tipo pilha
▶ Estrutura do tipo fila

Objetivos de aprendizagem

Apresentar as estruturas de dados, frequentemente utilizadas na programação, denominadas pilhas e filas, por meio de diagramas e exemplos simples, facilitando seu entendimento e sua implementação.

11.1 MÉTODOS DE IMPLEMENTAÇÃO DE PILHAS E FILAS

As estruturas de dados são, muitas vezes, a maior dificuldade do programador inexperiente; por isso, procuramos demonstrar neste livro, a partir de exemplos simples, como construir tais estruturas, que podem ser implementadas por meio de arranjos ou alocação dinâmica de memória.

Os arranjos, estruturas do tipo vetor ou matriz, têm uma implementação simples, pois o conteúdo da lista é armazenado em um espaço de memória, com tamanho de n elementos, organizados em posições contínuas. Apesar da facilidade de compreensão em como manipular seus dados, os arranjos possuem limitação relativa à quantidade de elementos que o conjunto suporta, isto é, um tamanho predeterminado, que pode ou não ser totalmente ocupado, necessitando, eventualmente, de mais espaço, além daquele reservado de início.

Na alocação dinâmica de memória, os dados são armazenados em posições de memória referenciadas, sendo possível, a partir de um elemento, encontrar os próximos, o que chamamos de lista encadeada, assunto que será apresentado no Capítulo 12.

Neste capítulo, a implementação das pilhas e filas ocorre por meio de vetores, como alternativa e de modo complementar ao assunto (discutido no Capítulo 6), porém, após o estudo das listas encadeadas, o estudante poderá facilmente adaptar os exemplos aqui apresentados.

Pilhas, filas e listas encadeadas são, na verdade, listas de dados, cuja diferença principal está na forma de acesso à inclusão e remoção de seus elementos.

11.2 ESTRUTURA DO TIPO PILHA

As *pilhas* são estruturas de dados conhecidas como listas LIFO (*Last In, First Out*); em português, significa que o último elemento a entrar é o primeiro a sair (UEPS). Trata-se de uma lista linear em que todas as operações de inserção e remoção são feitas por um único extremo, denominado *topo*.

Um exemplo bastante comum que se aplica a este conceito é o de uma pilha de pratos guardada no armário. Quando a pessoa precisa de um prato, normalmente utiliza o que está no topo da pilha e quando vai guardá-lo, coloca-o igualmente no topo; tal fato acontece porque apenas uma das extremidades da pilha está acessível. A Figura 11.1 ilustra o conceito de pilha:

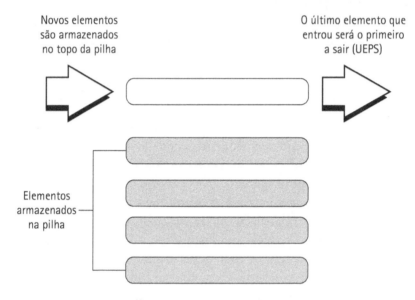

Figura 11.1 Conceito de pilha.

A operação de inserção de um elemento na pilha é denominada **empilhar** e a de remoção ou exclusão, **desempilhar**.

EXEMPLO 11.1

Algoritmo que representa uma pilha implementada com arranjo.

Pseudocódigo:

```
1.      Algoritmo Exemplo11_1
2.      Var
3.         Tipo pilha_reg = registro
4.                     topo: inteiro
5.                     elemento: vetor[0..n] de inteiros
6.         Fim_registro
```

Capítulo 11 | Estruturas do tipo pilhas e filas   **187**

```
7.        pilha: pilha_reg
8.    Início
9.        pilha.topo ← -1      //instruções de manipulação omitidas
10.   Fim.
11.   Função PilhaVazia(): lógica
12.   Início
13.       Se (pilha.topo = -1) então
14.          Retornar .v.
15.       Senão
16.          Retornar .f.
17.       Fim-Se
18.   Fim PilhaVazia.
19.   Função PilhaCheia(): lógica
20.   Início
21.       Se (pilha.topo = n) então
22.          Retornar .v.
23.       Senão
24.          Retornar .f.
25.       Fim-Se
26.   Fim PilhaCheia.
27.   Procedimento Empilhar(elem: inteiro)
28.   Início
29.       Se (.não. PilhaCheia()) então
30.          pilha.topo ← pilha.topo + 1
31.          elemento[topo] ← elem
32.       Senão
33.          Mostrar("Pilha Cheia!")
34.       Fim-Se
35.   Fim Empilhar.
36.   Função Desempilhar(): inteiro
37.   Var
38.       valorDesempilhado: inteiro
39.   Início
40.       Se (PilhaVazia()) então
41.          Mostrar ("Pilha Vazia")
42.       Senão
43.          valorDesempilhado ← elemento[topo]
44.          pilha.topo ← pilha.topo - 1
45.       Fim-Se
46.       Retornar(valorDesempilhado)
47.   Fim Desempilhar.
48.   Função ElementoTopo(): inteiro
49.   Início
50.       Retornar elemento[topo]
51.   Fim ElementoTopo.
52.   Procedimento MostrarPilha()
53.   Var
54.       i: inteiro
55.   Início
```

```
56.        Se (PilhaVazia()) então
57.           Mostrar("Pilha vazia")
58.        Senão
59.           Para (i ← pilha.topo até 0) faça
60.              Mostrar ("Elemento ", elemento[i], " | ")
61.           Fim-Para
62.        Fim-Se
63.    Fim MostrarPilha.
```

Uma pilha pode também ser implementada por meio de ponteiros ou por referência, no caso da linguagem Java, como apresentado no Capítulo 12, que trata das estruturas dinâmicas de dados.

A seguir, apresentamos o programa em Java para implementar uma pilha. O código foi separado em partes para facilitar a leitura dos comentários, que aparecem logo depois dos trechos de código. Cada parte do programa em Java contém as operações equivalentes aos procedimentos e às funções do pseudocódigo, bem como o trecho de código relativo à implementação do Exemplo 11.1, com o método principal.

Implementação da classe Pilha em Java:

```
1. import javax.swing.JOptionPane;
2. public class Pilha{
3.    int tamanho;
4.    int topo;
5.    Object vetor[];
6.    Pilha(int tam){
7.       topo = -1;
8.       tamanho = tam;
9.       vetor = new Object[tam];
10.   }
```

Assim como, no pseudocódigo, criamos um registro para representar a pilha, no programa em Java, criamos uma classe, na qual definimos a estrutura de cada elemento que será manipulado e suas operações, seguindo os princípios da Orientação a Objetos.

A pilha é implementada por meio de um vetor, utilizado como contêiner para o armazenamento dos elementos e, por isso, a classe `Pilha` possui as variáveis `tamanho`, `topo` e `vetor` (linhas 3, 4 e 5). A variável `tamanho` é utilizada para definir o tamanho do vetor; a variável `topo` tem a finalidade de controlar a posição do elemento que ocupa o topo da pilha, isto é, o último elemento do vetor; e a variável `vetor` representa o contêiner de dados.

Na definição do vetor, feita no algoritmo em pseudocódigo, não determinamos o tamanho máximo de elementos aceitos: `elemento: vetor[0..n]` de inteiros. Na classe do programa em Java, definimos o vetor como sendo do tipo `Object`[1] (linha 5) e, no seu mé-

---

[1] `Object` é uma superclasse do Java, da qual derivam os tipos primitivos nativos da linguagem. Dessa maneira, uma variável do tipo `Object` pode receber qualquer tipo de dado sem a necessidade de conversão e eles podem ser passados por referência.

todo construtor (linhas 6 a 10), o tamanho do vetor é passado como parâmetro e utilizado para instanciar um objeto em: vetor = new Object[tam] (linha 9).

> Observe que o método construtor inicializa a variável **topo** com –1, para indicar que a pilha, inicialmente, está vazia.

Métodos da classe Pilha em Java:

```
11.    public boolean pilhaVazia(){
12.        if (topo == -1)
13.            return true;
14.        else
15.            return false;
16.    }
17.    public boolean pilhaCheia(){
18.        if (topo == tamanho - 1)
19.            return true;
20.        else
21.            return false;
22.    }
```

Os métodos (funções) `pilhaVazia()` e `pilhaCheia()` são utilizados para verificar, respectivamente, se a pilha está vazia ou cheia. Eles são necessários para controlar a realização das operações de desempilhar ou empilhar elementos, de forma a evitar ações ilegais, como tentar desempilhar um elemento de uma pilha vazia ou empilhar um novo elemento em uma pilha cheia.

O método `pilhaVazia()`, que retorna um valor booleano, utiliza a variável topo, incrementada na operação de empilhar e decrementada na operação de desempilhar. Assim, a pilha está vazia somente quando topo for igual a –1.

O método `pilhaCheia()` verifica se a pilha está cheia, utilizando as variáveis topo e tamanho para esta operação. Como a variável topo é incrementada a cada elemento colocado na pilha, quando seu valor atinge o limite do vetor (tamanho – 1), a pilha alcançou sua capacidade. É preciso subtrair 1 de tamanho, uma vez que esta variável indica a quantidade de elementos e não a última posição, o que se deseja verificar na operação de comparação topo == tamanho – 1, da linha 18.

Método da classe Pilha em Java:

```
23.    public void empilhar (Object elemento){
24.        if (!pilhaCheia()){
25.            topo++;
26.            vetor[topo] = elemento;
27.        }else{
28.            JOptionPane.showMessageDialog (null,"Pilha Cheia");
29.        }
30.    }
```

O método empilhar(Object elemento) recebe, como parâmetro, a variável elemento, do tipo Object e não retorna qualquer valor (tipo void). Antes da inserção de um novo elemento, ele verifica se a pilha não está cheia, o que é feito por meio da negação do retorno do método pilhaCheia(), conforme a expressão condicional da linha 24. O elemento deve ser inserido no topo da pilha, a fim de que o conceito UEPS seja respeitado. Deste modo, a variável topo é incrementada e o novo elemento é inserido na posição do topo: vetor[topo] = elemento (linha 26).

Para exemplificar este procedimento, vamos empilhar o número 45 em uma pilha com capacidade para 5 elementos. Veja na Figura 11.2.

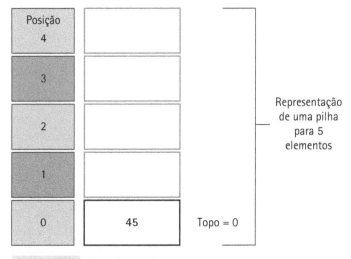

Figura 11.2 Operação *empilhar*.

Se empilharmos um novo elemento, por exemplo o número 7, a pilha ficará conforme a Figura 11.3.

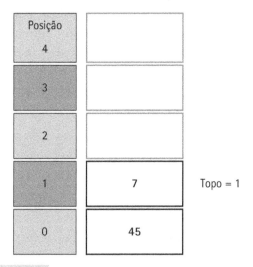

Figura 11.3 Operação *empilhar* com acréscimo de novo elemento.

Se continuarmos empilhando novos elementos, até que a pilha fique cheia, teremos a Figura 11.4.

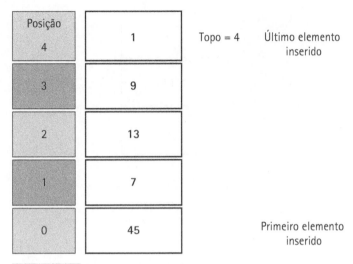

Figura 11.4 Representação da pilha cheia.

Método da classe Pilha em Java:

```
31.    public Object desempilhar(){
32.       Object valorDesempilhado = null;
33.       if (pilhaVazia()){
34.          JOptionPane.showMessageDialog(null, "Pilha Vazia");
35.       }else{
36.          valorDesempilhado = vetor[topo];
37.          topo--;
38.       }
39.       return valorDesempilhado;
40.    }
```

O método `desempilhar()` não recebe parâmetro, pois, por definição, o elemento a ser removido é, sempre, o que está no topo da pilha, não precisando passar qualquer informação, já que a própria pilha foi implementada para realizar tal controle. Ele retorna o elemento removido, por meio da instrução da linha 39, usando a variável `valorDesempilhado`, do tipo `Object`, declarada na linha 32, providenciando também o decremento da variável `topo`. A operação de desempilhar verifica se a pilha está vazia (linha 33), exibindo a mensagem da linha 34, indicando que a remoção não pode ser realizada.

Observe, na Figura 11.4, que o último elemento inserido, número 1, é o que ocupa o topo da pilha. Já o primeiro elemento inserido, número 45, fica no final da pilha e será o último elemento removido (desempilhado). Ao desempilhar o elemento do topo, aquele imediatamente inferior passa a representar o topo, sendo definido por meio da instrução realizada na linha 37, `topo--`, que pode ser verificado pela ilustração da Figura 11.5.

192 Lógica de programação e estruturas de dados

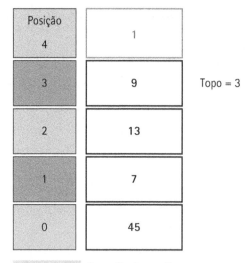

Figura 11.5 Operação *desempilhar*.

Desempilhar é uma operação lógica, e não física. Dessa forma, a referência ao topo passa para o elemento seguinte, deixando-se de considerar o elemento que foi removido. No entanto, fisicamente, ele continua existindo na memória, conforme representado na Figura 11.5.

Método da classe Pilha em Java:
```
41.    public Object elementoTopo(){
42.        if (pilhaVazia())
43.            JOptionPane.showMessageDialog(null, "Pilha Vazia");
44.        else
45.            return vetor[topo];
46.        return null;
47.    }
```

O método `elementoTopo()` não recebe nenhum parâmetro e retorna o elemento que ocupa a posição do topo. Conforme podemos observar na Figura 11.5, o número 9, da posição 3 do vetor, ocupa o topo. Este método também verifica se a pilha está vazia, informando este fato por meio de uma mensagem ao usuário.

Método da classe Pilha em Java:
```
48.    public void mostrarPilha(){
49.        int i;
50.        String mensagem = "";
51.        if(!pilhaVazia()){
52.            for (i = topo ; i >= 0 ; i--){
53.                mensagem = mensagem + vetor[i] + " | ";
54.            }
55.        }else{
56.            mensagem = "Pilha Vazia";
57.        }
58.        JOptionPane.showMessageDialog(null, mensagem);
59.    }
```

O método mostrarPilha() não recebe parâmetros e também não retorna valor, sendo utilizado para exibir os elementos da pilha, o que é feito com o uso da estrutura for, que repete o processo de exibição do valor do elemento e da posição que ele ocupa, até que a variável de controle i atinja a primeira posição do vetor.

Antes de realizar esta operação, é necessário verificar se a pilha não está vazia, o que ocorre na linha 51.

A classe Exemplo11_1, conforme pode ser visto a seguir, possibilita a manipulação da pilha, de modo que o usuário possa selecionar a opção desejada, entre as operações implementadas na classe, conforme apresentado anteriormente.

Java:

```
1.    import javax.swing.JOptionPane;
2.    public class Exemplo11_1{
3.       public static void main (String[] args){
4.          int tamanho = Integer.parseInt(JOptionPane.showInputDialog
5.             ("Informe o tamanho da pilha"));
6.          Pilha objPilha = new Pilha(tamanho);
7.          Object inserir, desempilhado, topo = null;
8.          int opc = 0;
9.          while(opc != 5){
10.            opc = Integer.parseInt(JOptionPane.showInputDialog
11.               ("Escolha a opção Desejada: \n" +
12.               "1 - empilhar \n" +
13.               "2 - desempilhar \n" +
14.               "3 - exibir os elementos da pilha \n" +
15.               "4 - exibir o elemento do topo \n" +
16.               "5 - sair"));
17.            switch(opc){
18.            case 1:
19.               inserir = JOptionPane.showInputDialog
20.                  ("Digite um valor inteiro");
21.               objPilha.empilhar(inserir);
22.               break;
23.            case 2:
24.               desempilhado = objPilha.desempilhar();
25.               if (desempilhado != null)
26.                  JOptionPane.showMessageDialog
27.                     (null, "O elemento retirado é: " + desempilhado);
28.               break;
29.            case 3:
30.               objPilha.mostrarPilha();
31.               break;
32.            case 4:
33.               topo = objPilha.elementoTopo();
34.               if (topo != null)
35.                  JOptionPane.showMessageDialog
36.                     (null, "O elemento do topo é: " + topo);
```

```
37.                break;
38.            case 5:
39.                System.exit(0);
40.                break;
41.        }
42.    }
43.  }
44. }
```

No programa, o tamanho da pilha deve ser informado pelo usuário (linhas 4 e 5) e será passado como argumento para a classe `Pilha`, por meio da chamada do construtor new `Pilha (tamanho)`, na linha 6. Ele apresenta um menu com as opções: empilhar, desempilhar, exibir os elementos da pilha, exibir o elemento do topo e sair. Com exceção da opção sair, as demais fazem chamadas aos métodos da classe `Pilha`, como a instrução da linha 21 `objPilha.empilhar(inserir)` para empilhar um elemento.

11.3 ESTRUTURA DO TIPO FILA

Quem nunca ficou em uma fila para comprar ingressos, sacar dinheiro ou até para comprar o pãozinho para o café da manhã? O conceito de fila em programação é o mesmo de quando esperamos para ser atendidos em determinada ordem: o primeiro elemento a entrar na fila será o primeiro elemento a sair. Este conceito é conhecido, em inglês, como FIFO (*First In, First Out*) e, em português, como PEPS (Primeiro que Entra, Primeiro que Sai). Então, no conceito de fila, os elementos são atendidos, ou utilizados, sequencialmente na ordem em que são armazenados.

As *filas* são conjuntos, ou listas de elementos, cujas operações de inserção são feitas por uma extremidade e as operações de remoção, por outra. Um exemplo é a fila de documentos em uma impressora, na qual os arquivos são organizados em uma lista, impressos conforme a ordem de chegada. A Figura 11.6 ilustra o conceito de fila.

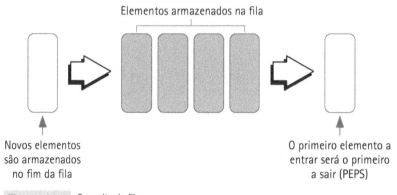

Figura 11.6 Conceito de fila.

A implementação de filas pode ser feita por meio de arranjos ou de ponteiros. Por meio de arranjos, utilizamos um vetor como contêiner para o armazenamento dos elementos, sendo necessário construir um registro que contenha as informações da fila, tal como fizemos com a pilha. Porém, as manipulações da fila ocorrem pelo início ou pelo fim, e, desse modo, o registro deverá conter o início, o final e o contêiner de elementos, que é um vetor; cada um dos elementos da fila será representado por uma posição no vetor.

A fila pode ser implementada de duas maneiras: circular ou regular.

11.3.1 FILA CIRCULAR

A *fila circular* é assim definida porque as posições do primeiro e do último elemento são definidas, dinamicamente, em função da inserção e remoção de seus componentes.

Observe a Figura 11.7, que representa uma fila circular implementada por meio de um vetor, na qual os elementos estão dispostos de forma circular, mostrando que, ao removermos o elemento da posição 0, número 45, o início passa a ser a posição 1, relativa ao número 7; e, ao incluirmos um novo, ele ocupará a posição 0, que passará a ser referenciada como fim.

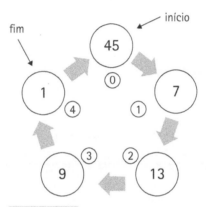

Figura 11.7 Fila circular.

A Figura 11.8 ilustra uma sequência de operações para remover elementos (desenfileirar) e inserir elementos (enfileirar) utilizando a mesma sequência de números da Figura 11.7, para melhor representar o processo.

		início				fim
	Valor	45	7	13	9	1
	Posição	0	1	2	3	4
			início			fim
desenfileirar	Valor	null	7	13	9	1
	Posição	0	1	2	3	4
				início		fim
desenfileirar	Valor	null	null	13	9	1
	Posição	0	1	2	3	4
		fim		início		
enfileirar	Valor	78	null	13	9	1
	Posição	0	1	2	3	4

Figura 11.8 Operações em uma fila circular.

O primeiro elemento da fila inicialmente ocupa a posição 0, e, à medida que elementos são desenfileirados, o início passa para a posição seguinte. As posições disponíveis são ocupadas com novas inserções e, desta maneira, quando a última posição do vetor está ocupada, mas existem posições disponíveis, o ciclo de preenchimento volta para a posição 0. Observe que o início e o fim são deslocados, conforme as operações realizadas.

EXEMPLO 11.2
Implementação de uma fila circular com arranjo.

Pseudocódigo:

```
1.    Algoritmo Exemplo11_2
2.    Var
3.       Tipo fila_reg = registro
4.                    inicio: inteiro
5.                    fim: inteiro
6.                    elemento: vetor [0..n] de inteiros
7.       Fim_registro
8.          total: inteiro
9.          fila: fila_reg
10.   Início
11.      fila.inicio ← 0
12.      fila.fim ← 0
13.      total ← 0   //demais instruções de manipulação omitidas
14.   Fim.
15.   Função Vazia(): lógica
16.   Início
17.      Se(total = 0) então
18.         Retornar .v.
19.      Senão
20.         Retornar .f.
21.      Fim-Se
22.   Fim Vazia.
23.   Função Cheia(): lógica
24.   Início
25.      Se(total = n + 1) então
26.         Retornar .v.
27.      Senão
28.         Retornar .f.
29.      Fim-Se
30.   Fim Cheia.
31.   Procedimento Enfileirar(elem: inteiro)
32.   Início
33.      Se (.não. Cheia()) então
34.         fila.elemento[fim] ← elem
35.         fila.fim ← fila.fim + 1
36.         total ← total + 1
```

Capítulo 11 | Estruturas do tipo pilhas e filas **197**

```
37.                Se (fila.fim = n + 1) então
38.                   fila.fim = 0
39.           Fim-Se
40.         Senão
41.           Mostrar("Fila cheia!")
42.         Fim-Se
43.    Fim Enfileirar.
44.    Função Desenfileirar(): inteiro
45.    Var
46.           elem: inteiro
47.    Início
48.       Se (Vazia()) então
49.          Mostrar ("Fila Vazia")
50.       Senão
51.          elem ← fila.elemento[inicio]
52.          fila.elemento[inicio] ← nulo
53.          fila.inicio  ← fila.inicio + 1
54.          total ← total — 1
55.          Se (fila.inicio = n + 1) então
56.             fila.inicio ← 0
57.          Fim-Se
58.       Fim-Se
59.       Retornar elem
60.    Fim Desenfileirar.
61.    Procedimento MostrarFila()
62.    Var
63.       i: inteiro
64.    Início
65.       Para(i ← fila.inicio até n) faça
66.          Mostrar("Posição ", i, " valor ", elemento[i])
67.       Fim-Para
68.       Se(fila.inicio <> 0) então
69.          Para(i ← 0 até fila.inicio — 1) faça
70.             Mostrar("Posição ", i, " valor ", elemento[i])
71.          Fim-Para
72.       Fim-Se
73.    Fim MostrarFila.
```

No Exemplo 11.2, a variável `elemento`, declarada na linha 6, é do tipo vetor e comporta n números inteiros. Esta característica é um limitador quando trabalhamos com arranjos, pois podemos inserir apenas uma quantidade definida de valores. Por isto, antes de inserir um novo elemento (colocá-lo na fila), é necessário verificar se ela está cheia, utilizando a Função `Cheia()`, que faz parte do procedimento `Enfileirar(elem: inteiro)`, recebendo, como parâmetro, um número inteiro para inserir no final da fila.

Os elementos também podem ser retirados da fila, isto é, desenfileirados. Para isso, foi criada a Função `Desenfileirar()`, que retorna o número removido, desde que a fila não esteja vazia, o que é verificado por meio da Função `Vazia()`.

Por último, para a apresentação dos elementos da fila, temos o procedimento `MostrarFila()` (linha 61), que usa estruturas de laço para percorrer o vetor do início ao fim.

Para implementar uma fila com o uso de ponteiros, ou na linguagem Java por referência (alocação dinâmica), basta utilizar uma estrutura de nó, conforme será exemplificado a respeito de listas simples e listas duplamente encadeadas, assunto do Capítulo 12.

A seguir, apresentamos o programa em Java para implementar uma fila circular. O código foi separado em partes a fim de facilitar a leitura dos comentários, que aparecem logo depois de cada trecho. Cada parte do programa em Java contém as operações equivalentes aos procedimentos e às funções do pseudocódigo, bem como o trecho de código relativo à implementação do Exemplo 11.2, com o método principal.

Implementação da classe FilaCircular em Java:

```
1.    public class FilaCircular{
2.       int tamanho, inicio, fim, total;
3.       Object vetor[];
4.       FilaCircular(int tam){
5.          inicio = 0;
6.          fim = 0;
7.          total = 0;
8.          tamanho = tam;
9.          vetor = new Object[tamanho];
10.      }
```

Na linha 2, são declarados os atributos que compõem a estrutura da classe `FilaCircular` e, na linha 3, o vetor que será utilizado como contêiner para armazenamento dos elementos. O método construtor (linha 4) recebe como parâmetro o tamanho do vetor, e os atributos `inicio`, `fim` e `total` são inicializados com 0, indicando tratar-se, inicialmente, de uma fila vazia.

Atributos de uma classe são os elementos que definem a estrutura dos objetos criados a partir dela, que, quando instanciados por um método construtor, devem receber um valor. Por simplificação, esses atributos serão tratados como variáveis.

Métodos da classe FilaCircular em Java:

```
11.   public boolean filaVazia(){
12.      if (total == 0){
13.         return true;
14.      }else{
15.         return false;
16.      }
17.   }
```

```
18.   public boolean filaCheia(){
19.     if (total == tamanho){
20.        return true;
21.     }else{
22.        return false;
23.     }
24.   }
```

O método `filaVazia()` usa a variável `total` para verificar se existem elementos na fila, retornando verdadeiro ou falso, conforme a situação. Já `filaCheia()` usa a mesma variável, porém, para averiguar se a fila atingiu o total de elementos possível, compara-a com `tamanho`. Ambos não requerem parâmetros e são utilizados para validar a realização das demais operações sobre a fila, tais como tentar remover um elemento de uma fila vazia ou inserir um elemento em uma fila que já esteja cheia.

Métodos da classe FilaCircular em Java:

```
25.   public void enfileirar(Object elemento){
26.     if (!filaCheia()){
27.        vetor[fim] = elemento;
28.        fim++;
29.        total++;
30.        if (fim == tamanho)
31.           fim = 0;
32.     }else{
33.        JOptionPane.showMessageDialog(null, "Fila Cheia");
34.     }
35.   }
```

Este método insere um novo elemento na fila, utilizando o objeto `elemento`, recebido como argumento, verificando antes se a fila não está cheia por meio da chamada ao método `filaCheia()`, na instrução da linha 26. O contêiner para os dados recebe a atribuição do novo elemento, inicialmente, em sua posição 0, uma vez que `fim` é inicializado com zero no construtor. Posteriormente é incrementado, linha 28, indicando uma nova posição disponível e, portanto, um novo fim. Por tratar-se de uma fila circular, quando a variável `fim` atinge o tamanho do vetor, a ela é atribuído o valor 0 (instruções das linhas 30 e 31), possibilitando, caso o número da posição 0 seja removido, que um novo elemento possa ser alocado a esta posição.

Métodos da classe FilaCircular em Java:

```
36.   public Object desenfileirar(){
37.     Object desenfileirado = null;
38.     if (filaVazia()){
39.        JOptionPane.showMessageDialog(null, "Fila Vazia");
40.     }else{
41.        desenfileirado = vetor[inicio];
42.        vetor[inicio] = null;
43.        inicio++;
44.        total--;
```

200 Lógica de programação e estruturas de dados

```
45.         if (inicio == tamanho){
46.             inicio = 0;
47.         }
48.     }
49.     return desenfileirado;
50. }
```

A função de remover um elemento da fila é executada pelo método `desenfilei-rar()`, que retorna o objeto `desenfileirado` (linha 49), verificando, para tanto, se a fila está vazia, por meio da chamada do método `filaVazia()`, na instrução da linha 38. A variável `inicio`, utilizada para controlar o primeiro da fila, tem a finalidade de referenciar o elemento do vetor que deve ser removido (linha 41), cuja posição é substituída por nulo (linha 42). Esta variável é incrementada no processo, de forma a apontar para o próximo elemento, que passará a ser o primeiro da fila; porém, quando seu valor chega ao tamanho máximo do vetor, por tratar-se de uma fila circular, a ela é atribuído o número 0 (instruções das linhas 45 e 46). É importante observar que o método retorna, obrigatoriamente, um objeto (`desenfileirado`), que pode conter um elemento do vetor ou um nulo (`null`), dependendo do fluxo de execução em função da condição da linha 38.

Métodos da classe FilaCircular em Java:

```
51.     public Object elementoInicio(){
52.         return vetor[inicio];
53.     }
54.     public String mostrarFila(){
55.         int i;
56.         String mensagem = "Início --- ";
57.         for (i = inicio; i < tamanho; i++){
58.             mensagem = mensagem + vetor[i] + " | ";
59.         }
60.         if (inicio != 0){
61.             for (i = 0; i < inicio; i++){
62.                 mensagem = mensagem + vetor[i] + " | ";
63.             }
64.         }
65.         return mensagem;
66.     }
```

Com a função de consulta, o método `elementoInicio()` retorna, ao chamador, o objeto relativo ao elemento que ocupa a primeira posição da fila, equivalente ao referenciado por `inicio` no vetor.

O método `mostrarFila()` retorna a lista de elementos da fila, armazenados de forma concatenada, na variável `mensagem`. O laço de repetição que tem início na linha 57 percorre o vetor (fila), desde a posição inicial, `i = inicio`, até a final, `i < tamanho`, concatenando os elementos como `Strings` em `mensagem`. Se a variável `inicio` for diferente de 0 (linha 60), o primeiro elemento da fila não ocupa a primeira posição do vetor; portanto, um novo laço de repetição deve ser iniciado, percorrendo da posição 0, `i = 0`, até o último elemento da fila, `i < inicio`. Por exemplo, se estamos usando um vetor de 4 elementos e o primeiro da fila ocupa a posição 2, lembrando o conceito de fila circular, temos de percorrer as posições de 2 a 3 e, posteriormente, de 0 a 1, a fim de que todos os dados sejam considerados.

A classe `Exemplo11_2` implementa um menu, que permite selecionar opções para manipular uma fila e utiliza os métodos que implementamos na classe `FilaCircular`, conforme pode ser visto a seguir.

Java:

```java
1. import javax.swing.JOptionPane;
2. public class Exemplo11_2{
3.   public static void main(String[] args){
4.     int tamanho = Integer.parseInt(JOptionPane.showInputDialog
5.        ("Informe o tamanho da fila"));
6.     FilaCircular objFila = new FilaCircular(tamanho);
7.     Object inserir, desenfileirado = null;
8.     int opc=0;
9.   while(opc != 5){
10.     opc = Integer.parseInt(JOptionPane.showInputDialog
11.        ("Escolha a opção Desejada \n" +
12.           "1 - enfileirar \n" +
13.           "2 - desenfileirar \n" +
14.           "3 - exibir os elementos da fila \n" +
15.           "4 - exibir o primeiro elemento \n" +
16.           "5 - sair"));
17.     switch(opc){
18.     case 1:
19.       inserir = JOptionPane.showInputDialog
20.       ("Digite um valor inteiro");
21.       objFila.enfileirar(inserir);
22.       break;
23.     case 2:
24.       desenfileirado = objFila.desenfileirar();
25.       if (desenfileirado != null)
26.         JOptionPane.showMessageDialog(null,
27.           "O elemento retirado é: " + desenfileirado);
28.       break;
29.     case 3:
30.       JOptionPane.showMessageDialog(null, objFila.mostrarFila());
31.       break;
32.     case 4:
33.       JOptionPane.showMessageDialog(null, "Primeiro elemento: " +
34.           objFila.elementoInicio());
35.       break;
36.     case 5:
37.       System.exit(0);
38.       break;
39.     }
40.   }
41. }
42.}
```

11.3.2 FILA REGULAR

Uma *fila regular*, implementada por meio de arranjo, é aquela em que o primeiro elemento sempre ocupa a posição 0 do vetor e, quando ele é desenfileirado, os demais elementos são realocados, a partir da primeira posição do contêiner, mantendo a sua ordem.

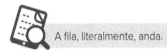
A fila, literalmente, anda.

A Figura 11.9 representa a operação de inserir (enfileirar) e remover (desenfileirar), que rearranja os elementos, de modo a ficarem dispostos a partir da primeira posição do vetor.

		início				fim
	Valor	45	7	13	9	1
	Posição	0	1	2	3	4
		início			fim	
desenfileirar	Valor	7	13	9	1	1
	Posição	0	1	2	3	4
		início		fim		
desenfileirar	Valor	13	9	1	1	1
	Posição	0	1	2	3	4
		início			fim	
enfileirar	Valor	13	9	1	78	1
	Posição	0	1	2	3	4

Figura 11.9 Operações em uma fila regular.

A implementação da fila regular é parecida com a da fila circular, diferenciando-se apenas em relação à forma de manipular seus elementos, cujas operações são apresentadas a seguir, apenas em Java.

Na estrutura da classe, fazemos uma pequena modificação, retirando o atributo ou variável `total`, que é desnecessário, pois sua utilização para verificar se a fila circular estava cheia pode ser realizada por meio do atributo `fim`.

Implementação da classe FilaRegular em Java:

```
1.  public class FilaRegular{
2.    int tamanho, inicio, fim;
3.    Object vetor[];
4.    FilaRegular(int tam){
5.      inicio = 0;
6.      fim = 0;
7.      tamanho = tam;
8.      vetor = new Object[tamanho];
9.    }
```

Métodos da classe FilaRegular em Java:

```java
10.   public boolean filaVazia(){
11.     if (fim == 0){
12.       return true;
13.     }else{
14.       return false;
15.     }
16.   }
17.   public boolean filaCheia(){
18.     if (fim == tamanho){
19.       return true;
20.     }else{
21.       return false;
22.     }
23.   }
```

Para averiguar se a fila está vazia, basta verificar se a variável fim é igual a 0, situação inicial do vetor, quando instanciamos um novo objeto da classe. Para sabermos se a fila está cheia, verificamos se fim alcançou o valor da variável tamanho, o que ocorre quando inserimos o último elemento.

Métodos da classe FilaRegular em Java:

```java
24.   public void enfileirar(Object elemento){
25.     if (!filaCheia()){
26.       vetor[fim] = elemento;
27.       fim++;
28.     }else
29.       JOptionPane.showMessageDialog(null, "Fila Cheia");
30.     }
31.   public Object desenfileirar(){
32.     Object desenfileirado = null;
33.     if (filaVazia()){
34.       JOptionPane.showMessageDialog(null, "Fila Vazia");
35.     }else{
36.       desenfileirado = vetor[inicio];
37.       for(int i = 1; i < fim; i++){
38.         vetor[i-1] = vetor[i];
39.       }
40.       fim--;
41.     }
42.     return desenfileirado;
43.   }
44.   public String mostrarFila(){
45.     int i;
46.     String mensagem = "Início --- ";
47.     for (i = inicio; i < fim; i++){
48.       mensagem = mensagem + vetor[i] + " | ";
49.     }
```

204 Lógica de programação e estruturas de dados

```
50.    return mensagem;
51.  }
```

O método `enfileirar(Object elemento)` recebe como parâmetro o objeto `elemento` para inserir na fila, verificando, antes disso, se a fila não está cheia (linha 25). A atribuição ao vetor é feita na posição referenciada por `fim`, (linha 26), sendo que, a cada inserção, esta variável é incrementada para refletir a nova posição disponível. Quando `fim` atinge a quantidade igual ao tamanho do vetor, a fila está cheia, conforme mencionado no comentário referente ao método `filaCheia()`.

O método `desenfileirar()` retorna o elemento removido, se a fila não estiver vazia, usando a variável `desenfileirado`, objeto que recebe o elemento armazenado na posição `inicio` do vetor (linha 36). Em seguida, no laço de repetição com início na linha 37, os elementos do vetor são reorganizados, de forma a ocuparem a posição imediatamente anterior, preservando a estrutura definida, em que a posição 0 armazena o primeiro elemento da fila. Então, a variável `fim` é decrementada, determinando o novo limite do vetor.

A operação para exibir a fila, mostrada a partir da linha 44, executa um laço que percorre os elementos do vetor do início até o fim, concatenando cada número na String `mensagem`, que é retornada pelo método.

11.4   EXERCÍCIOS PARA FIXAÇÃO

1. Elabore um algoritmo que receba, como entrada, uma quantidade de números inteiros escolhida pelo usuário. Construa e exiba uma pilha que armazene apenas os números pares.

2. Utilize a estrutura de uma pilha para armazenar as letras de uma palavra digitada pelo usuário, exibindo-a na ordem inversa.

3. Considere que o usuário faz a entrada de números e operadores matemáticos, representando uma expressão, contendo parênteses para isolar as operações. O objetivo é elaborar um programa para verificar se todos os parênteses abertos são fechados, utilizando, para isso, o empilhamento dos símbolos "(" e ")", à medida que a expressão é lida. Os parênteses devem ser desempilhados, ao formar um par (abertura e fechamento); assim, se sobrar algum elemento na pilha, significa que a expressão está desbalanceada.

4. Apresente o resultado da execução da seguinte sequência sobre uma pilha:

    empilhar(5), empilhar(3), desempilhar(), empilhar(2), empilhar(8), desempilhar(), desempilhar(), empilhar(9), empilhar(1), desempilhar(), empilhar(7), empilhar(6), desempilhar(), desempilhar(), empilhar(4), desempilhar(), desempilhar().

5. Crie uma aplicação que simule a lista de espera de um consultório médico, cujo atendimento é feito em ordem de chegada. Registre uma senha, um número sequencial e o primeiro nome do paciente. Um funcionário digita a entrada (uma inserção na fila) e o médico chama o paciente para a consulta, pelo nome, removendo-o da fila.

6. Considerando a implementação de uma fila para 4 elementos, na qual somente podem ser inseridos números ímpares, faça a simulação da execução da sequência de instruções da Tabela 11.1, indicando a saída e o resultado da fila a cada execução.

    Instruções: na coluna "Saída" mostre uma das mensagens: valor enfileirado, valor não atende à condição, fila cheia, fila vazia, verdadeiro, falso. Na coluna "Resultado da fila", anote os elementos da fila após cada operação.

Capítulo 11 | Estruturas do tipo pilhas e filas **205**

Tabela 11.1 Simulação de operações em uma fila.

Operação	Saída	Resultado da fila
desenfileirar()		
enfileirar(5)		
enfileirar(8)		
desenfileirar()		
enfileirar(7)		
enfileirar(4)		
enfileirar(1)		
enfileirar(3)		
desenfileirar()		
desenfileirar()		
desenfileirar()		
filaVazia()		
enfileirar(9)		
enfileirar(7)		
filaCheia()		
enfileirar(13)		
enfileirar(15)		
desenfileirar()		

7. Cite e justifique pelo menos três atividades realizadas em computadores que requeiram o uso de pilhas.

8. Cite e justifique pelo menos três atividades realizadas em computadores que requeiram o uso de filas.

11.5 EXERCÍCIOS COMPLEMENTARES

1. Uma determinada loja que presta serviços relacionados à telefonia celular está sofrendo muitas críticas por parte de seus clientes, que perdem muito tempo nas filas para atendimento. Com o objetivo de desenvolver um plano de ação para a melhoria do atendimento ao cliente, com a diminuição do tempo de espera nas filas, o responsável pela loja contratou você para desenvolver um estudo sobre as filas, e, para isso, solicitou que desenvolvesse uma simulação do atendimento. Na loja, existem 4 atendentes e, a cada minuto, chegam entre 3 e 11 clientes, sendo que existe uma demora entre 5 e 15 minutos para o atendimento. Para cada atendente existe uma fila, e os clientes escolhem aquela que está vazia ou com menos pessoas. Para cada um que entra na fila, deve-se registrar quanto tempo lá permaneceu (diferença entre o horário de chegada e o horário de atendimento). O algoritmo ou programa deverá informar o tempo médio que cada cliente permaneceu na fila e o total de atendimentos realizados por atendente.

2. A conversão de um valor decimal para o seu correspondente em binário se dá pelas sucessivas divisões dele por 2, até que o quociente seja 0. O representante binário deste número será composto por todos os restos, mas na ordem inversa a que foram calculados. Elabore um algoritmo e um programa capazes de resolver esta questão, a partir de um número fornecido pelo usuário, utilizando o conceito de pilhas.

3. Considere um labirinto qualquer, representado por uma matriz 20 × 20, e crie um algoritmo para:
   a) Encontrar um caminho entre o ponto de entrada e saída.
   b) Armazenar as posições já percorridas.
   c) Ser capaz de retornar em um caminho que não tem saída.

   Observações: o usuário deve escolher o caminho a ser percorrido via console e, para isso, um padrão de movimentação (por exemplo: direita, esquerda, acima e abaixo) deve ser definido.

4. Em uma pilha que contenha números inteiros, dispostos aleatoriamente, e utilizando outra(s) pilha(s), construa uma função para determinar o maior e o menor dos números contidos na pilha original.

5. Como vimos anteriormente, o objetivo do jogo Torre de Hanói (Figura 11.10) é apresentar uma forma de mover todos os discos do pino A para o C, movimentando-os, individualmente, de um pino para o outro, sendo que, em nenhum momento, um disco maior fique sobre o menor, mantendo a mesma ordem, sem desperdiçar movimentos. Escreva uma aplicação que implemente este jogo utilizando pilhas, devendo:
   a) Inicializar os pinos, de modo que o primeiro deve conter 4 discos e os demais fiquem vazios.
   b) Criar um método para representar o movimento de um disco de uma haste (pilha) para outra, avaliando se a jogada é legal ou ilegal.

6. Utilizando o conceito de pilha, faça um algoritmo que, a partir da digitação de expressões delimitadas por "{ }", "[ ]" e "( )", avalie o balanceamento correto, isto é, para cada chave, colchete ou parêntese aberto, deve existir um fechando. Exemplos de expressões:

   $x = [b + (c - d)] * (e - f)$

   Mostrar ("Sandra Puga")

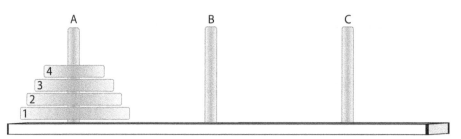

Figura 11.10 Torre de Hanói.

Estruturas dinâmicas de dados 12

Temas do capítulo
- Listas
- Listas encadeadas
- Tipos de listas encadeadas
- Operações em listas de encadeamento simples
- Operações em listas de encadeamento duplo

Objetivos de aprendizagem
Apresentar estruturas de dados para a implementação de listas de encadeamento simples e listas de encadeamento duplo, com a utilização de alocação dinâmica em memória.

12.1 LISTAS

Lista é uma coleção de elementos do mesmo tipo, dispostos linearmente, seguindo ou não determinada organização. Por exemplo: $[E_1, E_2, E_3, E_4, E_5, ..., E_n]$, onde n deve ser maior ou igual a zero. São estruturas de dados mais flexíveis do que as pilhas e as filas, pois permitem a manipulação de elementos em qualquer posição. Como exemplo, podemos citar listas de alunos, de compras, de telefone, de convidados, entre outras.

Quando criamos uma estrutura de dados do tipo lista, podemos utilizar como contêiner, para armazenamento dos dados, um vetor ou uma matriz. Dizemos, então, que se trata de uma *lista implementada por meio de arranjo*. Porém, em vez de utilizarmos um contêiner, podemos empregar a alocação dinâmica, na qual dados são armazenados em posições de memória referenciadas, sendo possível, a partir de um elemento, encontrar os próximos — o que chamamos de *lista encadeada*.

Para a implementação de uma lista por meio de arranjo, basta seguir os conceitos apresentados no Capítulo 11.

12.2 LISTAS ENCADEADAS

Uma *lista encadeada* é um conjunto de elementos dispostos em uma dada organização não linear. Em outras palavras, os elementos estão espalhados pela memória.

207

Para organizar esta lista, de modo que possa ser utilizada como um conjunto, é necessário que cada elemento possua informações sobre sua posição e referência, em relação aos demais.

Na Figura 12.1, temos a representação de uma lista encadeada, com quatro elementos; cada um deles é simbolizado por um nó que possui um compartimento para o valor e outro para referenciar o próximo elemento da lista, se houver. De acordo com esta implementação, temos, ainda, um nó identificado como primeiro e outro, como último.

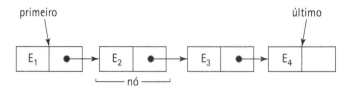

Figura 12.1 Lista encadeada.

Na alocação dinâmica, utilizamos posições descontinuadas da memória para armazenar cada elemento da lista (nó), o que é possível em função da referência que cada um deles guarda em relação ao outro. Esta referência pode ser imaginada como o "endereço" da posição de memória em que se localiza o outro elemento, como se fosse um ponteiro ou apontador.

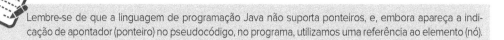

Lembre-se de que a linguagem de programação Java não suporta ponteiros, e, embora apareça a indicação de apontador (ponteiro) no pseudocódigo, no programa, utilizamos uma referência ao elemento (nó).

A Tabela 12.1 mostra uma lista de pagamentos que devem ser efetuados no mês, dispostos em uma ordem linear.

Tabela 12.1 Lista de pagamentos.

Lista de pagamentos
Prestação do carro
Cartão de crédito
Conta de luz
Condomínio
TV a cabo
Supermercado

Observando a Tabela 12.1, podemos identificar, facilmente, o primeiro elemento, o segundo, o terceiro, e assim sucessivamente. Contudo, a implementação em uma linguagem de programação requer alguns detalhes. É preciso definir não apenas o primeiro elemento, mas também como chegar ao seguinte, de forma que seja possível: percorrer a lista, encontrar o último elemento, incluir e excluir elementos. Para isso, cada elemento da lista é representado por um nó; cada nó, por sua vez, deve conter os dados e um campo que indique qual é o próximo elemento — um ponteiro, uma espécie de apontador, como o que está representado na Figura 12.1 e exemplificado na Tabela 12.2.

Tabela 12.2 Lista com um campo para encadeamento.

	Lista de pagamentos	
	Dados	Próximo
1	Prestação do carro	2
2	Cartão de crédito	3
3	Conta de luz	4
4	Condomínio	5
5	TV a cabo	6
6	Supermercado	nulo

O primeiro elemento aponta para o segundo, que é o próximo, e, por sua vez, aponta para o terceiro e assim sucessivamente, até chegarmos ao último, que possui o apontador nulo, como indicado na Tabela 12.2 e representado na Figura 12.2.

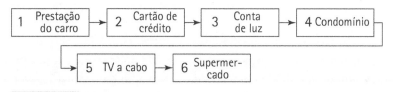

Figura 12.2 Lista de pagamentos.

O apontador ou ponteiro, que indica o próximo elemento da lista, armazena, conceitualmente, um endereço de memória, porém, na linguagem de programação Java, é representado por uma referência ao próximo elemento, uma vez que esta linguagem não suporta ponteiros.

As listas podem ser utilizadas para a implementação de pilhas e filas.

12.3 TIPOS DE LISTAS ENCADEADAS

Existem quatro tipos de listas encadeadas: encadeamento simples, duplamente encadeada, ordenada e circular.

Na lista de **encadeamento simples**, cada elemento (nó) possui apenas *um* ponteiro indicando o elemento sucessor ou próximo, como apresentado na Figura 12.3.

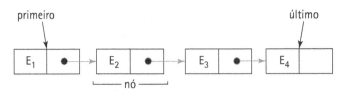

Figura 12.3 Lista de encadeamento simples.

A lista **duplamente encadeada** é constituída por elementos que possuem *dois* ponteiros: um que aponta para o seu antecessor (chamado *anterior*) e outro para o seu sucessor (chamado *próximo*), conforme ilustra a Figura 12.4.

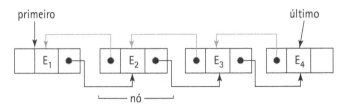

Figura 12.4 Lista duplamente encadeada.

Uma lista **ordenada** é aquela em que a ordem linear de seus elementos corresponde à ordem dos dados armazenados; e, quando um novo elemento é inserido, deve ser colocado na posição que garante a manutenção desta ordem. Ela pode ser de encadeamento simples ou duplamente encadeada, desde que mantido o princípio da ordenação, como ocorre na lista de números inteiros representada na Figura 12.5.

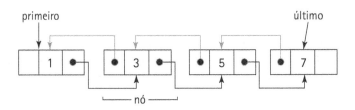

Figura 12.5 Lista ordenada.

Na lista **circular** (Figura 12.6), o ponteiro próximo (do último elemento) aponta para o primeiro da lista; e o ponteiro anterior (do primeiro elemento) aponta para o último.

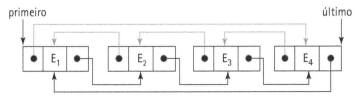

Figura 12.6 Lista circular.

As listas implementadas por meio de apontadores permitem que seus elementos sejam armazenados em posições descontínuas na memória, tornando mais fácil a realização das operações de inserção e remoção de elementos. Filas, pilhas e árvores também podem ser implementadas desta maneira, pois o que as diferencia é a forma de manipulação.

A seguir, veremos a implementação das listas, utilizando como exemplo apenas listas encadeadas simples e duplamente encadeadas, suficientes para o entendimento das operações de manipulação de seus elementos.

12.4 OPERAÇÕES EM LISTAS DE ENCADEAMENTO SIMPLES

Nesta seção, apresentaremos os algoritmos que implementam a criação e a manipulação de uma lista de encadeamento simples, ou lista simples. Para facilitar a compreensão das estruturas, o algoritmo foi dividido em partes, cada uma delas relativa a um tipo de operação, seguida dos comentários.

12.4.1 CRIAÇÃO DE UMA LISTA SIMPLES

Para o algoritmo em pseudocódigo, utilizamos um apontador, indicado pelo símbolo "^", que precede o nome da variável, e estruturas do tipo registro para os dados. Para a implementação em Java, empregamos uma classe para o nó, e outra para a lista, pois cada objeto do tipo lista é constituído de um ou vários objetos do tipo nó.

EXEMPLO 12.1

Criação de uma lista simples.

Pseudocódigo:

```
1.    Algoritmo Exemplo12_1
2.    Var
3.       Tipo apontador: ^noSimples
4.       noSimples = registro
5.              valor: inteiro
6.              prox: apontador
7.       Fim_registro
8.       listaSimples = registro
9.              primeiro: apontador
10.             ultimo: apontador
11.      Fim_registro
12.   Início
13.      listaSimples.primeiro ← nulo
14.      listaSimples.ultimo ← nulo
15.   Fim.
```

Na linha 3, declaramos o tipo denominado `apontador`, que é um ponteiro, com a função de referenciar um elemento (nó) da lista, possibilitando estabelecer o encadeamento propriamente dito. O símbolo "^", que precede o nome do tipo de dado, é utilizado para indicar sua função de apontador, e o nome `noSimples` está relacionado ao tipo da variável que será apontada.

A variável `noSimples`, declarada nas linhas de 4 a 7, representa os elementos da lista, sendo um tipo construído, um registro que contém as variáveis `valor`, do tipo `inteiro` e `prox`, do tipo `apontador`. Esta última é a variável responsável por fazer a referência ao próximo elemento (nó) da lista.

Nas linhas de 8 a 11, declaramos `listaSimples` a variável que representa a lista e a estrutura que serve de base para a organização dos elementos. Esta também é um tipo construído, um registro que contém as variáveis `primeiro` e `ultimo`, utilizadas para endereçar o início e o fim da lista (reveja a Figura 12.3).

Nas linhas 13 e 14, as variáveis que representam o primeiro e o último elemento recebem a atribuição `nulo`, significando que a lista, inicialmente criada, está vazia.

Para a implementação em Java, usamos duas classes, `NoSimples`, para os objetos que representam os elementos da lista, e `ListaSimples`, para definir os objetos do tipo lista, constituídos por objetos do tipo `NoSimples`.

Classe para o elemento da lista em Java:

```
1. public class NoSimples {
2.    Object valor;
3.    NoSimples prox;
4.    NoSimples(Object valorNo){
5.       valor = valorNo;
6.       prox = null;
7.    }
8. }
```

Os elementos da lista (`NoSimples`) possuem os atributos `valor`, do tipo `Object`, permitindo maior flexibilidade em relação aos tipos de dados que podem ser armazenados, e `prox`, do tipo `NoSimples`, cuja função é referenciar o próximo elemento da lista, fazendo o papel de um apontador. Esta classe possui um método construtor (linhas 4 a 7) que recebe um objeto como parâmetro e faz a atribuição inicial de nulo a `prox`, uma vez que o valor deste atributo será tratado em tempo de execução.

Classe para a lista em Java:

```
1. public class ListaSimples {
2.    NoSimples primeiro, ultimo;
3.    ListaSimples(){
4.       primeiro = null;
5.       ultimo = null;
6.    }
8. //acrescentar os métodos das operações
9. }
```

A classe `ListaSimples` possui dois atributos do tipo `NoSimples`, `primeiro` e `ultimo`, com a finalidade de fazer referência aos elementos do início e final da lista, respectivamente, e declara um construtor, que inicializa os atributos como nulo, já que a lista, inicialmente, está vazia. A esta implementação, devem ser acrescidos os métodos das operações descritas nos próximos exemplos, de forma que possa funcionar adequadamente.

O método construtor sempre recebe o nome de sua classe.

12.4.2 OPERAÇÃO PARA INSERIR UM ELEMENTO NO FINAL DA LISTA SIMPLES

Dando prosseguimento à criação da estrutura da lista encadeada, implementamos o procedimento para inserir um elemento (nó) no final da lista, lembrando que, por sua característica, uma lista permite a realização de operações de inserção em qualquer posição.

 EXEMPLO 12.2
Procedimento para inserir um elemento no final da lista simples.

Pseudocódigo:

```
1.     Procedimento InserirFinal(novoNo: noSimples)
2.     Início
3.        novoNo.prox ← nulo
4.        Se(listaSimples.primeiro = nulo) então
5.           listaSimples.primeiro ← novoNo
6.        Senão
7.           listaSimples.ultimo^.prox ← novoNo
8.        Fim-Se
9.        listaSimples.ultimo ← novoNo
10.    Fim InserirFinal.
```

O procedimento `InserirFinal` é utilizado para inserir um novo elemento na lista, sempre no final. Ele é recebido como parâmetro (`novoNo`), uma variável do tipo `noSimples`, um registro que possui as variáveis `valor` e `prox`. Note que o ponteiro para o próximo elemento deste nó recebe um valor nulo, `novoNo.prox ← nulo` (linha 3), por se tratar do último elemento da lista.

Na linha 4, verificamos se o primeiro elemento da lista já existe. Isto é necessário, pois ela pode estar vazia e, desta forma, o novo nó é inserido no início (linha 5), sendo, portanto, o único da lista. Caso o primeiro elemento exista, a instrução `listaSimples.ultimo^.prox ← novoNo` (linha 7) é executada, de modo que o último elemento atual aponte para o novo. Como o elemento inserido é sempre o último da lista, a instrução da linha 9 completa o procedimento, fazendo com que o ponteiro `ultimo` da lista aponte para o nó inserido.

A indicação a um elemento de um registro é feita por meio dos nomes, separados por um ponto, como em novoNo.prox, onde prox é um campo do registro noSimples.

O acesso a uma variável alocada por um ponteiro é feito por meio do nome declarado para o ponteiro, seguido do símbolo "^", informando que se quer acessar o espaço de memória apontado, como em listaSimples.ultimo^.prox.

 Se a variável prox de um elemento for igual a nulo, significa que ele pode ser o único (primeiro e ultimo da lista apontam para ele) ou o último da lista. Além disso, se as variáveis primeiro ou ultimo da lista tiverem o valor nulo, significa que a lista está vazia.

A Figura 12.7 apresenta o processo de inclusão do elemento contendo o número 2 em uma lista de inteiros, com os ajustes necessários nos apontadores do último elemento (listaSimples.ultimo^.prox ← novoNo) e do último da lista (listaSimples.ultimo ← novoNo), conforme o algoritmo do Exemplo 12.2.

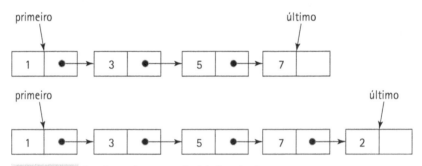

Figura 12.7 Inserir um elemento no final da lista simples.

Java:
```
1. public void inserirFinal(NoSimples novoNo) {
2.    novoNo.prox = null;
3.    if(primeiro == null)
4.       primeiro = novoNo;
5.    else
6.       ultimo.prox = novoNo;
7.    ultimo = novoNo;
8. }
```

O código em Java fica bastante semelhante ao pseudocódigo, exceto pelo fato de que os objetos primeiro e ultimo são do tipo NoSimples (não são ponteiros), que guardam a referência para os respectivos elementos.

O método `inserirFinal` não retorna nenhum valor; por isso, é do tipo `void`.
Quando a lista está vazia, ou contém apenas um nó, o valor das variáveis que representam o primeiro e o último nó é igual.

12.4.3 OPERAÇÃO PARA INSERIR UM ELEMENTO NO INÍCIO DA LISTA SIMPLES

De forma semelhante à inclusão de um elemento no final da lista, é possível inserir um elemento no início, com pequenas alterações no algoritmo.

EXEMPLO 12.3

Procedimento para inserir um elemento no início da lista simples.

Pseudocódigo:

```
1.    Procedimento InserirInicio(novoNo: noSimples)
2.    Início
3.       Se(listaSimples.primeiro = nulo) então
4.          listaSimples.primeiro ← novoNo
5.          listaSimples.ultimo ← novoNo
6.       Senão
7.          novoNo.prox ← listaSimples.primeiro
8.          listaSimples.primeiro ← novoNo
9.       Fim-Se
10.   Fim InserirInicio.
```

Na linha 3, verificamos se o apontador (`primeiro`) da lista é nulo, para saber se a lista está vazia, operação que também é realizada no procedimento do Exemplo 12.2. Caso ela esteja vazia, basta adicionar o novo elemento, realizando as operações de atribuição dos apontadores `primeiro` e `ultimo` da lista, conforme as instruções das linhas 4 e 5. Se a lista não estiver vazia, fazemos com que o apontador do novo elemento referencie o primeiro da lista (linha 7) e atualizamos o apontador da lista (`primeiro`), para que ele faça referência ao novo elemento, que passa a ser o primeiro (linha 8).

Java:

```java
1. public void inserirInicio(NoSimples novoNo){
2.    if(primeiro == null){
3.       primeiro = novoNo;
4.       ultimo = novoNo;
5.    }else{
6.       novoNo.prox = primeiro;
7.       primeiro = novoNo;
8.    }
9. }
```

12.4.4 OPERAÇÃO PARA CONTAR A QUANTIDADE DE NÓS DA LISTA SIMPLES

Contar a quantidade de elementos de uma lista é uma operação útil, que pode servir simplesmente para averiguar tal informação; para verificar se a lista está vazia; ou, ainda, para verificar o número de nós válidos, auxiliando na execução de outras operações, como a inclusão de um elemento em determinada posição (conforme veremos na próxima seção).

EXEMPLO 12.4
Função para contar o número de nós de uma lista simples.

Pseudocódigo:

```
1.   Função ContarNos(): inteiro
2.   Var
3.      quantidade: inteiro
4.      noTemp: noSimples
5.   Início
6.      quantidade ← 0
7.      noTemp ← listaSimples^.primeiro
8.      Enquanto(noTemp <> nulo) faça
9.         quantidade = quantidade + 1
10.        noTemp ← noTemp^.prox
11.     Fim-Enquanto
12.     Retornar quantidade
13.  Fim ContarNos.
```

A função ContarNos() utiliza um elemento temporário, denominado noTemp, que, por meio de uma estrutura de laço, recebe o ponteiro de cada um dos elementos da lista, desde o primeiro até o último, realizando, a cada iteração, o incremento da variável quantidade, que faz o papel de contador e serve como valor de retorno.

Java:

```
1. public int contarNos() {
2.    int quantidade = 0;
3.    NoSimples noTemp = primeiro;
4.    while(noTemp != null){
5.       quantidade++;
6.       noTemp = noTemp.prox;
7.    }
8.    return quantidade;
9. }
```

A linha 3 do programa em Java é equivalente à linha 7 em pseudocódigo, o que ilustra a diferença na forma de fazer a atribuição, já que noTemp possui o mesmo papel em ambas as formas de representação.

Para verificar se a lista está vazia, basta utilizar a função `ContarNos()`, que retornaria, neste caso, o número zero.

12.4.5 OPERAÇÃO PARA INSERIR UM ELEMENTO EM DETERMINADA POSIÇÃO DA LISTA SIMPLES

O procedimento para inserir um elemento em determinada posição da lista simples é especialmente interessante, pois explora o recurso da estrutura dinâmica que as listas encadeadas possuem. É uma operação bastante eficiente, uma vez que não necessitamos realocar os demais elementos, a exemplo do que ocorre com a implementação, por meio de arranjos.

Na Figura 12.8, exibimos a operação de inserção do elemento 2 na lista, na posição 1, considerando que os nós são numerados a partir de 0 (zero).

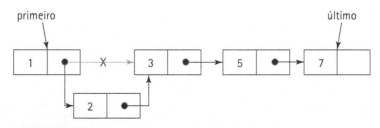

Figura 12.8 Inserir um elemento em determinada posição da lista simples.

EXEMPLO 12.5
Procedimento para inserir um elemento em determinada posição da lista simples.

Pseudocódigo:

```
1.    Procedimento InserirPosicao(novoNo: noSimples, posicao: inteiro)
2.    Var
3.       noTemp: noSimples
4.       numNos, posAux: inteiro
5.    Início
6.       noTemp ← listaSimples^.primeiro
7.       numNos ← ContarNos()
8.       Se(posicao = 0) então
9.          InserirInicio(novoNo)
10.      Senão
11.         Se(posição > numNos) então
12.            InserirFinal(novoNo)
13.         Senão
14.            posAux ← 1
```

218 Lógica de programação e estruturas de dados

```
15.              Enquanto(posicao > posAux) faça
16.                  noTemp ← noTemp^.prox
17.                  posAux = posAux + 1
18.              Fim-Enquanto
19.              novoNo.prox ← noTemp.prox
20.              noTemp.prox ← novoNo
21.          Fim-Se
22.      Fim-Se
23.  Fim InserirPosicao.
```

Variáveis locais do procedimento são declaradas nas linhas 3 e 4, como noTemp, do tipo noSimples, utilizado para armazenar os nós, à medida que a lista é percorrida; numNos, guardando o total de elementos, obtido por meio da função ContarNos(); e posAux, que funciona como contador para a estrutura de laço da linha 15.

O elemento para a inserção na lista e sua posição são passados por parâmetro e, assim como as posições da lista, são numerados a partir de zero. Desse modo, se a posição informada for igual a zero, o elemento deve ser inserido no início da lista, bastando chamar o procedimento InserirInicio(novoNo), que já existe, passando o elemento como argumento (linha 9).

Se a posição informada for maior que o número de nós, este deve ser inserido no final da lista, usando o procedimento InserirFinal(novoNo), já implementado, conforme instrução da linha 12. Se nenhuma das condições anteriores for verdadeira, então a lista deve ser percorrida, a fim de encontrarmos a posição correta para a inserção do nó.

O laço de iteração, com início na linha 15, executa tantas vezes quantas forem necessárias, até que noTemp armazene o elemento relativo à posição informada (posição para inserção), o que é feito por meio da instrução da linha 17. Considerando o ilustrado na Figura 12.8, a instrução noTemp ← noTemp^.prox não seria executada e a variável noTemp armazenaria o nó com o número 1, conforme a atribuição inicialmente feita na linha 6.

Para finalizar o procedimento, basta fazer com que o novo elemento aponte para o próximo da lista (novoNo.prox ← noTemp.prox) e o elemento anterior da lista aponte para o novo (noTemp.prox ← novoNo), instruções das linhas 19 e 20.

Java:

```java
1.   public void inserirPosicao(NoSimples novoNo, int posicao){
2.       NoSimples noTemp = primeiro;
3.       int posAux, numNos = contarNos();
4.       if(posicao == 0)
5.           inserirInicio(novoNo);
6.       else if(posicao > numNos)
7.           inserirFinal(novoNo);
8.       else{
9.           posAux = 1;
10.          while(posicao > posAux){
11.              noTemp = noTemp.prox;
12.              posAux++;
```

```
13.         }
14.             novoNo.prox = noTemp.prox;
15.             noTemp.prox = novoNo;
16.         }
17. }
```

Organizar o código de um algoritmo em funções e procedimentos representa um ganho significativo, não só em termos de reaproveitamento de código, mas também em termos de simplificação e facilidade de compreensão, bastando observar a utilização dos métodos contarNos, inserirInicio e inserirFinal.

12.4.6 OPERAÇÃO PARA EXCLUIR UM ELEMENTO DA LISTA SIMPLES

A função para excluir um elemento da lista, apresentada no exemplo a seguir, possibilita a exclusão de um nó, a partir de uma posição fornecida por meio de um valor inteiro, recebido como parâmetro, retornando um texto (literal) que informa o resultado da execução. Estamos considerando que os elementos de uma lista são numerados a partir de zero, por meio de números inteiros, a fim de manter a similaridade com os vetores.

EXEMPLO 12.6
Função para excluir um elemento da lista simples.

Pseudocódigo:

```
1.   Função ExcluirNo(posicao: inteiro): literal
2.   Var
3.       noTemp: noSimples
4.       msg: literal
5.       posAux: inteiro
6.   Início
7.       noTemp.prox ← primeiro
8.       posAux ← 0
9.       Enquanto(noTemp.prox <> nulo .e. posicao <> posAux) faça
10.          noTemp ← noTemp^.prox
11.          posAux ← posAux + 1
12.      Fim-Enquanto
13.      Se(noTemp.prox = nulo) então
14.          msg ← "Valor não encontrado"
15.      Senão
16.          Se(ultimo = noTemp.prox) então
17.              ultimo ← NoTemp
18.          Fim-Se
19.          Se(primeiro = noTemp.prox) então
20.              primeiro ← noTemp.prox.prox
21.          Fim-Se
22.          msg ← "Valor ", noTemp.prox^.valor, " excluído"
```

220 Lógica de programação e estruturas de dados

```
23.              noTemp.prox = noTemp.prox.prox
24.        Fim-Se
25.        Retornar msg
26.    Fim ExcluirNo.
```

A função deste exemplo utiliza uma estrutura de laço (linhas 9 a 12) para percorrer a lista, a partir do primeiro elemento até o final ou até que encontre a posição fornecida, passada por valor. Este laço executa enquanto o ponteiro de `noTemp` for diferente de nulo (isto é, quando existe um elemento posterior na lista) e enquanto a posição recebida por parâmetro for diferente da corrente, definida pela variável `posAux`. Por conta desta condição, se `posAux` for igual a `posicao`, significa que o elemento para excluir foi encontrado e as iterações podem ser encerradas.

A variável `noTemp`, declarada na linha 3, do tipo `noSimples`, tem a finalidade de receber a atribuição de cada um dos elementos da lista, à medida que as iterações do laço são executadas (linhas 10 e 11). Esta variável é inicializada com o ponteiro referenciando o primeiro elemento da lista, conforme a instrução da linha 7, de modo que seja possível avaliar as condições desde o início.

Quando o elemento seguinte de `noTemp` é igual a nulo, entende-se que a lista ou foi totalmente percorrida ou está vazia, situação em que a variável `msg` armazena a mensagem "Valor não encontrado" (linhas 13 e 14). Caso contrário, se o último elemento da lista tiver a mesma referência do próximo elemento de `noTemp` (`ultimo = noTemp.prox`, linha 16), fica claro que o valor a ser removido é o último da lista, e o último nó passaria a ser `noTemp`, conforme instrução da linha 17. Ainda, se o primeiro elemento da lista for o apontado por `noTemp` (`primeiro = noTemp.prox`, linha 19), significa que houve a exclusão do primeiro nó e, assim, a instrução da linha 20 é executada, fazendo com que o ponteiro `primeiro` da lista faça referência ao elemento, depois do próximo.

Java:

```java
1.    public String excluirNo(int posicao){
2.        NoSimples noTemp = new NoSimples(0);
3.        noTemp.prox = primeiro;
4.        int posAux = 0;
5.        String msg = "";
6.        while(noTemp.prox != null && posicao != posAux){
7.            noTemp = noTemp.prox;
8.            posAux++;
9.        }
10.       if(noTemp.prox == null){
11.           msg = "Valor não encontrado.";
12.       }else{
13.           if(ultimo == noTemp.prox)
14.               ultimo = noTemp;
15.           if(primeiro == noTemp.prox)
16.               primeiro = noTemp.prox.prox;
17.           msg = "Valor " + noTemp.prox.valor + " excluído.";
```

```
18.            noTemp.prox = noTemp.prox.prox;
19.        }
20.        return msg;
21.    }
```

Nesta implementação, destacamos a declaração que instancia o objeto noTemp, chamando o construtor da classe e passando o número zero como parâmetro (o valor passado é indiferente e poderia ser um outro qualquer). A instanciação é necessária para que o objeto seja utilizado tanto na atribuição feita na linha 3 quanto na estrutura de laço, com início na linha 6. A atribuição feita ao elemento prox de noTemp coloca-o fazendo referência ao primeiro elemento da lista, o que, em uma eventual exclusão, facilita a realocação das referências (ponteiros). Observe que, na linha 18, noTemp guarda a posição anterior ao elemento que é excluído, e esta instrução altera a referência (prox) para o elemento posterior ao removido.

EXEMPLO 12.7

Método para exibir os elementos da lista simples.

Java:

```
1.    public String mostrarLista(){
2.        int i = 0;
3.        NoSimples noTemp = primeiro;
4.        String msg = "";
5.        while(noTemp != null){
6.            msg = msg + "Posição: " + i + ", valor do nó: " +
7.                noTemp.valor + "\n";
8.            noTemp = noTemp.prox;
9.            i++;
10.       }
11.       return msg;
12.   }
```

O código do Exemplo 12.7 implementa o método para exibir os elementos da lista, utilizando um nó temporário (noTemp) e uma *string* para armazenar o valor de cada um dos nós e sua respectiva posição.

EXEMPLO 12.8

Programa para utilização das operações de uma lista simples.

Java:

```
1.    import javax.swing.JOptionPane;
2.    public class Exemplo12_6 {
3.        public static void main(String[] args){
4.            ListaSimples lista = new ListaSimples();
```

222 Lógica de programação e estruturas de dados

```
5.          int posicao, opc = 0;
6.          Object valor;
7.          while(opc != 7){
8.             opc = Integer.parseInt(JOptionPane.showInputDialog
9.                ("Escolha a opção Desejada \n" +
10.               "1 - Inserir no início \n" +
11.               "2 - Inserir no fim \n" +
12.               "3 - Inserir em uma posição \n" +
13.               "4 - Exibir a quantidade de elementos \n" +
14.               "5 - Excluir um elemento da lista \n" +
15.               "6 - Exibir a lista \n" +
16.               "7 - Sair"));
17.            switch(opc){
18.            case 1:
19.               valor = JOptionPane.showInputDialog
20.                  ("Digite um valor");
21.               lista.inserirInicio(new NoSimples(valor));
22.               break;
23.            case 2:
24.               valor = JOptionPane.showInputDialog
25.                  ("Digite um valor");
26.               lista.inserirFinal(new NoSimples(valor));
27.               break;
28.            case 3:
29.               valor = JOptionPane.showInputDialog
30.                  ("Digite um valor");
31.               posicao = Integer.parseInt
32.                  (JOptionPane.showInputDialog
33.                  ("Informe a posição para inserção"));
34.               lista.inserirPosicao(new NoSimples(valor), posicao);
35.               break;
36.            case 4:
37.               JOptionPane.showMessageDialog(null,
38.                  "Quantidade de elementos: "+ lista.contarNos());
39.               break;
40.            case 5:
41.               if(lista.contarNos()== 0)
42.                  JOptionPane.showMessageDialog
43.                     (null, "Lista vazia");
44.               else{
45.                  posicao = Integer.parseInt
46.                     (JOptionPane.showInputDialog
47.                     ("Digite a posição para remover"));
48.                  JOptionPane.showMessageDialog(null,
49.                     lista.excluirNo(posicao));
50.               }
51.               break;
52.            case 6:
53.               if(lista.contarNos()== 0)
```

```
54.                    JOptionPane.showMessageDialog
55.                        (null, "Lista vazia");
56.                else
57.                    JOptionPane.showMessageDialog(null,
58.                        lista.mostrarLista());
59.                break;
60.            case 7:
61.                System.exit(0);
62.                break;
63.            }
64.        }
65.    }
66. }
```

Para utilizar este programa, é necessário que todas as operações descritas nos exemplos estejam implementadas na classe `ListaSimples` com a equivalência entre os métodos chamados e os existentes, já que instancia um objeto desta classe (linha 4). Este código usa um laço (que engloba as linhas de número 7 a 64) para exibir um menu de opções controlado pela estrutura de seleção (que envolve as linhas de número 17 a 63), de modo que cada opção remete à chamada de um método da classe `ListaSimples`.

Todas as operações de entrada e saída de dados utilizam métodos da classe `JOptionPane` do pacote `javax.swing`, importado pelo programa, com a instrução da linha 1.

12.5 OPERAÇÕES EM LISTAS DE ENCADEAMENTO DUPLO

Quando percorremos uma lista de encadeamento simples, é bastante difícil fazer o caminho inverso, isto é, acessar elementos anteriores, pois a estrutura não considera a referência ao nó anterior. Nas listas de encadeamento duplo, este problema não existe, uma vez que cada nó possui uma referência para o próximo elemento da lista e outra referência para o anterior.

A construção de uma lista de encadeamento duplo é similar à construção de listas de encadeamento simples, bastando acrescentar a cada elemento (nó) uma variável para fazer a referência ao nó anterior, da mesma forma que é feito com o próximo, conforme ilustramos na Figura 12.9.

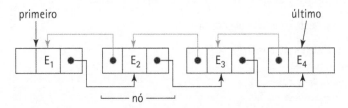

Figura 12.9 Lista duplamente encadeada.

Nesta seção, apresentamos os algoritmos que implementam a criação e a manipulação de uma lista de encadeamento duplo, ou lista dupla. Para facilitar a compreensão das estruturas, o algoritmo foi dividido em partes, cada uma delas relativa a um tipo de operação, seguida dos comentários.

12.5.1 CRIAÇÃO DE UMA LISTA DE ENCADEAMENTO DUPLO

A implementação da lista de encadeamento duplo será feita, em pseudocódigo, por meio de um registro, e, em Java, com uma classe para representar o nó e outra para lista, conforme o Exemplo 12.9.

EXEMPLO 12.9

Criação de uma lista dupla.

Pseudocódigo:

```
1.    Algoritmo Exemplo12_9
2.    Var
3.       Tipo apontador: ^noDuplo
3.       noDuplo = registro
4.             valor: inteiro
5.             prox: apontador
6.             ant: apontador
7.       Fim_registro
8.       listaDupla = registro
9.             primeiro: apontador
10.            ultimo: apontador
11.            numero_nos: inteiro
12.      Fim_registro
13.   Início
14.      listaDupla.numero_nos ← 0
15.      listaDupla.primeiro ← nulo
16.      listaDupla.ultimo ← nulo
17.   Fim.
```

O algoritmo do Exemplo 12.9 implementa o `noDuplo` — um registro com um campo para o valor e dois para os apontadores, um para o próximo elemento e outro para o anterior —, além de um registro para `listaDupla`, com os campos `primeiro` e `ultimo` do tipo apontador e um inteiro para guardar o número de elementos da lista.

Classe para o elemento da lista dupla em Java:

```
1. public class NoDuplo {
2.    Object valor;
3.    NoDuplo prox;
4.    NoDuplo ant;
5.    NoDuplo(Object valor){
6.       this.valor = valor;
```

```
7.         prox = ant = null;
8.     }
9. }
```

Os elementos da lista dupla (NoDuplo) possuem os atributos valor, do tipo Object, permitindo maior flexibilidade em relação aos tipos de dados que podem ser armazenados, bem como prox e ant, do tipo NoDuplo, cuja função é referenciar os elementos próximo e anterior da lista, fazendo o papel de apontadores. Esta classe possui um método construtor (linhas 5 a 8), que recebe como parâmetro um objeto e faz a atribuição inicial de nulo a prox e ant, uma vez que os valores destes atributos são tratados em tempo de execução.

Classe para a lista dupla em Java:

```
1. public class ListaDupla {
2.     NoDuplo primeiro, ultimo;
3.     int numero_nos;
4.     ListaDupla(){
5.         primeiro = ultimo = null;
6.         numero_nos = 0;
7.     }
8. //acrescentar os métodos das operações
9. }
```

A classe ListaDupla possui dois atributos do tipo NoDuplo, primeiro e ultimo, com a finalidade de fazer referência aos elementos do início e final da lista, respectivamente, e declara um construtor, que inicializa os atributos como nulo, já que a lista inicialmente está vazia. Possui também o atributo numero_nos, que serve para controlar a quantidade de elementos da lista, recebendo inicialmente o número zero. A esta implementação, devem ser acrescidos os métodos das operações descritas nos próximos exemplos, de maneira que possa funcionar adequadamente.

12.5.2 OPERAÇÃO PARA INSERIR UM ELEMENTO NO FINAL DA LISTA DUPLA

No Exemplo 12.9, implementamos a estrutura da lista dupla. Para dar sequência ao algoritmo, criamos o procedimento para inserir um elemento (nó) no final da lista, lembrando que, por sua característica, uma lista permite a realização de operações de inserção em qualquer posição.

EXEMPLO 12.10

Procedimento para inserir um elemento no final da lista dupla.

Pseudocódigo:

```
1.    Procedimento InserirFinal(novoNo: noDuplo)
2.    Início
```

```
2.        novoNo.prox ← nulo
3.        novoNo.ant ← nulo
4.        Se(listaDupla.primeiro = nulo) então
5.            listaDupla.primeiro ← novoNo
6.            listaDupla.ultimo ← novoNo
7.        Senão
8.            listaDupla.ultimo^.prox ← novoNo;
9.            novoNo.ant ← listaDupla.ultimo;
10.           listaDupla.ultimo ← novoNo;
11.       Fim-Se
12.       numero_nos ← numero_nos + 1
13.   Fim InserirFinal.
```

O procedimento `InserirFinal` faz a inclusão de um novo elemento na lista na primeira posição, se a lista estiver vazia, ou no final, se ela já possuir um ou mais elementos. A verificação desta condição é realizada na linha 4, onde averiguamos se o ponteiro para o início da lista guarda um valor nulo, indicando que não há o primeiro elemento e, portanto, não existem outros elementos. A inserção na primeira posição é realizada apenas com a indicação dos ponteiros `primeiro` e `ultimo` para o novo elemento (`novoNo`), conforme instruções das linhas 5 e 6. A inclusão do novo elemento no final da lista é feita pelas instruções das linhas 8 a 10, que podem ser mais bem entendidas pela observação da Figura 12.10.

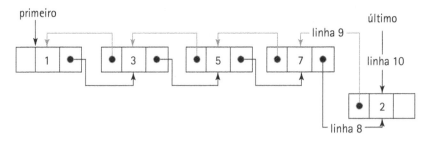

Figura 12.10 Inserir elemento no final da lista dupla.

Observando a Figura 12.10 e o pseudocódigo do Exemplo 12.10, ressaltamos que a instrução da linha 8 faz com que o ponteiro `prox` do último elemento passe a endereçar o novo elemento (número 2). A instrução da linha 9 aponta `ant` para o nó que o ponteiro `ultimo` da lista referenciava anteriormente; e a instrução da linha 10 atualiza o ponteiro `ultimo` da lista, de modo que aponte para o novo elemento (número 2).

Java:
```
1.    public void inserirFinal(NoDuplo novoNo){
2.        novoNo.prox = null;
3.        novoNo.ant = null;
4.        if(primeiro == null){
5.            primeiro = novoNo;
6.            ultimo = novoNo;
7.        }else{
```

```
8.          ultimo.prox = novoNo;
9.          novoNo.ant = ultimo;
10.         ultimo = novoNo;
11.     }
12.     numero_nos++;
13. }
```

O método implementado em Java recebe o objeto novoNo como parâmetro e atribui nulo a prox e ant, objetos do tipo NoDuplo, de modo similar ao que ocorre no pseudocódigo, e as referências destes objetos são alteradas de acordo com a posição que o novo elemento vai ocupar.

12.5.3 OPERAÇÃO PARA INSERIR UM ELEMENTO NO INÍCIO DA LISTA DUPLA

De forma similar à inclusão de um elemento no final da lista, é possível, com pequenas alterações no algoritmo, inserir um elemento no início, alocando adequadamente os ponteiros da lista e dos nós.

Vejamos o exemplo a seguir:

EXEMPLO 12.11
Procedimento para inserir um elemento no início da lista dupla.

Pseudocódigo:

```
1.  Procedimento InserirInicio(novoNo: noDuplo)
2.  Início
3.      novoNo.ant ← nulo
4.      Se(listaDupla.primeiro = nulo) então
5.          listaDupla.ultimo ← novoNo
6.      Senão
7.          novoNo.prox ← listaDupla.primeiro
8.          listaDupla.primeiro^.ant ← novoNo
9.      Fim-Se
10.     listaDupla.primeiro ← novoNo
11.     numero_nos ← numero_nos + 1
12. Fim InserirInicio.
```

Este procedimento inicialmente atribui um valor nulo ao ponteiro anterior do novo elemento, por tratar-se do primeiro da lista. Posteriormente, avalia se a lista possui o primeiro nó e, se a lista estiver vazia (listaDupla.primeiro = nulo), basta fazer com que os ponteiros primeiro e ultimo apontem para o novo elemento, conforme instruções das linhas 5 e 10. No entanto, havendo elementos na lista, o novo nó deve apontar para aquele que é o primeiro atualmente (linha 7). O ponteiro anterior do primeiro nó deve fazer referência ao novo elemento (linha 8) e o ponteiro primeiro da lista deve apontar para o novo nó (linha 10).

Java:

```
1.    public void inserirInicio(NoDuplo novoNo){
2.       novoNo.ant = null;
3.       if(primeiro == null){
4.          ultimo = novoNo;
5.       }else{
6.          novoNo.prox = primeiro;
7.          primeiro.ant = novoNo;
8.       }
9.       primeiro = novoNo;
10.      numero_nos++;
11.   }
```

É interessante lembrar que as operações implementadas nos exemplos podem ser utilizadas para criar uma fila ou uma pilha, bastando selecionar os procedimentos ou as funções adequadas.

12.5.4 OPERAÇÃO PARA RECUPERAR UM ELEMENTO DE UMA LISTA DUPLA

Esta operação tem uma função bastante específica: a de recuperar um elemento da lista, possibilitando sua utilização para a inclusão ou exclusão de um elemento de uma posição da lista dupla, assunto tratado a seguir, além de servir para outras operações que necessitem obter elementos da lista para as suas ações.

EXEMPLO 12.12

Função para localizar um elemento em uma lista dupla.

Pseudocódigo:

```
1.    Função PegarNo(posicao: inteiro): noDuplo
2.    Var
3.       noTemp: noDuplo
4.       i: inteiro
5.    Início
6.       noTemp ← listaDupla^.primeiro
7.       i ← 0
8.       Enquanto(noTemp <> nulo .e. i < posicao)
9.          noTemp ← noTemp^.prox
10.         i ← i + 1
11.      Fim-Enquanto
12.      Retornar noTemp
13.   Fim PegarNo
```

Capítulo 12 | Estruturas dinâmicas de dados **229**

Este algoritmo usa noTemp do tipo noDuplo para armazenar, temporariamente, cada elemento enquanto a lista é percorrida; serve também como variável de retorno. O valor retornado pode ser nulo, pelo fato de a estrutura de repetição, com início na linha 8, ter executado até o final da lista (noTemp recebe o próximo do último elemento). Porém, a função pode retornar um elemento da lista armazenado em noTemp, em decorrência de a posição informada estar entre as existentes na lista (i < posicao). Considerando que a lista tenha 4 elementos e a posição informada seja 2 (posicao = 2), a saída da estrutura de laço ocorre quando i vale 2 (2 < 2 resulta falso) e noTemp armazene o elemento relativo à posição 2 da lista.

Java:

```
1. private NoDuplo pegarNo(int posicao){
2.    NoDuplo noTemp = primeiro;
3.    int i = 0;
4.    while(noTemp != null && i < posicao){
5.        noTemp = noTemp.prox;
6.        i++;
7.    }
8.    return noTemp;
9. }
```

O valor retornado por este método precisa ser tratado pelo chamador, em função da possibilidade de um valor nulo como resultado; e, por ser um método cujo acesso é exclusivo na classe, foi declarado como privado.

12.5.5 OPERAÇÃO PARA INSERIR UM ELEMENTO EM DETERMINADA POSIÇÃO DA LISTA DUPLA

Esta operação pode ser interessante para manter uma lista em que se deseja organizar seus elementos em uma certa ordem, aproveitando o principal recurso das listas encadeadas — a inclusão de elementos de uma maneira eficiente, sem que seja necessário alterar a posição dos demais.

EXEMPLO 12.13

Procedimento para inserir um elemento em uma posição da lista dupla.

Pseudocódigo:

```
1.    Procedimento InserirPosicao(novoNo: NoDuplo, posicao: inteiro)
2.    Var
3.        noTemp: NoDuplo
4.    Início
5.        Se(posicao = 0) então
6.            InserirInicio(novoNo)
7.        Senão
```

```
8.          Se(posicao >= numero_nos) então
9.              InserirFinal(novoNo)
10.         Senão
11.             Se(posicao < numero_nos) então
12.                 noTemp ← PegarNo(posicao)
13.                 novoNo.prox ← noTemp
14.                 novoNo.ant ← noTemp.ant
15.                 noTemp.ant^.prox ← novoNo
16.                 noTemp.ant ← novoNo
17.                 numero_nos ← numero_nos + 1
18.             Fim-Se
19.         Fim-Se
20.     Fim-Se
21. Fim InserirPosicao.
```

O procedimento `InserirPosicao` recebe como parâmetros o novo elemento (novoNo) e a posição onde ele deve ser inserido, utilizando os procedimentos `InserirInicio` e `InserirFinal`, bem como a função `PegarNo`, tratados anteriormente. Consideramos que a posição inicial dos elementos na lista é zero, assim, se esta for a posição informada, basta chamar o procedimento para inserir no início e passar o novo elemento como argumento (linha 6). Por outro lado, se a posição informada for maior ou igual ao número de nós da lista (`posicao >= numero_nos`), significa que precisamos chamar o procedimento para inserir no final (linha 9), uma vez que a posição informada está acima da última da lista. Ainda, se a posição para inserir o novo nó estiver na faixa dos elementos já existentes na lista, com exceção da posição zero, basta executar a sequência de instruções das linhas 12 a 17. Lembrando que a instrução da linha 12 armazena em `noTemp` o elemento recebido pela execução da função `PegarNo`, que na Figura 12.11 equivale ao elemento com o número 3 (as setas nomeadas com os números das linhas estão relacionadas às instruções em pseudocódigo).

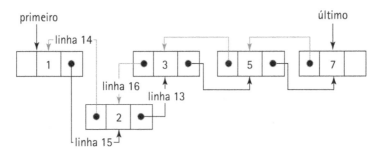

Figura 12.11 Inserir um elemento em uma posição da lista dupla.

Java:

```
1.  public void inserirPosicao(NoDuplo novoNo, int posicao){
2.      if(posicao == 0)
3.          inserirInicio(novoNo);
```

Capítulo 12 | Estruturas dinâmicas de dados   **231**

```
4.        else if(posicao >= numero_nos)
5.            inserirFinal(novoNo);
6.        else{
7.            NoDuplo noTemp = pegarNo(posicao);
8.            novoNo.prox = noTemp;
9.            novoNo.ant = noTemp.ant;
10.           noTemp.ant.prox = novoNo;
11.           noTemp.ant = novoNo;
12.           numero_nos++;
13.       }
14.   }
```

Destacamos a seguinte interpretação para a instrução da linha 10: o nó duplo próximo (prox), do elemento referenciado pelo nó anterior (ant) do nó temporário (noTemp), passa a fazer referência ao novo nó (novoNo).

12.5.6 OPERAÇÃO PARA EXCLUIR UM ELEMENTO EM DETERMINADA POSIÇÃO DA LISTA DUPLA

Esta operação pode ser utilizada para manter uma lista organizada, em uma determinada ordem, removendo os elementos de qualquer uma das posições existentes, funcionando de forma complementar ao algoritmo do Exemplo 12.13.

EXEMPLO 12.14

Função para excluir o elemento de uma posição da lista dupla.

Pseudocódigo:

```
1.    Função ExcluirPosicao(posicao: inteiro): literal
2.    Var
3.        msg: literal
4.        noTemp: NoDuplo
5.    Início
6.        noTemp ← PegarNo(posicao)
7.        Se(noTemp = nulo) então
8.            msg ← "Posição não existe"
9.        Senão
10.           Se(posicao = 0) então
11.               Se(noTemp.prox = nulo) então
12.                   listaDupla.primeiro ← nulo
13.                   listaDupla.ultimo ← nulo
14.                   msg = "Excluída posição: ", posicao,
15.                       ", valor: ", noTemp.valor
16.               Senão
17.                   listaDupla.primeiro ← noTemp.prox
18.                   listaDupla.primeiro^.ant ← nulo
```

232 Lógica de programação e estruturas de dados

```
19.              msg = "Excluída posição: ", posicao,
20.                   ", valor: ", noTemp.valor
21.          Fim-Se
22.      Senão
23.          Se(posicao = numero_nos – 1) então
24.              listaDupla.ultimo ← noTemp.ant
25.              listaDupla.ultimo^.prox ← nulo
26.              msg = "Excluída posição: ", posicao,
27.                   ", valor: ", noTemp.valor
28.          Senão
29.              noTemp.ant^.prox ← noTemp.prox
30.              noTemp.prox^.ant ← noTemp.ant
31.              msg = "Excluída posição: ", posicao,
32.                   ", valor: ", noTemp.valor
33.          Fim-Se
34.      Fim-Se
35.    Fim-Se
36.    numero_nos ← numero_nos - 1
37.    Retornar msg
38.  Fim ExcluirPosicao.
```

A função que exclui uma posição da lista dupla baseia-se na ordem dos elementos inseridos, cuja numeração é considerada a partir de zero, a qual não faz parte da estrutura de dados. Assim, em uma lista com 5 elementos, consideramos que estes são numerados de 0 a 4 e, se qualquer um deles for removido, teríamos uma lista com elementos numerados de 0 a 3.

A partir da posição fornecida (um inteiro), a função realiza, inicialmente, a verificação da existência do elemento relativo àquela posição (linha 7), utilizando a função `PegarNo(posicao)` para obter e armazenar o elemento em `noTemp` e empregando a variável `msg` como retorno. Se o elemento existir, as seguintes verificações adicionais são efetivadas:

- Se a posição é igual a zero, `noTemp` guarda o nó da posição 0, o que resulta em duas possibilidades: o elemento é o primeiro e único na lista, então basta fazer a atribuição de nulo aos apontadores de início e fim da lista, tornando-a vazia; o elemento é o primeiro e existe pelo menos um posterior, sendo necessário fazer com que o ponteiro `primeiro` seja deslocado para o nó seguinte (linha 17) e que o ponteiro anterior (ant) receba o valor nulo (linha 18), já que este segundo elemento passa a ser o que inicia a lista.

- Se a posição é igual ao último nó da lista, então fazemos com que o ponteiro `ultimo` da lista aponte para o penúltimo elemento (linha 24) e o `prox` deste receba o valor nulo, já que passa a ser o último nó da lista.

- Se nenhuma das situações anteriores for verdadeira, significa que a posição está entre a primeira e última da lista, quando as instruções das linhas 29 e 30 são executadas, conforme representado na Figura 12.12.

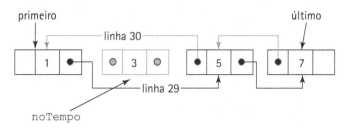

Figura 12.12 Excluir o elemento de uma posição da lista dupla.

Java:

```
1.    public String excluirPosicao(int posicao){
2.        String msg = "";
3.        NoDuplo noTemp = pegarNo(posicao);
4.        if(noTemp == null){
5.            msg = "Posição não existe";
6.        }else if(posicao == 0){
7.            if(noTemp.prox == null){
8.                primeiro = ultimo = null;
9.                msg = "Excluída posição: " + posicao +
10.                   ", valor: " + noTemp.valor;
11.           }else{
12.               primeiro = noTemp.prox;
13.               primeiro.ant = null;
14.               msg = "Excluída posição: " + posicao +
15.                   ", valor: " + noTemp.valor;
16.           }
17.       }else if(posicao == numero_nos - 1){
18.           ultimo = noTemp.ant;
19.           ultimo.prox = null;
20.           msg = "Excluída posição: " + posicao +
21.               ", valor: " + noTemp.valor;
22.       }else{
23.           noTemp.ant.prox = noTemp.prox;
24.           noTemp.prox.ant = noTemp.ant;
25.           msg = "Excluída posição: " + posicao +
26.               ", valor: " + noTemp.valor;
27.       }
28.       numero_nos--;
29.       return msg;
30.   }
```

EXEMPLO 12.15

Método para exibir os elementos da lista dupla em ordem normal.

O método para exibir os elementos da lista dupla deve ser implementado na classe `Lis-taDupla` e utiliza-se uma *string* para encadear os valores de cada um dos nós, obtidos por meio de uma estrutura de laço, que percorre a lista até o final.

Java:

```java
1.    public String mostrarLista(){
2.        int i = 0;
3.        NoDuplo noTemp = primeiro;
4.        String msg = "";
5.        while(noTemp != null){
6.            msg = msg + "Posição: " + i + ", valor: " +
7.                noTemp.valor + "\n";
8.            noTemp = noTemp.prox;
9.            i++;
10.       }
11.       return msg;
12.   }
```

EXEMPLO 12.16

Método para exibir os elementos da lista dupla em ordem inversa.

Este método evidencia a principal funcionalidade da lista dupla, que possui, em cada elemento, uma referência ao nó anterior, permitindo percorrê-la tanto no sentido normal, do primeiro para o último, quanto no inverso.

Java:

```java
1.    public String mostrarListaInversa(){
2.        int i = numero_nos - 1;
3.        NoDuplo noTemp = ultimo;
4.        String msg = "";
5.        while(noTemp != null){
6.            msg = msg + "Posição: " + i + ", valor: " +
7.                noTemp.valor + "\n";
8.            noTemp = noTemp.ant;
9.            i--;
10.       }
11.       return msg;
12.   }
```

De forma diferente do exemplo anterior, ao invés de partir do primeiro elemento, `noTemp` recebe, inicialmente, o nó referenciado por `ultimo` (linha 3); e a variável `i`, que funciona como um contador de nós, recebe a última posição, dada por `numero_nos` − 1 (linha 2).

Capítulo 12 | Estruturas dinâmicas de dados   235

EXEMPLO 12.17
Programa para utilização das operações de uma lista dupla.

Para utilizar este programa, é necessário que todas as operações descritas nos exemplos estejam implementadas na classe ListaDupla, com a equivalência entre os métodos chamados e os existentes, já que instancia um objeto desta classe (linha 6). Este código usa um laço, que engloba as linhas de número 8 a 63, para exibir um menu de opções controlado pela estrutura de seleção, que envolve as linhas de 19 a 62, de modo que cada opção remete à chamada de um método da classe ListaDupla.

Java:

```
1.      import javax.swing.JOptionPane;
2.      public class Exemplo12_17 {
3.         public static void main(String[] args){
4.            Object valor;
5.            int posicao;
6.            ListaDupla listaDupla = new ListaDupla ();
7.            int opc;
8.            do{
9.               opc = Integer.parseInt(JOptionPane.showInputDialog
10.                 ("E s c o l h a   u m a   o p ç ã o :      "+
11.                 "                                  \n" +
12.                 "1 - inserir no início da lista.\n" +
13.                 "2 - inserir no final da lista.\n" +
14.                 "3 - inserir em uma posição da lista.\n" +
15.                 "4 - excluir uma posição da lista.\n" +
16.                 "5 - exibir a lista em ordem normal.\n" +
17.                 "6 - exibir a lista em ordem inversa.\n" +
18.                 "7 - sair."));
19.              switch(opc){
20.              case 1:
21.                 valor = JOptionPane.showInputDialog
22.                    ("Digite o valor do elemento");
23.                 listaDupla.inserirInicio(new NoDuplo(valor));
24.                 break;
25.              case 2:
26.                 valor = JOptionPane.showInputDialog
27.                    ("Digite o valor do elemento");
28.                 listaDupla.inserirFinal(new NoDuplo(valor));
29.                 break;
30.              case 3:
31.                 posicao = Integer.parseInt
32.                    (JOptionPane.showInputDialog
33.                    ("Digite a posição para inserir"));
34.                 valor = JOptionPane.showInputDialog
35.                    ("Digite o valor do elemento");
36.                 listaDupla.inserirPosicao
37.                    (new NoDuplo(valor), posicao);
```

236 Lógica de programação e estruturas de dados

```
38.              break;
39.          case 4:
40.              posicao = Integer.parseInt
41.                  (JOptionPane.showInputDialog
42.                  ("Digite a posição para excluir"));
43.              JOptionPane.showMessageDialog(null,
44.                  listaDupla.excluirPosicao(posicao));
45.              break;
46.          case 5:
47.              if (listaDupla.numero_nos == 0)
48.                  JOptionPane.showMessageDialog
49.                      (null, "Lista vazia");
50.              else
51.                  JOptionPane.showMessageDialog
52.                      (null, listaDupla.mostrarLista());
53.              break;
54.          case 6:
55.              if (listaDupla.numero_nos == 0)
56.                  JOptionPane.showMessageDialog
57.                      (null, "Lista vazia");
58.              else
59.                  JOptionPane.showMessageDialog
60.                      (null, listaDupla.mostrarListaInversa());
61.              break;
62.          }
63.          }while(opc != 7);
64.      }
65.  }
```

Neste exemplo, todas as operações de entrada e saída de dados utilizam métodos da classe JOptionPane do pacote javax.swing, importado pelo programa, com a instrução da linha 1.

12.6 EXERCÍCIOS PARA FIXAÇÃO

1. Crie uma aplicação que, utilizando uma lista de encadeamento simples, com seus respectivos nós, simule uma fila na qual a operação de inserir acrescente os elementos no final da lista (enfileirar), e a de remover exclua sempre o primeiro (desenfileirar). Acrescente à aplicação um menu que possibilite escolher entre as opções: enfileirar, desenfileirar, exibir o primeiro, exibir a fila e sair.

2. Desenvolva uma aplicação que implemente uma lista circular, por encadeamento simples, com as operações de inserir um elemento no início, no final, em uma posição específica, excluir do início, do final, de uma posição específica e exibir a lista, com seleção das opções por meio de um menu.

3. Utilizando uma lista de encadeamento simples que armazene números inteiros,

crie uma aplicação que mantenha esta lista sempre em ordem crescente, com operações para: inserir um elemento; remover um elemento, a partir de um valor fornecido pelo usuário; e exibir a lista.

4. Faça um algoritmo que execute a ordenação dos elementos de uma lista de encadeamento simples e exiba o resultado, usando o método bolha.

12.7 EXERCÍCIOS COMPLEMENTARES

1. Crie uma aplicação que armazene o número e o nome dos alunos e suas respectivas notas de atividades, de zero a dez, de modo que seja possível percorrer a lista e calcular a média de cada um deles. O número de atividades não é definido inicialmente e a média é calculada em função das tarefas que deveriam ser entregues no final do período de estudos. Para esta aplicação, utilize apenas listas de encadeamento simples e implemente um menu de opções para inserir, excluir e exibir alunos e notas, bem como calcular e exibir a média de cada um deles.

2. Utilizando a implementação da lista de encadeamento simples apresentada, crie uma função que exiba os elementos da lista, em ordem inversa à que estão alocados.

3. Tomando como base a aplicação para a manipulação de uma lista de encadeamento duplo, desenvolva as operações para remover um elemento do início e do final, reformulando a função excluir de uma posição, de forma a reaproveitar estas novas.

4. Desenvolva uma aplicação, empregando lista de encadeamento duplo, que faça o controle de um carrinho de compras, semelhante aos utilizados em lojas *on-line*. Ele deve armazenar o número de itens e o valor total da compra, além das seguintes informações sobre cada um dos itens: código e nome do produto, a quantidade adquirida, o preço unitário e o valor total.

Estruturas do tipo árvore

Temas do capítulo
- Introdução às árvores
- Representação de uma árvore
- Árvores hierárquicas: características
- Árvores binárias
- Percurso em árvores binárias

Objetivos de aprendizagem

Abordar as estruturas de dados do tipo árvores, suas formas de representação e características. Apresentar as árvores binárias, suas definições, representações e características, bem como as operações de inclusão, exibição, exclusão e percurso, por meio de exemplos.

13.1 INTRODUÇÃO ÀS ÁRVORES

Árvore é uma estrutura de dados bidimensional, não linear, constituída de nós que representam um modelo hierárquico, pois armazenam os dados com base em relações de dependência. Possui propriedades especiais que admitem muitas operações dinâmicas, tais como: pesquisa, inserção, remoção, entre outras. Difere das listas, filas e pilhas, que são estruturas de dados lineares implementadas por meio de arranjos ou alocação dinâmica.

As árvores são muito úteis para o desenvolvimento de algoritmos que necessitam de estruturas hierárquicas, como os diretórios ou as pastas de arquivos de um computador, conforme ilustra a Figura 13.1.

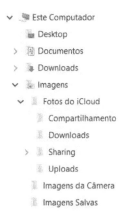

Figura 13.1 Estrutura de pastas e arquivos de um computador.

Estruturas de dados do tipo árvore permitem a implementação de algoritmos que realizam suas tarefas de forma mais eficiente do que em vetores, listas ou conjuntos, oferecendo uma organização mais natural para os dados. Por isso, são muito utilizadas em sistemas de arquivos, interfaces gráficas, bancos de dados, páginas web e outras aplicações.

Por definição, uma árvore T — a letra T vem da palavra inglesa *Tree* — é um conjunto finito de n elementos (n>=0) denominados *nós* (nodos). Se o número de elementos é igual a zero (n=0), então a árvore é vazia (T=nulo); caso contrário, apresenta as seguintes características:

- Existe um nó especial, denominado *raiz* (r) de T.
- Os demais nós são particionados em $T_1, T_2, T_3, ..., T_n$ estruturas disjuntas de árvores, denominadas *subárvores*.

Disjunto é aquele que não tem elemento comum com outro, não forma um conjunto.

13.2 REPRESENTAÇÃO DE UMA ÁRVORE

Uma árvore pode ser apresentada de diferentes maneiras, utilizando as representações: hierárquica, por parênteses aninhados e por inclusão. Todas estas mostram a mesma estrutura, sendo equivalentes; porém, a representação hierárquica foi a que historicamente deu origem ao nome "árvore" para esta estrutura, pois utiliza um grafo que ilustra as relações de ramificação entre seus elementos.

13.2.1 REPRESENTAÇÃO HIERÁRQUICA

A representação hierárquica é aquela em que os elementos são mostrados como círculos ou quadrados interligados, dispostos em níveis. É a comumente empregada e será utilizada, neste capítulo, para apresentar as operações, a nomenclatura relacionada e os exemplos.

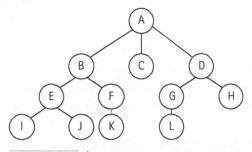

Figura 13.2 Árvore T — representação hierárquica.

Na árvore T apresentada na Figura 13.2, temos os elementos ou nós simbolizados por círculos rotulados, os quais estão interligados aos seus descendentes, definindo uma hierarquia. Nesta representação, os nós rotulados como B, C e D descendem ou são filhos de A; os nós B e D possuem descendentes e C, não. É interessante verificar que os elementos estão organizados em níveis, e que, portanto, fazem parte do mesmo nível os nós E, F, G e H.

13.2.2 REPRESENTAÇÃO POR PARÊNTESES ANINHADOS

Na representação por parênteses aninhados, cada nó é associado aos seus respectivos descendentes ou filhos, por meio de parênteses, resultando em uma expressão linear. Os parênteses devem ser abertos e fechados na posição adequada, determinando a distribuição dos nós na estrutura.

Utilizando esta representação, a árvore T da Figura 13.2 pode ser definida como:

T = (A (B (E (I) (J)) (F (K))) (C) (D (G (L)) (H)))

Podemos visualizar melhor a estrutura desta representação, destacando a subárvore formada pelo nó B, o nó C, que não possui filhos (isolado por abre e fecha parênteses) e a subárvore do nó D, conforme a Figura 13.3.

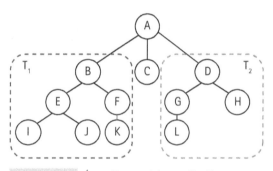

Figura 13.3 Árvore T e as subárvores T_1 e T_2.

A subárvore do nó B, que chamaremos de T_1, e a subárvore do nó D, que chamaremos de T_2, podem ser representadas pelas expressões a seguir. Observe que as sequências que simbolizam as subárvores T_1 e T_2 se encaixam na representação para a árvore T.

T_1 = (B (E (I) (J)) (F (K)))
T_2 = (D (G (L)) (H))

Ao analisar a representação para a subárvore T_2, observamos que o nó D tem como filhos os nós G e H, sendo que G possui L como filho e H não possui filhos.

13.2.3 REPRESENTAÇÃO POR INCLUSÃO

Na representação por inclusão, cada nó é simbolizado por uma figura geométrica, e seus descendentes ou filhos são inseridos ou incluídos nesta figura, de modo que o nó principal engloba os demais.

Para esta representação, utilizamos elipses rotuladas por letras que incluem outras elipses, simbolizando os filhos ou descendentes. Na Figura 13.4, a elipse que representa o nó B, em destaque, inclui os nós E e F; o nó E inclui os nós I e J; e a elipse relativa ao nó principal (nó A) engloba todos os elementos.

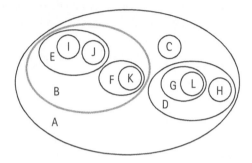

Figura 13.4 Árvore T — representação por inclusão.

13.3 ÁRVORES HIERÁRQUICAS: CARACTERÍSTICAS

Uma árvore, independentemente de sua representação, possui características importantes, destacadas a seguir e exemplificadas com base na árvore T da Figura 13.2.

- **Nó:** um elemento da árvore, que pode armazenar dados e referências para outros nós.
- **Raiz:** nó principal da árvore, origem de todas as demais ramificações, representado pelo nó A.
- **Pai e filho:** em dois nós interligados, o descendente (direto) é o filho e o ancestral disposto acima dele é o pai; na Figura 13.2, B é o nó pai e F seu respectivo filho.
- **Irmão:** os nós com o mesmo pai são ditos irmãos; assim, os nós B, C e D são considerados irmãos.
- **Nível:** indica a posição hierárquica em relação à raiz; na Figura 13.2, o nó A tem nível 0; os nós B, C e D, nível 1.
- **Altura ou profundidade:** definida pelo nível máximo dos nós; a árvore T tem altura 3.
- **Folha ou nó terminal:** é o nó que não tem filhos; são folhas os nós: C, H, I, J, K e L.
- **Nó interno:** um nó que não é folha, como B, D, E, F, G.
- **Grau de um nó:** indicado pelo número de seus filhos; o nó B tem grau 2, F grau 1 e C grau 0.
- **Subárvore:** árvore formada a partir de um nó da árvore principal, sendo considerado um ramo; o nó B forma uma subárvore à esquerda do nó raiz A.

As árvores podem ser do tipo listas generalizadas, que possuem nós com grau maior ou igual a zero ou binárias, constituídas de nós com grau menor ou igual a dois. Neste capítulo, trataremos das operações relacionadas às árvores binárias.

13.4 ÁRVORES BINÁRIAS

De acordo com Niklaus Wirth (1989),

> Define-se uma árvore binária como sendo um conjunto finito de elementos (nós) que podem ser vazios ou consistir em uma raiz (nó) com duas árvores binárias disjuntas associadas, denominadas, respectivamente, subárvore esquerda e subárvore direita da raiz.[1]

Neste tipo de árvore, também existe uma particularidade quanto à posição dos nós: os nós da direita sempre possuem valor superior ao do nó pai, e os nós da esquerda sempre possuem valor inferior ao do nó pai.

A árvore binária apresentada na Figura 13.5 armazena números inteiros em seus nós e, de acordo com as características apresentadas, os nós à esquerda da raiz (57) possuem valores menores e os à direita, maiores. Ainda, considerando a subárvore à esquerda, encabeçada pelo nó 45, os nós alocados à esquerda dele (9, 13 e 25) possuem valores menores.

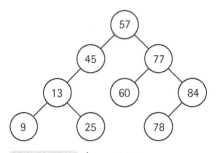

Figura 13.5 Árvore binária.

O algoritmo do Exemplo 13.1 apresenta a estrutura que será utilizada para a manipulação da árvore — note que existe grande similaridade com os nós criados para manipulação das listas, já que estas podem ser consideradas uma estrutura de árvore, na qual cada nó tem, no máximo, uma subárvore.

EXEMPLO 13.1
Representação de uma árvore binária.

Pseudocódigo:

```
1.      Algoritmo Exemplo13_1
2.      Var
3.         Tipo apontador: ^bin_no
4.         bin_no = registro
5.              valor: inteiro
6.              esq: apontador
7.              dir: apontador
```

---

1   WIRTH, Niklaus. *Algoritmos e estruturas de dados*. Rio de Janeiro: LTC, 1989.

Capítulo 13 | Estruturas do tipo árvore **243**

```
8.       Fim_registro
9.          raiz: apontador
10.   Início
11.       raiz ← nulo
12.   Fim.
```

O Exemplo 13.1 mostra a definição do registro `bin_no`, que possui a variável `valor`, para armazenar números inteiros, e as variáveis `esq` e `dir`, do tipo apontador, utilizadas para fazer a referência aos nós localizados à esquerda e à direita, tanto da raiz quanto do nó pai. A variável `raiz` tem a finalidade de referenciar o nó raiz da árvore, apontando para sua localização.

Classe para o nó em Java:

```
1. public class BinNo {
2.    int valor;
3.    BinNo esq, dir;
4.    public BinNo (int valor){
5.       this.valor = valor;
6.    esq = dir = null;
7.    }
8. }
```

Para a operacionalização de árvores binárias em Java, criamos a classe `BinNo`, que implementa o nó, e a cada novo elemento inserido na árvore uma instância desta classe é criada. Este nó possui o atributo valor, do tipo inteiro, e os objetos `esq` e `dir`, do tipo `BinNo`, com a finalidade de fazer a referência aos elementos à esquerda e à direita da árvore, como ocorre no pseudocódigo. Na linha 4, temos o método construtor da classe, que recebe um inteiro e faz a atribuição deste a `valor`, utilizando o modificador `this` para diferenciá-lo daquele recebido por parâmetro.

A seguir, por meio de exemplos, vamos implementar as operações básicas em estruturas do tipo árvore binária, com as funções de inserção, exibição e remoção de elementos. O programa em Java implementa a árvore por meio de uma classe com os métodos relativos a cada uma das funções e dos procedimentos, de forma que, para executá-lo, é necessário combinar o código em um único arquivo.

13.4.1 OPERAÇÃO DE INCLUSÃO EM UMA ÁRVORE BINÁRIA

Esta operação faz a inserção de elementos em uma árvore binária, alocando-os, de acordo com a característica deste tipo de estrutura. Os nós à esquerda da raiz ou do nó pai possuem valor menor que estes e os nós à direita possuem valor maior.

EXEMPLO 13.2

Operação de inclusão de um novo elemento em uma árvore binária.

Pseudocódigo:

```
1.   Função Inserir (atual: bin_no, novoNo: bin_no): bin_no
2.   Início
3.      Se(atual = nulo) então
4.         Retornar novoNo
5.      Senão
6.         Se(novoNo.valor < atual.valor) então
7.            atual.esq ← inserir(atual.esq, novoNo)
8.         Fim-Se
9.         Senão
10.           atual.dir ← inserir(atual.dir, novoNo)
11.        Fim-Se
12.     Retornar atual
13.  Fim Inserir.
14.  Procedimento InserirNo(novoNo: bin_no)
15.  Início
16.     raiz ← inserir(raiz, novoNo);
17.  Fim InserirNo.
```

Este algoritmo utiliza um procedimento e uma função chamada recursivamente, para localizar a posição a fim de inserir um novo elemento, mantendo a característica da árvore binária. O Procedimento InserirNo chama a Função Inserir, passando como argumentos a variável raiz, que é um apontador, e o registro novoNo, relativo ao novo elemento a ser inserido, conforme definido na estrutura do Exemplo 13.1.

A Função Inserir emprega o registro atual, do tipo bin_no, que recebe, inicialmente, a referência do nó raiz, para executar chamadas recursivas, até encontrar a posição correta para inserir o novo elemento. Se, em primeiro lugar, atual for igual a nulo, significa que a árvore não possui elementos e o novo nó será retornado pela função (linha 4), passando a ser referenciado pelo apontador raiz (linha 15). Alternativamente, se o registro atual for diferente de nulo, chamadas recursivas desta função ocorrem nas linhas 7 e 9, graças à avaliação da condição (novoNo.valor < atual.valor). Por exemplo, sendo o valor do novo nó menor que o valor do nó atual, a chamada recursiva da função passa como argumentos a referência à esquerda do nó atual (atual.esq) e o novo nó (linha 7). O ponteiro à esquerda do nó atual poderá receber o valor do novo nó, conforme instrução da linha 7, se, após a chamada de Inserir, for verificado que atual é igual a nulo (linha 3), isto é, não existe filho à esquerda.

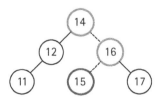

Figura 13.6 Inclusão em uma árvore binária.

A Figura 13.6 ilustra a inclusão do elemento com o número 15 em uma árvore binária, parcialmente preenchida; os argumentos passados a cada chamada da função `Inserir` estão na Tabela 13.1.

Tabela 13.1 Chamadas recursivas da Função `Inserir`.

Chamada	atual.valor	atual.esq	atual.dir	novoNo.valor
1ª	14	12	16	15
2ª	16	nulo	17	15
3ª	nulo	nulo	nulo	15

Java:

```
1.   public class BArvore{
2.      private BinNo raiz;
3.      private BinNo inserir(BinNo atual, BinNo novoNo){
4.         if(atual == null)
5.            return novoNo;
6.         else if(novoNo.valor < atual.valor)
7.            atual.esq = inserir(atual.esq, novoNo);
8.         else
9.            atual.dir = inserir(atual.dir, novoNo);
10.        return atual;
11.     }
12.     public void inserirNo(BinNo novoNo){
13.        raiz = inserir(raiz, novoNo);
14.     }
15.     //demais métodos da classe
16.  }
```

Este programa em Java declara a classe `BArvore`, que possui, a exemplo do registro em pseudocódigo, o nó raiz, que guarda a referência para o principal elemento da árvore e o método deste exemplo. Cada árvore criada ou instanciada é um objeto desta classe, herdando as operações implementadas e utilizando os objetos da classe `BinNo` como elementos.

A recursividade se dá, neste exemplo, com uma chamada interna do próprio método no qual ela está inserida.

Na classe **BArvore**, deve-se observar a visibilidade dos métodos, recurso que define sua acessibilidade. Métodos declarados com o modificador **public** podem ser chamados ou invocados por outros programas em execução, enquanto os que possuem o modificador **private** são acessados somente dentro da própria classe.

13.4.2 OPERAÇÃO DE EXIBIÇÃO DE UMA ÁRVORE BINÁRIA

Existem várias técnicas para exibir os elementos de uma árvore binária, que dependem da estratégia para executar o que se chama de percurso em seus nós, assunto que será discutido na seção 13.5. Neste algoritmo, vamos implementar uma delas apenas, para fazer a exibição dos elementos inseridos, possibilitando verificar a correta execução da operação de inclusão.

EXEMPLO 13.3

Operação de exibição dos elementos de uma árvore binária.

Pseudocódigo:

```
1.    Procedimento Exibir()
2.    Início
3.       Mostrar("Exibindo elementos da árvore")
4.       ExibirArvore(raiz)
5.    Fim Exibir.
6.    Procedimento ExibirArvore(atual: bin_no)
7.    Início
8.       Se(atual <> nulo) então
9.          ExibirArvore(atual.esq)
10.         Mostrar(atual.valor)
11.         ExibirArvore(atual.dir)
12.      Fim-Se
13.   Fim ExibirArvore.
```

O algoritmo para exibir os elementos da árvore é composto do procedimento `Exibir`, que é chamado externamente e aciona a execução de `ExibirArvore`, um procedimento recursivo que recebe, inicialmente, a raiz da árvore. A cada chamada da linha 9, o elemento à esquerda do nó atual é passado como argumento (`atual.esq`), o que é executado enquanto o nó é diferente de nulo, condição verificada na linha 8. Esta sequência de instruções faz com que `atual` aponte para a folha mais à esquerda da árvore e, portanto, o elemento de menor valor, que é exibido por meio da instrução da linha 10. A instrução da linha 11 é responsável pelas chamadas recursivas dos nós, à direita, o que possibilita a exibição de cada um dos elementos da árvore da esquerda para a direita, ou do menor para o maior, de acordo com a maneira como foram inseridos.

Java:

```
1.    public void exibir(){
2.       System.out.println("Exibindo elementos da árvore");
3.       exibirArvore(raiz);
4.    }
5.    private void exibirArvore(BinNo atual){
6.       if(atual != null){
```

Capítulo 13 | Estruturas do tipo árvore   **247**

```
7.              exibirArvore(atual.esq);
8.              System.out.println(atual.valor);
9.              exibirArvore(atual.dir);
10.     }
11.  }
```

O método `public void exibir()` tem a visibilidade pública e pode ser chamado por qualquer outro programa em execução, porém o método `private void exibirArvore(BinNo atual)`, responsável pela implementação da recursividade, só pode ser acionado por métodos da classe `BArvore`. É importante lembrar que o código relativo a estes métodos deve fazer parte do arquivo que implementa a classe `BArvore`, conforme mencionado anteriormente.

Outro programa em Java deve ser criado para executar as chamadas aos métodos da classe `BArvore`, operacionalizando o processo de inclusão e exibição dos elementos em uma árvore binária.

Java: programa para executar a inclusão e exibição da árvore

```
1.    public class Exemplo13_1{
2.       public static void main(String[] args){
3.          BArvore arvore1 = new BArvore();
4.          arvore1.inserirNo(new BinNo(14));
5.          arvore1.inserirNo(new BinNo(16));
6.          arvore1.inserirNo(new BinNo(12));
7.          arvore1.inserirNo(new BinNo(11));
8.          arvore1.inserirNo(new BinNo(17));
9.          arvore1.inserirNo(new BinNo(15));
10.         arvore1.inserirNo(new BinNo(10));
11.         arvore1.inserirNo(new BinNo(13));
12.         arvore1.exibir();
13.      }
14.   }
```

O programa `Exemplo13_1` possui o método principal (`main`), no qual inserimos as instruções para criar o objeto `arvore1`, do tipo `BArvore` (linha 3), que pode executar os métodos definidos na classe. Assim, podemos criar ou instanciar vários objetos árvore binária, que seriam diferentes uns dos outros, cada um deles armazenando seus próprios elementos.

A instrução `arvore1.inserirNo(new BinNo(14))` da linha 4 faz uma chamada ao método `inserirNo`, para o objeto `arvore1`, passando como argumento um nó, também um objeto, só que do tipo `BinNo`, criado em função da chamada do construtor de classe `BinNo(int)`.

....

O resultado da execução deste programa gera a listagem dos nós da árvore em ordem crescente e a árvore binária equivalente pode ser visualizada na Figura 13.7.

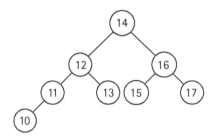

Figura 13.7 Árvore binária (`arvore1`).

13.4.3 OPERAÇÃO DE EXCLUSÃO EM UMA ÁRVORE BINÁRIA

Fizemos a inclusão e exibição dos elementos em uma árvore e, para completar as operações básicas, implementaremos a exclusão de um nó. Cabe destacar que este processo é um pouco mais complexo, uma vez que as referências ao nó excluído e a seus filhos precisam ser devidamente ajustadas.

EXEMPLO 13.4
Operação de exclusão de um elemento da árvore binária.

Pseudocódigo:

```
1.   Procedimento ExcluirNo(item: inteiro)
2.   Var
3.       atual: bin_no
4.       pai: bin_no
5.       filho: bin_no
6.       temp: bin_no
7.   Início
8.       atual ← raiz
9.       pai ← nulo
10.      filho ← nulo
11.      Enquanto(atual<>nulo .e. atual.valor<>item) faça
12.          pai ← atual
13.          Se(item < atual.valor) então
14.              atual ← atual.esq
15.          Senão
16.              atual ← atual.dir
17.          Fim-Se
18.      Fim-Enquanto
19.      Se(atual = nulo) então
20.          Mostrar("Item não localizado")
21.      Fim-Se
22.      Se(pai = nulo) então
23.          Se(atual.dir = nulo) então
24.              raiz ← atual.esq
```

Capítulo 13 | Estruturas do tipo árvore

```
25.        Senão
26.           Se(atual.esq = nulo) então
27.                raiz ← atual.dir
28.           Senão
29.              temp ← atual
30.              filho ← atual.esq
31.              Enquanto(filho.dir <> nulo) faça
32.                 temp ← filho
33.                 filho ← filho.dir
34.              Fim-Enquanto
35.              Se(filho <> atual.esq) então
36.                 temp.dir ← filho.esq
37.                 filho.esq ← raiz.esq
38.              Fim-Se
39.              filho.dir ← raiz.dir
40.              raiz ← filho
41.           Fim-Se
42.        Fim-Se
43.     Senão
44.        Se(atual.dir = nulo) então
45.           Se(pai.esq = atual) então
46.              pai.esq ← atual.esq
47.           Senão
48.              pai.dir ← atual.esq
49.           Fim-Se
50.        Fim-Se
51.     Senão
52.        Se(atual.esq = nulo) então
53.           Se(pai.esq = atual) então
54.              pai.esq ← atual.dir
55.           Senão
56.              pai.dir ← atual.dir
57.           Fim-Se
58.        Fim-Se
59.     Senão
60.        temp ← atual
61.        filho ← atual.esq
62.        Enquanto(filho.dir <> nulo) faça
63.           temp ← filho
64.           filho ← filho.dir
65.        Fim-Enquanto
66.        Se(filho <> atual.esq) então
67.           temp.dir ← filho.esq
68.           filho.esq ← atual.esq
69.        Fim-Se
70.        filho.dir ← atual.dir
71.        Se(pai.esq = atual) então
72.           pai.esq ← filho
```

```
73.          Senão
74.              pai.dir ← filho
75.          Fim-Se
76.      Fim-Se
77.  Fim ExcluirNo
```

O procedimento `ExcluirNo(item: inteiro)` recebe como parâmetro o valor do elemento a ser excluído, realizando a busca deste entre os nós da árvore, por comparação, utilizando a estrutura de laço da linha 11 até a 18. Se o nó representado pela variável `atual` for igual a nulo, significa que a árvore foi totalmente percorrida e o valor não foi encontrado. Na sequência do pseudocódigo, são tratadas as diversas possibilidades em relação ao tipo do nó a ser excluído, conforme as condições relacionadas às linhas:

- Linha 22: `pai` igual a nulo; o nó em questão não possui um pai, sendo, então, a raiz da árvore.
- Linha 23: `atual.dir` igual a nulo; significa que o nó não possui filho à direita, bastando atribuir à `raiz` o nó à esquerda, dado por `atual.esq`.
- Linha 26: `atual.esq` é nulo; o nó não possui filho à esquerda e basta atribuir à raiz o nó à direita, representado por `atual.dir`.
- Linha 28: nó com filhos à esquerda e à direita (condição `Senão`); é executado o laço da linha 31, que busca pelo elemento mais à direita do ramo esquerdo da árvore (maior valor da subárvore esquerda da raiz). Este elemento é trocado pela raiz e as referências ajustadas e isso pode ser mais bem visualizado pelo esquema da Figura 13.8.

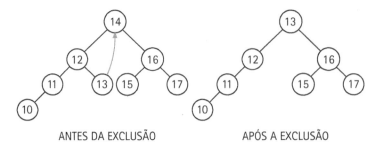

Figura 13.8 Representação da exclusão da raiz da árvore.

- Linha 44: `pai` é diferente de nulo e nó a ser excluído não possui filho à direita; a referência do nó pai é trocada pela do nó a ser excluído.
- Linha 52: nó a ser excluído não possui filho à esquerda; a referência do nó pai é trocada pela do nó a ser excluído.
- Linha 59: nó a ser excluído possui filhos à esquerda e à direita; é utilizado procedimento semelhante ao da exclusão do nó raiz, porém, neste caso, devem ser ajustadas as referências do pai do nó a ser excluído.

A Figura 13.9 ilustra o processo de exclusão descrito, de forma que é possível visualizar os ajustes realizados na estrutura da árvore.

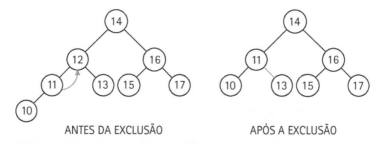

Figura 13.9 Representação da exclusão de um elemento da árvore.

Neste exemplo, o ramo esquerdo do nó a ser excluído não possui nó à direita. A busca pelo nó mais à direita (linha 62) retorna como filho o nó à esquerda de atual, pela própria condição do laço. De fato, este nó representa o maior valor dos elementos do ramo esquerdo do nó a ser excluído.

Para o entendimento do funcionamento do processo é importante simular a entrada de valores e a construção da respectiva árvore graficamente. A modificação na ordem e quantidade dos valores de entrada e dos nós excluídos dará uma ideia mais clara do comportamento assumido para cada caso.

Java:

```
1.      public void excluirNo(int item){
2.         try{
3.            BinNo atual = raiz;
4.            BinNo pai = null, filho = null, temp = null;
5.            while(atual != null && atual.valor != item){
6.               pai = atual;
7.               if(item < atual.valor)
8.                  atual = atual.esq;
9.               else
10.                 atual = atual.dir;
11.           }
12.           if(atual == null)
13.              System.out.println("Elemento não localizado");
14.           if(pai == null){
15.              if(atual.dir == null)
16.                 raiz = atual.esq;
17.              else if (atual.esq == null)
18.                 raiz = atual.dir;
19.              else{
20.                 for(temp=atual,filho=atual.esq;filho.dir!=null;
21.                    temp=filho, filho=filho.dir);
22.                 if (filho != atual.esq){
23.                    temp.dir = filho.esq;
24.                    filho.esq = raiz.esq;
25.                 }
26.                 filho.dir = raiz.dir;
27.                 raiz = filho;
```

252 Lógica de programação e estruturas de dados

```
28.                 }
29.             }else if(atual.dir == null){
30.                 if(pai.esq == atual)
31.                     pai.esq = atual.esq;
32.                 else
33.                     pai.dir = atual.esq;
34.             }else if(atual.esq == null){
35.                 if(pai.esq == atual)
36.                     pai.esq = atual.dir;
37.                 else
38.                     pai.dir = atual.dir;
39.             }else{
40.                 for(temp=atual, filho=atual.esq; filho.dir!=null;
41.                         temp=filho, filho=filho.dir);
42.                 if(filho != atual.esq){
43.                     temp.dir = filho.esq;
44.                     filho.esq = atual.esq;
45.                 }
46.                 filho.dir = atual.dir;
47.                 if(pai.esq == atual)
48.                     pai.esq = filho;
49.                 else
50.                     pai.dir = filho;
51.             }
52.         }catch(NullPointerException erro){
53.             //Elemento não encontrado
54.         }
55.     }
```

O programa a seguir implementa a entrada de valores, a exclusão de um elemento e a exibição dos nós da árvore binária, antes e depois da exclusão.

Java:

```
1.     public class Exemplo13_1 {
2.         public static void main(String[] args){
3.             BArvore arvore1 = new BArvore ();
4.             arvore1.inserirNo(new BinNo(14));
5.             arvore1.inserirNo(new BinNo(16));
6.             arvore1.inserirNo(new BinNo(12));
7.             arvore1.inserirNo(new BinNo(11));
8.             arvore1.inserirNo(new BinNo(17));
9.             arvore1.inserirNo(new BinNo(15));
10.            arvore1.inserirNo(new BinNo(10));
11.            arvore1.inserirNo(new BinNo(13));
12.            arvore1.exibir();
13.            arvore1.excluirNo(12);
14.            arvore1.exibir();
15.        }
16.    }
```

13.5 PERCURSO EM ÁRVORES BINÁRIAS

Existem muitas operações que podem ser executadas em estruturas do tipo árvores binárias, com diversas finalidades, que vão desde a indexação de entradas em uma tabela de um Sistema Gerenciador de Banco de Dados, até operações realizadas por compiladores para a transformação de expressões e geração de código executável.

Uma operação bastante comum é a de percorrer, de forma sistemática, cada um dos nós de uma árvore binária, realizando algum processamento, o que, normalmente, é definido como *varredura* ou *atravessamento*.

Existem, basicamente, quatro tipos de varredura em árvores binárias: os atravessamentos em in-ordem, pré-ordem, pós-ordem e em nível, os quais apresentamos a seguir.

Nos exemplos deste tópico, tanto a representação em pseudocódigo quanto a implementação em Java utilizam as estruturas definidas, no Exemplo 13.1, para o registro, o nó e a árvore.

13.5.1 ATRAVESSAMENTO EM IN-ORDEM

Considerando uma árvore binária em que R denota a raiz e E e D indicam, respectivamente, as subárvores esquerda e direita, este atravessamento consiste em:

- Percorrer a subárvore à esquerda (E).
- Visitar a raiz (R).
- Percorrer a subárvore à direita (D).

Utilizando a árvore binária da Figura 13.10, aplicando o atravessamento em in-ordem e registrando na sequência de saída os números encontrados nos nós visitados, teríamos o seguinte resultado:

1, 2, 3, 4, 5, 6 e 7

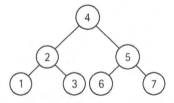

Figura 13.10 Árvore binária `Barvore`.

EXEMPLO 13.5
Atravessamento da árvore binária em in-ordem.

Pseudocódigo:

```
1.    Procedimento Exibir()
2.    Início
3.       Mostrar("Exibir a árvore in-ordem")
4.       ExibirInOrdem(raiz)
```

```
5.      Fim Exibir.
6.      Procedimento ExibirInOrdem(atual: bin_no)
7.      Início
8.         Se(atual <> nulo) então
9.            ExibirInOrdem(atual.esq)
10.           Mostrar(atual.valor)
11.           ExibirInOrdem(atual.dir)
12.        Fim-Se
13.     Fim ExibirInOrdem.
```

O algoritmo para exibir os elementos da árvore é composto do procedimento `Exibir`, chamado externamente, acionando a execução de `ExibirInOrdem`, um procedimento recursivo que recebe, inicialmente, a raiz da árvore. A cada chamada da linha 9, o elemento à esquerda do nó atual é passado como argumento (`atual.esq`), o que é executado enquanto o nó é diferente de nulo, condição verificada na linha 8. Esta sequência de instruções faz com que `atual` aponte para a folha mais à esquerda da árvore e, portanto, o elemento de menor valor, que é exibido por meio da instrução da linha 10. A instrução da linha 11 é responsável pelas chamadas recursivas dos nós à direita, o que possibilita a exibição de cada um dos elementos da árvore da esquerda para a direita, ou do menor para o maior, de acordo com a forma em que foram inseridos.

Java:
```
1.    public void exibir(){
2.       System.out.println("Exibir a árvore in-ordem");
3.       exibirInOrdem(raiz);
4.    }
5.    private void exibirInOrdem (BinNo atual){
6.       if(atual != null){
7.          exibirInOrdem(atual.esq);
8.          System.out.println(atual.valor);
9.          exibirInOrdem(atual.dir);
10.      }
11.   }
```

A ordem de inclusão dos elementos na árvore pode gerar uma estrutura diferente da mostrada na Figura 13.10, alterando, em determinados casos, o resultado da saída.

13.5.2 ATRAVESSAMENTO EM PRÉ-ORDEM

Esta estratégia de atravessamento segue os nós da árvore, até chegar aos mais profundos, por meio dos ramos das subárvores esquerda e direita, uma técnica também conhecida como *percurso em profundidade*. Tomando como base uma árvore com o nó raiz R e as subárvores esquerda E e direita D, este tipo de atravessamento consiste em:

- Visitar a raiz (R).
- Percorrer a subárvore à esquerda (E).
- Percorrer a subárvore à direita (D).

Aplicando o atravessamento em pré-ordem, na árvore ilustrada na Figura 13.10, e registrando na sequência de saída os números encontrados nos nós visitados, teríamos o seguinte resultado:

4, 2, 1, 3, 6, 5 e 7

EXEMPLO 13.6
Atravessamento da árvore binária em pré-ordem.

Pseudocódigo:

```
1.    Procedimento Exibir()
2.    Início
3.        Mostrar("Exibir a árvore pré-ordem")
4.        ExibirPreOrdem(raiz)
5.    Fim Exibir.
6.    Procedimento ExibirPreOrdem(atual: bin_no)
7.    Início
8.        Se(atual <> nulo) então
9.            Mostrar(atual.valor)
10.           ExibirPreOrdem(atual.esq)
11.           ExibirPreOrdem(atual.dir)
12.       Fim-Se
13.   Fim ExibirPreOrdem.
```

O procedimento `Exibir()` faz a chamada do procedimento recursivo `ExibirPreOrdem(atual: bin_no)`, passando o nó raiz da árvore como argumento. A primeira instrução executada é a exibição do valor do nó atual (linha 9), seguida das instruções das linhas 10 e 11 que, recursivamente, buscam os elementos mais à esquerda e à direita de cada subárvore, garantindo a estratégia de percurso: visitar raiz, percorrer a subárvore à esquerda e percorrer a subárvore à direita. Desta forma, o valor do nó pai é exibido seguido de seus filhos, primeiro o da esquerda e depois o da direita.

Java:

```
1.    public void exibir(){
2.        System.out.println("Exibir a árvore pré-ordem");
3.        exibirPreOrdem(raiz);
4.    }
5.    private void exibirPreOrdem(BinNo atual){
6.        if(atual != null){
7.            System.out.println(atual.valor);
8.            exibirPreOrdem(atual.esq);
9.            exibirPreOrdem(atual.dir);
10.       }
11.   }
```

A recursão facilita a escrita do algoritmo de percurso na árvore, porém é possível implementar soluções não recursivas.

13.5.3 ATRAVESSAMENTO EM PÓS-ORDEM

O atravessamento em pós-ordem visita ou exibe o nó pai, após a exibição dos filhos, primeiro o da esquerda e depois o da direita, e o nó raiz é o último a ser visitado. Ainda considerando uma árvore com o nó raiz R e as subárvores esquerda E e direita D, podemos resumir esta estratégia em:

- Percorrer a subárvore à esquerda (E).
- Percorrer a subárvore à direita (D).
- Visitar a raiz (R).

Com a aplicação do atravessamento em pós-ordem, na árvore ilustrada na Figura 13.10, teríamos, como saída, o seguinte resultado:

1, 3, 2, 5, 7, 6 e 4

EXEMPLO 13.7

Atravessamento da árvore binária em pós-ordem.

Pseudocódigo:

```
1.    Procedimento Exibir()
2.    Início
3.       Mostrar("Exibir a árvore pós-ordem")
4.       ExibirPosOrdem(raiz)
5.    Fim Exibir.
6.    Procedimento ExibirPosOrdem(atual: bin_no)
7.    Início
8.       Se(atual <> nulo) então
9.          ExibirPosOrdem(atual.esq)
10.         ExibirPosOrdem(atual.dir)
11.         Mostrar(atual.valor)
12.      Fim-Se
13.   Fim ExibirPosOrdem.
```

As instruções das linhas 9 e 10 possibilitam alcançar os filhos mais à esquerda e à direita da subárvore esquerda e, posteriormente, da subárvore direita, e a exibição do nó pai ocorre somente após a exibição dos filhos. Isso também ocorre com o nó raiz, que é exibido somente após ter sido completado o percurso à esquerda e à direita da árvore.

Java:

```
1.    public void exibir(){
2.       System.out.println("Exibir a árvore pós-ordem");
```

Capítulo 13 | Estruturas do tipo árvore   **257**

```
3.        exibirPosOrdem(raiz);
4.    }
5.    private void exibirPosOrdem(BinNo atual){
6.        if(atual != null){
7.            exibirPosOrdem(atual.esq);
8.            exibirPosOrdem(atual.dir);
9.            System.out.println(atual.valor);
10.        }
11.    }
```

13.5.4 ATRAVESSAMENTO EM NÍVEL

O atravessamento em nível ou em largura é a estratégia de percorrer a árvore binária em ordem crescente de seus níveis e, em cada nível, da esquerda para a direita.

Utilizando esta estratégia de percurso, o atravessamento na árvore da Figura 13.10 resultaria na seguinte saída:

4, 2, 6, 1, 3, 5 e 7

EXEMPLO 13.8
Atravessamento da árvore binária em nível.

Pseudocódigo:

```
1.    Procedimento Exibir()
2.    Início
3.        Mostrar("Exibir a árvore em nível")
4.        ExibirNivel(raiz)
5.    Fim Exibir.
6.    Procedimento ExibirNivel(raiz: bin_no)
7.    Var
8.        Tipo fila_reg = registro
9.                        inicio: inteiro
10.                       fim: inteiro
11.                       elemento: vetor [0..n] de inteiros
12.        Fim_registro
13.        fila: fila_reg
14.        atual: bin_no
15.    Início
16.        fila.inicio ← 0
17.        fila.fim ← 0
18.        fila.total ← 0
19.        Enfileirar(raiz^.valor)
20.        Enquanto(.não. Vazia()) faça
21.            atual^.valor ← Desenfileirar()
22.            Mostrar(atual^.valor)
23.            Se(atual.esq <> nulo) então
24.                Enfileirar(atual.esq^.valor)
```

```
25.         Fim-Se
26.         Se(atual.dir <> nulo) então
27.             Enfileirar(atual.dir^.valor)
28.         Fim-Se
29.     Fim-Enquanto
30. Fim ExibirNivel.
```

O algoritmo deste exemplo usa uma fila, um registro que utiliza um vetor de inteiros para armazenar o valor dos elementos da árvore, à medida que o percurso pelos nós de cada nível é realizado. A estrutura de laço, que vai da linha 20 a 29, executa enquanto a fila não estiver vazia, avaliando se o nó possui filhos e acrescentando-os à fila (linhas 23 a 28). A fila é uma estrutura interessante, neste caso, pois o primeiro elemento a entrar (`Enfileirar`) é o primeiro a sair (`Desenfileirar`).

Para mais detalhes sobre o funcionamento e a implementação de filas, consulte o Capítulo 11.

Java:

```java
1.  public void exibir(){
2.      System.out.println("Exibir a árvore em nível");
3.      exibirNivel(raiz);
4.  }
5.  private void exibirNivel(BinNo raiz){
6.      Lista no = new Lista();
7.      no.enfileirar(raiz);
8.      while(!no.filaVazia()){
9.          BinNo atual = no.desenfileirar();
10.         System.out.println(atual.valor);
11.         if(atual.esq != null) no.add(atual.esq);
12.         if(atual.dir != null) no.add(atual.dir);
13.     }
14. }
```

13.6 EXERCÍCIOS PARA FIXAÇÃO

1. Tomando como base a árvore T da Figura 13.11, responda às questões a seguir.

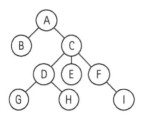

Figura 13.11 Árvore T.

a) Quantas subárvores ela contém?
b) Quais de seus nós são folhas?
c) Qual é o grau de cada um de seus nós?
d) Qual é o grau da árvore?
e) Quais são os ancestrais dos nós B, G e I?
f) Quais são os descendentes do nó D?
g) Qual é o nível do nó F?
h) Qual é o nível dos nós G, H e I?

2. Faça a representação de uma árvore binária, inicialmente vazia ou nula, que tenha a

inclusão dos elementos com os valores: 59, 103, 48, 33, 51, 38, 79, 1, 235, 121, 223 e 161, nesta ordem.

3. Considere uma árvore binária na qual cada nó possui um campo adicional para guardar seu nível. Crie um procedimento que preencha este campo, inicialmente nulo, após a árvore ter sido construída, utilizando uma das estratégias de atravessamento.

4. Escreva um algoritmo para contar e retornar a quantidade de elementos de uma árvore binária, baseando-se na estrutura definida no Exemplo 13.1.

5. Desenvolva um algoritmo para, com base em um valor fornecido, encontrar o respectivo nó em uma árvore binária e forneça os valores de seus antecessores até a raiz.

13.7 EXERCÍCIOS COMPLEMENTARES

1. Considere a árvore binária da Figura 13.12, faça as operações a seguir e desenhe a árvore após as modificações.

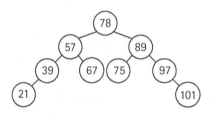

Figura 13.12 Árvore binária.

a) Remover o nó de valor 97.
b) Remover o nó de valor 21.
c) Remover o nó de valor 78.
d) Inserir o nó de valor 104.
e) Inserir o nó de valor 79.
f) Inserir o nó de valor 32.

2. Faça a representação de cada uma das árvores binárias a seguir, considerando que a inclusão dos elementos deve ocorrer na ordem indicada. Escreva para cada uma delas a saída resultante do atravessamento ou percurso em in-ordem, pré-ordem, pós-ordem e em nível.
   a) Árvore1: 27, 36, 15, 16, 7, 42 e 30.
   b) Árvore2: 75, 17, 89, 60, 75, 39, 97, 21 e 100.
   c) Árvore3: 14, 5, 1, 31, 9, 12, 6, 19, 45, 11 e 22.

3. O Exemplo 13.2 implementa a operação de inclusão de um novo elemento em uma árvore binária. Desenvolva um algoritmo não recursivo que execute esta função.

4. Escreva um algoritmo que exiba, em ordem crescente, o conteúdo das folhas de uma árvore binária.

5. Árvores binárias podem ser utilizadas para representar expressões aritméticas. O atravessamento em in-ordem da árvore de uma expressão aritmética corresponde, exatamente, à representação em notação infixa desta expressão, e o atravessamento em pós-ordem equivale à representação em notação posfixa. Pesquise este assunto, apresentando estas formas de representação por meio de exemplos.

A Conceitos de programação

NÍVEIS DE PROGRAMAÇÃO

Um programa é um conjunto de instruções, escrito em uma determinada linguagem, que "diz" ao computador o que deve ser feito. Existem muitas formas de programar e diferentes tipos de linguagens de programação, cada qual com características e finalidades específicas. Elas podem ser classificadas em níveis, que vão desde o nível de dispositivos e lógico digital,[1] chamado baixo nível, até o de linguagem orientada a problemas, chamado de *alto nível*. Esse termo se refere a linguagens que procuram se aproximar das linguagens naturais, usadas pelas pessoas.

A maioria dos computadores modernos usa dois ou mais níveis de programação, e os programas escritos em linguagem de alto nível precisam ser traduzidos para o nível mais baixo, de forma que possam ser "entendidos" ou executados pela máquina. Não pretendemos discutir aqui as estratégias de tradução, mas é importante saber que as linguagens de programação usadas para desenvolver os algoritmos são geralmente diferentes das linguagens executadas pelos computadores.

Os primeiros computadores, como o **Eniac** e o **Univac**, consistiam sobretudo em válvulas e relés e tinham de ser programados conectando uma série de plugues e fios. Uma equipe de programadores podia passar dias introduzindo um pequeno programa em uma dessas máquinas, que ocupavam salas inteiras.

Por conta disso, passaram a existir os diversos níveis de programação. Hoje em dia, existem linguagens que atuam diretamente no hardware da máquina, movimentando dados e acionando dispositivos ligados ao computador: são as chamadas **linguagens de baixo nível**. Como esse tipo de linguagem é de difícil programação, a exemplo do que ocorria com os primeiros computadores, criaram-se níveis diferentes de linguagens.

Assim, as **linguagens de alto nível** — como Pascal, C, C++ e Java — são utilizadas pelos programadores no desenvolvimento de sistemas. Os programas digitados nessas linguagens constituem o que se chama de **código-fonte**, o qual é convertido (traduzido) para programas de baixo nível, em um processo chamado de **compilação** ou **interpretação**. O programa, quando traduzido, pode ser executado pela máquina, reproduzindo aquilo que o programador deseja.

---

1 O nível lógico digital é conhecido como o *nível das portas lógicas*, formadas pelos transistores e demais componentes do hardware.

Embora as linguagens de programação consideradas de alto nível tenham o objetivo de aproximar-se da linguagem humana, este objetivo ainda está longe de ser alcançado. O máximo que se conseguiu foi criar instruções mnemônicas, em inglês, para facilitar o processo.

Eniac (*Electronic Numerical Integrator and Calculator*): é considerado o primeiro computador digital eletrônico.
Univac (*Universal Automatic Computer*): primeiro computador a ser comercializado.

INTRODUÇÃO À PROGRAMAÇÃO

A linguagem de programação é formada por palavras, chamadas de **palavras-chave**, que são agrupadas em frases para produzir um determinado significado. Estas frases são chamadas de **estruturas de programação**.

Assim, um programa é constituído de palavras-chave e estruturas de programação definidas segundo as regras (gramática) desta linguagem, elaboradas de modo que seja mais fácil sua compreensão pelo ser humano. A exemplo da linguagem usada em nossa comunicação, a linguagem de programação possui uma sintaxe, definida por essas regras.

Por que existem tantos tipos de linguagem? Uma linguagem é melhor que outra? Para refletir sobre estas perguntas, é necessário considerar que cada linguagem de programação foi desenvolvida para solucionar determinado tipo de problema e cumprir uma dada função. Uma delas pode ser melhor para a execução de cálculos matemáticos complexos, com aplicações na área científica; outra pode ser melhor para processar uma grande quantidade de dados submetidos a operações simples, com aplicações na área financeira; e outras ainda exigem uma interface elaborada e fácil interação com o usuário. Como se pode ver, a linguagem escolhida para o desenvolvimento de uma aplicação depende de sua adequação à tarefa que se pretende executar. Veja a seguir algumas das linguagens de programação mais comumente utilizadas.

PASCAL

Trata-se de uma linguagem de alto nível, poderosa e eficientemente estruturada. Criada para ser uma ferramenta educacional, vem sendo utilizada até hoje nos meios acadêmicos pela simplicidade de sua sintaxe. Deu origem a uma enorme quantidade de dialetos, em grande parte pelo sucesso do Turbo Pascal; tem como sua representante atual a Object Pascal, utilizada no Delphi® e na versão gratuita para Linux, o Kylix.

A linha de código a seguir exemplifica uma instrução em Pascal para exibir uma frase na tela do computador.

```
WRITE("Algoritmos e Estruturas de Dados");
```

C

Trata-se de uma linguagem estruturada utilizada até pouco tempo para o desenvolvimento de aplicações comerciais. Ultimamente, tem grande aplicação no desenvolvimento de software básico, além de aplicações com forte interação com o hardware. A mesma instrução do exemplo anterior pode ser escrita em C como:

```
printf("Algoritmos e Estruturas de Dados");
```

C++

Trata-se de uma linguagem de alto nível orientada a objetos. Uma evolução da linguagem C que preserva seus princípios de eficiência e facilidade de programação. A programação orientada a objetos será discutida adiante. O exemplo anterior pode ser reproduzido com a instrução em C++:

```
cout<<"Algoritmos e Estruturas de Dados";
```

JAVA

Trata-se de uma linguagem orientada a objetos de fácil programação e larga utilização no mercado. É amplamente utilizada em aplicações de processamento distribuído e para a internet. Java está sendo utilizada neste livro para exemplificar a implementação dos algoritmos estudados. Uma descrição mais detalhada da linguagem é apresentada no Apêndice B, *Um pouco sobre o Java*, disponível on-line na Sala Virtual. Reproduzindo o exemplo anterior em Java, tem-se:

```
System.out.println("Algoritmos e Estruturas de Dados");
```

Como podemos observar, existe grande semelhança na **sintaxe** utilizada pelas diversas linguagens de programação, e o aprendizado de uma delas depende de convívio maior e utilização frequente. Um bom programa é aquele que tem, entre outras qualidades, um código eficiente. Programas eficientes são desenvolvidos com técnicas de programação adequadas e algoritmos projetados de modo eficiente.

A **sintaxe** é a parte da gramática que se dedica ao estudo da estruturação das palavras em uma frase, termo usado de forma análoga no que se refere às linguagens de programação, para especificar a construção de instruções e comandos.

TIPOS DE LINGUAGENS DE PROGRAMAÇÃO

Existem diferentes linguagens de programação, que foram criadas ao longo do desenvolvimento dos sistemas computacionais, cada uma com sua particularidade e recursos existentes à sua época. Algumas delas sobreviveram, receberam novas funcionalidades e foram adaptadas a uma nova realidade em termos de hardware e características dos sistemas.

As primeiras linguagens de programação eram sequenciais — a chamada **programação linear** —, em função das características dos sistemas existentes, havendo pouca ou nenhuma interatividade; destinavam-se a uma atividade específica. Posteriormente, surgiram as linguagens estruturadas ou a **programação estruturada**, que permitiu o desenvolvimento de sistemas mais interativos, de forma mais organizada e com maior funcionalidade. A **programação orientada a objetos** promoveu uma grande transformação na forma como os sistemas são concebidos e codificados, trazendo grande interatividade, processamento distribuído e uma grande diversidade de ambientes e dispositivos.

Além da diferença entre as linguagens, existem formas diferentes de se programar, que podem ser comparadas a textos que tratam do mesmo assunto, mas que foram escritos por pessoas diferentes. Embora as linguagens de programação possuam características e regras que determinam como o programa deverá ser escrito, estilos e recursos diferentes podem ser utilizados — muitas vezes, de forma inadequada, prejudicando a legibilidade e manutenção do código.

CONCEITOS SOBRE A PROGRAMAÇÃO LINEAR

A **programação linear** pressupõe a criação de programas que, na sua execução, obedeçam a uma sequência de passos executados consecutivamente, com início e fim definidos. Este princípio era utilizado pelas primeiras linguagens de programação, que usavam códigos numéricos ou mnemônicos para codificação das instruções.

A Assembly é um bom exemplo desse tipo de linguagem criada para facilitar a programação, substituindo as instruções numéricas em binário por uma sequência de caracteres. A instrução de soma de dois valores pode ser representada por *ADD*, mnemônico obtido da expressão em inglês para adicionar.

Linguagens como a Basic surgiram posteriormente, inspiradas na **Assembly**, criando uma simbologia mais simples e ampliando o número de instruções, mantendo, porém, a característica linear de programação. Em Basic, as linhas de código eram numeradas uma a uma, a execução seguia essa ordem e eventuais desvios eram executados apontando-se para a linha desejada, usando a instrução *GOTO* (ir para). A seguir apresentamos um exemplo de programa:

```
10 CLS
20 A = 1
30 PRINT A
40 A = A + 2
50 IF A > 99 THEN END
60 GOTO 30
```

Embora alguns tipos de linguagem tenham restrições na forma de programação, dando pouca flexibilidade ao desenvolvedor, nada impede que programas lineares sejam gerados utilizando-se de linguagens estruturadas ou orientadas a objetos.

A desvantagem da programação linear é a complexidade. Programas lineares extensos são difíceis de ser desenvolvidos e até compreendidos.

> A linguagem **Assembly** ainda é utilizada em procedimentos que manipulam diretamente o hardware do computador e em equipamentos eletrônicos. Corriqueiramente é referenciada como Assembler, de forma incorreta, em alusão ao software que fazia a tradução dessa linguagem para a de baixo nível em binário, o Montador.

CONCEITOS SOBRE A PROGRAMAÇÃO ESTRUTURADA

Usando o velho provérbio "dividir para conquistar", pode-se afirmar que, para a consecução de um objetivo, é melhor e bem mais fácil dividir as tarefas a serem realizadas em etapas, executando-as uma por vez, até que todo o trabalho tenha sido realizado. Pode-se, ainda, realizar este trabalho em equipe. A divisão do trabalho e a distribuição adequada das tarefas a cada um dos elementos da equipe, se bem coordenadas, com certeza produzirão resultados melhores e bem mais rápidos. O problema, muitas vezes, está em como dividir estas tarefas de forma adequada e equitativa e gerenciar o seu desenvolvimento.

Em programação, pode-se pensar da mesma forma: a construção de um programa monolítico que execute uma tarefa complexa, além de ser complicada e demorada, pode não produzir o resultado esperado. Mesmo que o resultado seja alcançado, o tempo despendido pode ser demasiado. Esta situação se agrava se for considerado que esse tempo gasto representa custos no desenvolvimento de uma aplicação que podem superar as expectativas de custos do projeto.

Deve-se utilizar esta filosofia de dividir o problema em partes, para criar um programa extenso e complicado. Um bom programador deve ser como um bom gerente no momento de atribuir funcionalidades a um programa; deve separar as tarefas que este precisa realizar e depois atacá-las uma a uma, tornando o trabalho menos "assustador". Esta abordagem é o que norteia o conceito da **programação estruturada**.

Na programação estruturada, a divisão de tarefas é um processo chamado de **modularização**. Neste processo, divide-se o programa em partes ou módulos que executam tarefas específicas. É importante que estas tarefas, representadas pelos módulos, sejam específicas e cada uma delas tenha a maior independência possível das demais realizadas por outros módulos do programa, isto é, a independência funcional está relacionada diretamente à modularização.

Como exemplo, suponha que você pertença a uma equipe que está participando de uma gincana, na qual várias tarefas são determinadas e o prazo final está estabelecido. Vence a equipe que completar o maior número de tarefas dentro do prazo. Se as tarefas forem divididas adequadamente, será grande a chance de que todas sejam cumpridas no tempo determinado. Por outro lado, se ocorrer um erro nessa distribuição e alguém fizer algo que outro elemento do grupo também esteja fazendo, com certeza o tempo não será suficiente ou alguma tarefa deixará de ser realizada.

Os **procedimentos** ou as **funções** são blocos de programa que executam determinada tarefa. Cada um desses blocos de código recebe um nome, o qual é utilizado como chamada do procedimento ou da função. Tanto procedimentos quanto funções podem receber valores para que possam realizar suas tarefas. A diferença entre eles é que os procedimentos, embora possam receber valores, não retornam um valor como resultado, enquanto uma função retorna o resultado das operações que realizou.

Os nomes dos procedimentos normalmente são palavras ou pequenas frases que procuram associá-los de forma mnemônica à tarefa realizada. Por exemplo:

```
AtualizarDados()
```

As funções são nomeadas da mesma maneira que os procedimentos, lembrando que o nome de uma função pode ser utilizado em uma expressão como se fosse uma variável, porque uma função retorna um valor quando termina sua execução. Por exemplo:

```
soma(x, y)
```

Podemos considerar, no exemplo dado, que a função soma executa a somatória de dois valores que lhe foram passados (x e y, que podem ser chamados de *parâmetros*) e deve retornar o resultado desse cálculo após sua execução.

A seguir, apresentamos um pequeno programa em linguagem C, que executa a soma de dois números introduzidos pelo teclado e exibe o resultado no vídeo.

```
1.    /* funcao.c */
2.    main()
3.    {
4.    int x, y, r;
5.        printf("Digite dois números: ");
6.        scanf("%d %d",&x, &y);
7.        r = soma(x, y);
8.        printf("A soma dos números é: %d", r);
9.    }
10.   /* soma() */
11.   /* retorna a soma de dois numeros */
12.   soma(j, k)
13.   int j, k;
14.   {
15.       return(j+k);
16.   }
```

No exemplo, as variáveis x e y recebem os números cuja entrada é feita pelo teclado (linha 6). A função soma() é chamada na linha 7, com a passagem dos valores, que é executada a partir da linha 12 e, na linha 15, retorna o valor da soma dos números. O valor retornado é atribuído à variável r (linha 7).

O exemplo é bastante simples e, obviamente, não seria necessário criar uma função apenas para somar dois números. Serve apenas como ilustração para a chamada de uma função com passagem e retorno de valores.

Ainda seguindo o exemplo, podem-se encontrar outras funções internas da própria linguagem, como printf() e scanf() que funcionam, a princípio, da mesma forma que a função soma().

Quando se pensa na criação de um programa, surge a pergunta: Por onde devo começar? Uma forma de desenvolver um programa é partir de sua representação em pseudocódigo ou em fluxograma, um tipo de algoritmo que utiliza símbolos gráficos para representar as ações ou instruções a serem seguidas. Assim como o pseudocódigo, o fluxograma é utilizado para organizar o raciocínio lógico a ser seguido para a resolução de um problema ou para a definição dos passos na execução de uma tarefa.

Quando esta sequência de passos é muito extensa ou apresenta procedimentos repetitivos, é necessário avaliar a possibilidade de separação ou divisão da tarefa em etapas. Isso pode ser feito tanto para o pseudocódigo quanto para o algoritmo, criando-se um nome para cada uma destas etapas ou sub-rotinas, que pode ser utilizado para identificação do procedimento ou da função que será criada quando da programação.

CONCEITOS SOBRE A PROGRAMAÇÃO ORIENTADA A OBJETOS

Na seção anterior, foram vistos os conceitos de programação estruturada e de como se pode subdividir um programa extenso e complexo em procedimentos ou funções. Esta subdivisão auxilia no desenvolvimento do programa, de forma que módulos pequenos e específicos ficam mais fáceis de serem programados e compreendidos. Estes módulos executam tarefas determinadas, interagindo com outros módulos ou com o programa principal, retornando valores ou não, dependendo do que deve ser realizado.

A **programação orientada a objetos** representa uma mudança no enfoque da programação e na forma como os sistemas eram vistos até então. Como **quebra de paradigma**, revoluciona todos os conceitos de projeto e desenvolvimento de sistemas existentes anteriormente.

"**Paradigma** é um conjunto de regras que estabelecem fronteiras e descrevem como resolver os problemas dentro dessas fronteiras. Os paradigmas influenciam nossa percepção; ajudam-nos a organizar e a coordenar a maneira como olhamos para o mundo [...]."

MORRIS; Daniel C.; BRANDON, Joel S.
Reengenharia: reestruturando sua empresa.
São Paulo: Makron Books, 1994.

O enfoque tradicional para o desenvolvimento de sistemas e, por consequência, para a programação, baseia-se no conceito de que um sistema é um conjunto de programas inter-relacionados que atuam sobre um determinado conjunto de dados que se deseja manipular de alguma forma para obter os resultados desejados. Já o enfoque da modelagem de sistemas por objetos procura enxergar o mundo como um conjunto de objetos que interagem entre si e apresentam características e comportamento próprios representados por seus atributos e suas operações. Os atributos estão relacionados aos dados, e as operações, aos procedimentos que um objeto executa.

Assim, supondo que se deseja desenvolver um sistema de controle de estoque para uma empresa, é necessário identificar os objetos relacionados a ele, como os produtos, os pedidos de compra, os recibos, as pessoas etc., conforme detalharemos a seguir. Portanto, pode-se dizer que é possível modelar, por meio da orientação a objetos, um setor, um departamento e até uma empresa inteira.

Este enfoque justifica-se, de forma resumida, pelo fato de que os objetos existem na natureza muito antes de haver qualquer tipo de negócio envolvido ou qualquer tipo de sistema para controlá-los. Equipamentos, pessoas, materiais, produtos, peças, ferramentas, combustíveis, documentos etc. existem por si sós e possuem características próprias determinadas pelos seus atributos (nome, tamanho, cor, peso) e um determinado comportamento no mundo real relacionado aos processos do qual participam.

A Figura A.1 apresenta a diferença entre as abordagens estruturada (tradicional) e orientada a objetos. Na primeira, o programa é constituído apenas de processos (procedimentos e funções) e os dados são tratados de forma independente. Em orientação a objetos, os dados e as operações que os afetam fazem parte de uma única estrutura.

Figura A.1 Enfoque tradicional × enfoque orientado a objetos.

A discussão seguinte, sobre os princípios da orientação a objetos, é de fundamental importância para o entendimento e o uso adequado de linguagens que se baseiam neste paradigma, como é o caso de Java, empregada nos exemplos deste livro. A linguagem e seus componentes foram desenvolvidos respeitando estes princípios e os programas desenvolvidos por seu intermédio devem, da mesma forma, respeitá-los.

O uso adequado dos recursos da linguagem tem como objetivo aproveitar seus benefícios, como: a reutilização de código e o aumento da produtividade; a segurança por meio do encapsulamento de dados e operações, robustez dos programas e aplicações; e a facilidade de desenvolvimento, alteração e manutenção dos programas e aplicações.

OBJETO

Um dos conceitos básicos da orientação a objetos é o do próprio objeto. Um **objeto** para a programação é uma extensão do conceito de objeto do mundo real, em que se podem ter coisas *tangíveis*, um *incidente* (evento ou ocorrência) ou uma *interação* (transação ou contrato), conforme vemos na Figura A.2.

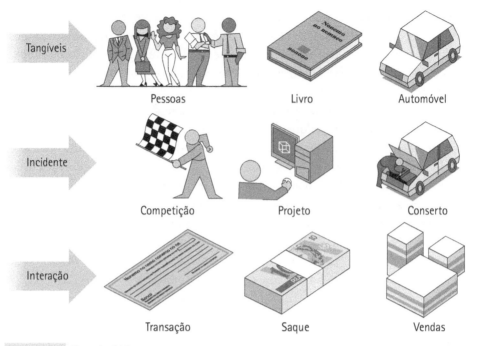

Figura A.2 Tipos de objetos.

Por exemplo, em um sistema acadêmico em que João é um *aluno* (objeto) e Carlos é um *professor* (objeto) que ministra *aulas* (objeto) da *disciplina* (objeto) Algoritmos, para que João possa assistir às aulas da disciplina do professor Carlos, ele precisa fazer uma *matrícula* (objeto) no *curso* (objeto) de computação.

Com base no texto anterior, temos as seguintes ocorrências de objetos:

- Tangíveis: aluno e professor.
- Incidente: curso, disciplina, aula.
- Interação: matrícula.

A identificação dos objetos em um sistema depende do nível de **abstração** de quem faz a modelagem, podendo ocorrer a identificação de diferentes tipos de objetos e diferentes tipos de classificação destes. Não existe um modelo definitivamente correto, pois depende de quem faz a modelagem e de processos sucessivos de refinamento, até que se possa encontrar um modelo adequado a cada aplicação.

Abstração consiste em se concentrar nos aspectos essenciais, próprios, de uma entidade e em ignorar suas propriedades acidentais. Isso significa concentrar-se no que um objeto é e faz, antes de decidir como ele deve ser implementado em uma linguagem de programação.

Pode-se imaginar um objeto como algo que guarda dentro de si os dados ou as informações sobre sua estrutura (seus atributos) e possui um comportamento definido pelas suas operações, como mostra a Figura A.3.

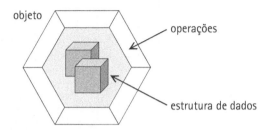

Figura A.3 Interpretação da visualização de um objeto.

Os dados ficam protegidos pela interface, que se comunica com os demais objetos do sistema. Nesta interface, representada pela camada mais externa do modelo apresentado na Figura A.3, estão as operações. Todo tipo de alteração nos dados do objeto (atributos) somente poderá ser feito por meio das operações, que recebem as solicitações externas, fazem as alterações nos dados (se permitidas) e retornam outras informações para o meio externo.

CLASSE

Assim como o conceito de objeto, o conceito de classe é muito importante para o entendimento da orientação a objetos. No mundo real, costumamos classificar os objetos com os quais lidamos, para facilitar o tratamento e a forma de referenciá-los. É muito comum ouvirmos, por exemplo, que os produtos alimentícios sofreram um aumento de preços; produtos alimentícios agrupam um conjunto específico de alimentos que pode ser considerado uma classe.

Uma **classe** é uma coleção de objetos que podem ser descritos por um conjunto básico de atributos e que possuem operações semelhantes. Referimo-nos a um conjunto básico de atributos e operações semelhantes, pois, conforme veremos adiante, nem todos os objetos da mesma classe precisam ter, exatamente, o mesmo conjunto de atributos e operações.

Quando um objeto é identificado com atributos e operações semelhantes em nosso sistema, diz-se que pode ser agrupado em uma classe. Este processo é chamado de **generalização**. Por outro lado, pode ocorrer que um objeto, ao ser identificado, seja constituído na verdade de uma classe de objetos, visto que dele podem se derivar outros objetos. Este processo é chamado de **especialização**.

Na Figura A.4, partindo-se de uma classe *veículos*, observa-se a existência de vários tipos de veículos e pode-se promover o processo de especialização em: veículos *utilitários*, *esporte*, de *passeio* e de *transporte de passageiros*. Porém, se os veículos *utilitários*, *esporte*, de *passeio* e de *transporte de passageiros* são considerados tipos de veículos, pode-se realizar o processo de generalização, criando-se a classe *veículos*.

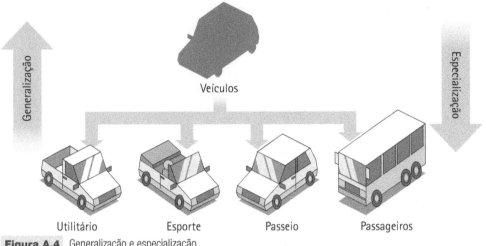

Figura A.4 Generalização e especialização.

O critério para criar a classe ou as especializações desta classe está relacionado aos atributos e às operações de cada um dos objetos. Assim, podemos dizer que, para todos os tipos de veículos, temos atributos genéricos como: *marca, modelo, ano* de fabricação, *potência* do motor, número de *eixos*, capacidade de *carga* etc. Temos também operações semelhantes para todos, como: *incluir novo, alterar dados, selecionar, excluir* etc.

Nada impede, contudo, que os veículos de *passeio* sejam subdivididos em outros tipos, como os tipos *sedan, minivan* etc. Neste caso, a classe *veículos* teria uma subclasse *passeio* e desta derivariam os veículos *sedan* e as *minivans*.

Apresentamos, a seguir, um pequeno trecho de código em linguagem Java para declaração da classe *veículos*. Trata-se de uma amostra de código, servindo apenas para ilustrar o procedimento; maiores detalhes foram tratados em exemplos no decorrer do livro.

```
1.    public class Veiculos {
2.        private String marca;
3.        private String modelo;
4.        private int ano;
5.        private int potencia;
6.        private int eixos;
7.        private int carga;
8.
9.        public Veiculos(String marca, String modelo,
10.          int ano, int potencia, int eixos, int carga){
11.           this.marca = marca;
12.           this.modelo = modelo;
13.           this.ano = ano;
14.           this.potencia = potencia;
15.           this.eixos = eixos;
16.           this.carga = carga;
17.       }
18.       public void alterar(String modelo){
```

```
19.           this.modelo = modelo;
20.      }
21. }
```

A linha 1 mostra a instrução para a declaração do nome da classe. As linhas de 2 a 7 correspondem às instruções de declaração dos atributos que caracterizam os objetos desta classe. As linhas de 9 a 17 mostram o **método** construtor de objetos da classe, que é o responsável pela instanciação, e as linhas de 18 a 20 mostram um método para alteração do modelo de um determinado veículo.

Método de uma linguagem orientada a objetos é a implementação de uma operação que pode ser considerada, grosso modo, como equivalente a uma função ou um procedimento.

INSTÂNCIAS E OBJETOS

As classes são modelos que servem para a geração ou criação de objetos com as características para ela definidas, funcionando como um padrão. Como exemplo, considere que será modelado um sistema para uma revendedora de veículos, que os comercializa, conforme o esquema citado. Cada novo veículo, adquirido pela revendedora, seria cadastrado no sistema, obedecendo sua classificação. Suponha que, para um automóvel de passeio do tipo *sedan*, cria-se um novo objeto dessa classe, que será chamada de uma **instância** de objeto, conforme o esquema da Tabela A.1.

Tabela A.1 Modelo de instância de objeto.

Classe	Veículos	Veículos
Subclasse	Passeio	Passeio
Subclasse	Sedan	Minivan
Instância	marca: Opel	marca: Stylus
	modelo: Fire	modelo: SW
	ano: 2006	ano: 2007
	potência: 195 cv	potência: 250 cv
	eixos: 2	eixos: 2
	carga: 850 kg	carga: 900 kg

Desse modo, para cada novo veículo adquirido, seria criada uma nova instância de objeto, de uma determinada subclasse. Este princípio orienta a **herança**, que nada mais é do que a implementação da generalização, o compartilhamento de atributos e operações entre classes com base em um relacionamento hierárquico. Quando se cria uma nova instância de um objeto, dizemos, em orientação a objetos, que esse novo objeto *herda* os atributos e as operações de sua classe.

No exemplo de instância de objeto, foi visto que um novo veículo adquirido possuía os seguintes atributos:

- Marca: Opel.
- Modelo: Fire.
- Ano: 2006.
- Potência: 195 cv.
- Eixos: 2.
- Carga: 850 kg.

Os nomes e os tipos desses atributos são herdados da classe *veículos*, bem como suas operações: *incluir novo, alterar dados, selecionar, excluir*. Assim, o objeto da classe Sedan, marca Opel, poderá executar as mesmas operações definidas em sua classe, sem que para tanto essas tenham de ser redefinidas para ele.

O conceito de herança é importantíssimo na orientação a objetos, bem como na programação e nos exemplos apresentados neste livro. Os códigos escritos na definição da classe, bem como de seus atributos e operações, são aproveitados por suas subclasses e instâncias de objeto, o que reduz o número de linhas de programação, gera maior qualidade e facilita a programação, a verificação de erros e futuras correções.

Bibliografia

ALENCAR FILHO, Edgard de. *Iniciação à Lógica Matemática*. São Paulo: Nobel, 2002.

DAGHLIAN, Jacob. *Lógica e álgebra de Boole. 4. ed*. São Paulo: Atlas, 1995.

DEITEL, Paul; DEITEL, Harvey. *Java: como programar. 8. ed*. São Paulo: Pearson, 2010.

HOARE, C. A. R. Quicksort. *The Computer Journal*, v. 5, n. 1, p. 10-16, 1962.

HOUAISS. *Grande Dicionário da Língua Portuguesa*. Disponível em: <http://houaiss.uol.com.br/>. Acesso em: 09 mai. 2016.

ISO 5807:1985 – *Information processing – Documentation symbols and conventions for data, program and system flowcharts, program network charts and system resources charts*.

JEFFREY, Richard C. et al. *Computabilidade e lógica*. São Paulo: Unesp, 2013.

MORRIS; Daniel C.; BRANDON, Joel S. *Reengenharia*: reestruturando sua empresa. São Paulo: Makron Books, 1994.

NASSI, I.; SHNEIDERMAN, B. *Flowchart techniques for structured programming. ACM Sigplan Notices,* Nova York, v. 8, artigo 8, p. 12–26, ago. 1973.

PUGA, Sandra; FRANÇA, Edson; GOYA, Milton. *Banco de dados: implementação em SQL, PL/SQL e Oracle 11g*. São Paulo: Pearson, 2014.

SETZER, Valdemar W. *Dado, informação, conhecimento e competência*. Departamento de Ciência da Computação, Universidade de São Paulo, 2015. Disponível em: <https://www.ime.usp.br/~vwsetzer/dado-info.html>. Acesso em: 14 mar. 2016.

SHILDT, Herbert. *Java: The Complete Reference. 9th. ed*. New York: McGraw-Hill Education, 2014.

WIRTH, Niklaus. *Algoritmos e estruturas de dados*. Rio de Janeiro: LTC, 1989.

Sobre os autores

SANDRA PUGA é doutora em engenharia elétrica pela Escola Politécnica da Universidade de São Paulo, com pesquisa na área de engenharia de software sob o tema *sistemas hipermídia adaptativos para educação baseada em Web*: *uma visão semiótica*. Também é mestre em comunicação e semiótica pela Pontifícia Universidade Católica de São Paulo, especialista em administração de sistemas de informação e graduada em processamento de dados pela UniSant´Anna.

Atua na área educacional há mais de vinte anos, lecionando disciplinas de algoritmos, estruturas de dados, banco de dados, engenharia de software e gestão de projetos, entre outras. Concilia a carreira docente com a atuação empresarial, é parecerista em revistas e periódicos e membro do cadastro nacional de avaliadores do Ministério da Educação.

GERSON RISSETTI é docente do Ensino Superior há vinte anos, professor universitário em cursos de graduação e pós-graduação e consultor em modelagem e otimização de processos e segurança da informação.

Pós-graduado em administração de sistemas de informação e mestre em energia pela Universidade de São Paulo, possui especial interesse em modelagem de sistemas e linguagens orientadas a objetos.

Pesquisador da Escola Politécnica da Universidade de São Paulo, prestando serviços à Secretaria de Energia do Estado de São Paulo, Comissão de Serviços Públicos de Energia, em desenvolvimento e implementação de sistemas. Atualmente, é coordenador do curso de análise e desenvolvimento de sistemas da Faculdade de Tecnologia Oswaldo Cruz.